纺织服装高等教育“十三五”部委级规划教材

服装企业管理

尹秀玲　编著

東華大學出版社
·上海·

图书在版编目(CIP)数据

服装企业管理/尹秀玲编著.—上海 ：东华大学出版社，2019.9
ISBN 978-7-5669-1612-9

Ⅰ.①服… Ⅱ.①尹… Ⅲ.①服装企业—工业企业管理
Ⅳ.①F407.866

中国版本图书馆 CIP 数据核字(2019)第 151275 号

责任编辑：杜亚玲
封面设计：Callen

服装企业管理

FUZHUANG QIYE GUANLI

尹秀玲 编著

出 版：东华大学出版社(上海市延安西路 1882 号 邮政编码：200051)
本社网址：http://dhupress.dhu.edu.cn
天猫旗舰店：http://dhdx.tmall.com
营销中心：021-62193056 62373056 62379558
印 刷：上海锦良印刷厂有限公司
开 本：787 mm×1092 mm 1/16
印 张：13.25
字 数：330 千字
版 次：2019 年 9 月第 1 版
印 次：2019 年 9 月第 1 次印刷
书 号：ISBN 978-7-5669-1612-9
定 价：39.50 元

目录

第一编　企业与企业管理

第二编　服装企业管理的战略规划与决策

第三编　服装生产管理

第四编　服装企业人力资源管理

1

第一编

企业与企业管理

第一章　认识企业

企业是市场中的经营主体,它由各种生产要素的投入者集合而成。企业为什么会产生?如何界定企业的性质?新古典经济学的解释简单地把企业处理为一种生产函数——一个被高度抽象化的投入产出的"黑箱",其行为目标简单设定为利润最大化。企业是人类社会发展到一定水平时产生的,是商品经济的产物,最早出现的是工业企业。工业革命从18世纪的英国开始,逐渐扩散到欧洲大陆。工业革命改变了西方的生活、社会性质以及整个世界的面貌。机械装置代替了人工技能,机器动力代替了人力和畜力,经济单位表现形式"工业企业"就产生了。一般认为工业企业的发展经历了三个阶段,即作坊手工业、工场手工业和工厂企业。作坊手工业是简单协作劳动的经济组织,是工厂企业的萌芽。工场手工业是已经有专业化分工、规模更大的社会化大生产经济组织。18世纪60年代开始的资本主义"产业革命"产生了以机器为基本生产手段的工厂,这种工厂是现代工业企业的初始模式。随着科学技术的发展,企业从早期的工业领域迅速扩展到各个领域。

第一节　企业概述

一、企业的定义

对于企业的定义,国内外学者有多种观点。科斯1937年发表的《企业的性质》一文,被认为是现代企业理论开山之作,他认为企业是天然存在的,并将其抽象为一个关在神秘"黑匣子"中的生产函数:要素从一头输入,产品从另一头输出,企业家要做的只不过是在不同的生产技术中做出选择,以求成本最小化。有学者认为,在市场经济条件下,企业是从事生产、流通、服务等经济活动,以盈利为目的,实行自主经营、独立核算,并具备一定法律资格的组织形式,是社会经济生活中的基本经济单位。著名管理学家熊彼特认为,企业指的是以市场为导向、以知识为核心,对自身的软硬要素进行组合,以实现创新增值并获取经济和社会效益为目标的一种产业组织,它具备三个特征:一是创新的观念;二是知识资源主体论;三是崇尚企业核心能力就是基于知识的创新能力。笔者认为,企业是以盈利为目的,以市场为导向的经济组织。

现代企业有别于传统企业,体现如下:

首先,企业是一个契约型组织。

其次,企业是一个市场型组织。随着企业越来越市场化,过去,企业作为契约性组织,由上级负责;现在,企业是市场型组织,人对市场负责,市场化程度的高低决定了企业盈利能力的高低。

第三,企业是学习型组织。过去认为企业是制造产品的,现在看来,企业是制造思想的。企业内部有两条价值链:一是意识形态价值链,由信息和知识到能力,再到思想;二是物质形态价值链,由原材料到具体产品。

第四,企业是"宗教性"的组织。把企业文化称为一种资本,企业也就被称为一种经营方式。企业强调文化,越来越成为一"宗教性"组织,必须在核心理念价值观上统一。

第五,企业是虚拟的组织。现在大家都讲虚拟生产、虚拟营销、虚拟运输、虚拟分配,一切都虚拟化了,越空的企业越厉害。

第六,企业是无边界的组织。过去认为企业是有边界的,后来发展了,企业成为无边界的,再后来,企业既有边界又无边界,边界模糊,一切都模糊化。现在看来,一个企业边界,按照边际成本乘以边际收益来看,许多企业的边际成本小于边际收益,或者边际成本为零。边际收益不变,那么边际成本、边际收益递增的规律发挥主导作用,即边界可以无限大,这对于企业的运作意义是很大的。

第七,企业是系统性的组织。现在的企业分成两条线,第一条线是产品和服务,第二条线是使企业具有持续竞争力的保障系统。一般地讲,国外成功的大企业都是系统化运作,讲究系统性。

第八,企业是网络化组织。价值链组织对于一个企业来说还不够,它不一定形成一个圈环。成为网络组织,使企业成为链主,链主企业要对价值链的运作整合,这样企业就可以成为一个联合体。对于中国企业来讲,应该融入这个网络,融入更大、更多的价值网络。

第九,企业是全球性组织。过去,企业根据木桶理论决定于最短的那根怎么提高利润,把最短的那根补齐,因此总是在经营劣势。现在,新木桶理论出现了,也就是说短的那一块不做了,就做最擅长的那一块,每个企业都经营优势,就像每个人做自己最感兴趣的事,成本很低,效率很高。由木桶理论发展到新木桶理论,每个企业根据全球定位,你做一段,我做一段,全球集成,融入全球化过程中,最终的企业就是全球性组织。

第十,企业是体系性的组织。最终把企业打造成一个体系,也就是让平凡的人做出不平凡的事。具体到一个人很平凡,但成为一个体系就很厉害。通过打造这个体系,使管理达到最高境界,即没有管理;使战略达到最高境界,即没有战略,就像高速公路一样。

二、企业与企业制度

现代企业制度是以企业法人制度为基础,以公司制度为主体,以企业产权制度为核心,以产权清晰、权责明确、政企分开、管理科学为条件,由各项具体制度组成,用来处理企业基本经济关系的管理系统。其基本特征为:①产权清晰,指产权关系与责任的清晰,即企业是法人团体,具有民事行为能力,独立享有民事权利,承担相应的民事责任。企业产权关系清楚,出资者享有企业的产权,企业拥有企业法人财产权。完整意义上的产权关系是多层次的,它表明企业财产的最终归属由谁实际占有、谁来使用、谁享受收益、归谁处分等财产权中的一系列权利关系。在现代企业制度中,产权利益与责任是分离的,而且是清晰的。产权关系明晰化,所有权和法人财产权的界定,既有利于保证出资者资产的保值增值,又赋予企业独立的法人地位,使其成为享有民事权利、承担民事责任的法人实体。②权责明确,即一方面有相互制衡的法人治理结构,如股份制公司中的股东大会(权力机构)、董事会(决策机构)、监事会(监督机构)和总经理(执行机构)等;另一方面具有权责明确的经理式的管理层级制,利于管理,提高效率。投资人作为投资主体在企业中行使出资者权利,并以出资额为限对企业的债务承担有限责任;企业拥有投资人投资及借贷形成的法人财产,对其享有占有、使用、依法处分的权利,同时负有对投资者投资形成的法人财产保值增值的责任和义务。③政企分开,即政府依法管理企业,企业依法自主经营,不受政府部门直接干预。政府调控企业主要用财政金融手段或法律手段,而不用行政干预,企业真正成为自主经营、自负盈亏、自我约束、自我发展的市场主体。④管理科学,指现代企业需要确立较为科学的管理制度,如建立规范的组织制度,使企业的权力机构、监督机构、决策机构和执行机构之间职责分明,相互制约。通过建立科学的领导体制和组织管理制度,调节所有者、经营者和职工之间的关系,形成激励和约束相结合的经营机制。现代企业制度的基本特征是一个有机整体,这个整体相互间有很强的关联性,互为因果,又互为条件。这个整体的特征都应充分体现,才能解决企业的深层次问题,建立起社会主义市场经济下的现代企业制度。简言之,现代企业制度的内涵就是产权明晰、权责明确、政企分开、管理科学。

现代企业制度应包括以下内容:①企业法人制度,现代企业的主要特征是具有法人制度,即企业具有依法享有法人财产的权利。建立现代企业法人制度,确立企业的法人地位,是以建立明晰的企业产权制度为基础的。建立现代企业法人制度的意义在于——有利于明晰企业财产盈亏的主体身份,赋予企业真正的自主经营的权力,形成合理的资源配置机制。②企业责任制度。现代企业制度中的责任制度是企业和投资者双方所承担的责任和义务,也称有限责任制度。首先,企业承担对包括国家在内的出资者全部投资的民事责任,承担资产的增值、保值的责任,承担保证投资者享有收益的责任,承担企业加速自身发展的责任。其次,责任制度也是出资者实行自我保护的一种有效办法。③组织领导制度。科学完善的组织领导制度是现代企业制度的重要组成部分。现代企业的组织制度的基本形式是公司制,其基本的领导体制是公司的董事会领导下的总经理负责制。④内部管理制度。现代企业的内部管理制度包括劳动制度、人事制度、分配制度、财会制度等一系列的内容。除此之外,现代企业制度的基本内容还包括企业破产制度、企业外部保障制度等。

第二节　企业的组织形式及选择

建自己的企业,做一番事业,是很多年轻人挑战自我、挑战人生、实现自我价值的一种很好的表现形式。当你有意创办自己的企业时,创业者首先面临的问题就是选择企业的组织形式。选择一个合适的企业组织形式非常重要,因为这不仅关系到企业注册流程、企业纳税的多少、创业者个人须承担的责任、创业者的融资行为等,也在一定程度上决定了企业未来的走向。企业只有选择了合理的组织形式,才有可能充分地调动各个方面的积极性,使之充满生机和活力。

企业组织形式是指企业财产及其社会化大生产的组织状态,它表明一个企业的财产构成、内部分工协作与外部社会经济联系的方式。在决定企业的企业组织形式时,需要考虑的因素很多。

1. 选择企业组织形式时需要考虑的因素

人们常说适合自己的才是最好的,创业也一样,在选择组织形式时,应当根据自身的实际情况,找到适合自己的企业组织形式。创业者在选择企业组织形式时应当考虑以下几个因素:

(1)单干还是合伙

单干还是找合作伙伴一起创业,这不仅是个人喜好问题,而且还关系到创业的前途命运。合作有合作的好处,比如更容易筹措到资金,合作伙伴可以优势互补、风险共担,但是如果合作不好,也会给创业带来很多麻烦,亲兄弟都有闹矛盾的,更何况是一般的合作者呢?所以在创业之初,创业者必须认真考虑这个问题,如果有意向找合作伙伴,要对你们合作创业的可行性、默契程度等进行客观及充分的评估。

(2)项目风险的大小

有的创业项目风险低,回报率也低。有的创业项目回报率虽高,但风险大。创业者应对创业项目的风险予以认真考虑。如果是风险较大的项目,建议选择仅承担有限责任的创业形式,比如公司。如果是风险较小的项目,可以选择承担无限责任的创业形式。

(3)资金的多少

资金是企业的生命线,企业成立之初都必须有一定的资本。我国现行法律除特定行业有资金限制外,对于创办公司,从原来的注册资本实缴登记制调整为认缴登记制,极大地降低了创业的成本。取消最低注册资本限制,并不是说开办公司就没有条件、不用花钱,注册资本只是设立公司需要具备的基本条件之一;从另一个角度讲,维持公司的基本运营也需要一定的资本,完全不花钱办公司实际上是不可能的。"一元钱办公司"这种说法只是一个形象的比喻。因此,一般来说,资金实力雄厚、规模大的项目适合采取公司的形式,而资金较少、规模较小的项目适合采取个体工商户或合伙企业等组织形式。

(4)税负的大小

我国在推行营改增(营业税改增值税)后,企业的规模、管理水平等均对企业税负有所影响。相关税费的具体内容,本书不做赘述。如何合理、充分地利用国家的相关税收利好政策,减轻企业税负,应是创业者认真思考的问题。

2. 企业组织形式的选择

企业组织形式有多种:有限责任公司、股份有限公司、合伙企业、个人独资企业等,分别受《公司法》《合伙企业法》《个人独资企业法》等的调整,创业者或者投资人因为不了解各种组织形式各自的法律特征,常常导致认识与法律规范之间的错位,因而产生始料不及的纠纷和法律风险。

根据现实生活中常见的企业组织形式,本书做简单介绍和对比:

(1)个体企业

①个体工商户

根据《民法通则》第26条规定,公民在法律允许的范围内,依法经核准登记,从事工商业经营的,为个体工商户。

a. 个体工商户的特征。个体工商户是个体工商业经济在法律上的表现,其具有以下特征:个体工商户是从事工商业经营的自然人或家庭。以个人为单位,或以家庭为单位从事工商业经营者,均为个体工商户。根据法律有关政策,可以申请个体工商户经营的主要是城镇待业青年、社会闲散人员和农村村民，但公务员、企事业单位中从事公职工作的人员不能申请从事个体工商业经营；自然人从事个体工商业经营，必须依法核准登记。个体工商户的登记机关是县以上工商行政管理机关。个体工商户经核准登记，取得营业执照后，才可以开始经营。个体工商户转行、合并、变更登记事项或歇业也应办理登记手续；个体工商户只能经营法律、政策不禁止个体经营的行业。

b. 个体工商户的法律地位。在依法核准登记的范围内，个体工商户享有从事个体工商业经营的民事权利能力和民事行为能力。个体工商户的正当经营活动受法律保护，对其经营的资产和合法收益，个体工商户享有所有权。个体工商户可以在银行开设账户，向银行申请贷款，有权申请商标专用权，有权签订劳动合同及请帮工、带学徒，还享有起字号、刻印章的权利。个体工商户从事生产经营活动必须遵守国家的法律，应照章纳税，服从工商行政管理。从事违法经营的个体工商户，必须承担民事责任和其他法律责任。

c. 个体工商户的财产责任。《民法通则》第 29 条规定：个体工商户的债务，个人经营的，以个人财产承担；家庭经营的，以家庭财产承担。也就是说，以个人名义申请登记的个体工商户，个人经营、收益也归个人者，对债务负个人责任；以家庭共同财产投资，或者收益的主要部分供家庭成员消费的，其债务由家庭共有财产清偿；在夫妻关系存续期间，一方从事个体工商业经营，其收入作为夫妻共有财产者，其债务由夫妻共有财产清偿；家庭全体成员共同出资、共同经营的，其债务由家庭共有财产清偿。

(2)个人独资企业

个人独资企业简称独资企业，是指由一个自然人投资，全部资产为投资人所有的盈利性经济组织。独资企业是一种很古老的企业形式，至今仍广泛运用于商业经营中，其典型特征是个人出资、个人经营、个人自负盈亏和个人承担风险。《个人独资企业法》于 1999 年 8 月 30 日由第九届全国人大常委会第十一次会议通过并公布，自 2000 年 1 月 1 日起施行。该法共 6 章 48 条。该法第 2 条规定的独资企业的概念是：本法所称个人独资企业，是指依照本法在中国境内设立，由一个自然人投资，财产为投资人个人所有，投资人以其个人财产对企业债务承担无限责任的经营实体。

①独资企业的特征

a. 投资主体方面的特征。个人独资企业仅由一个自然人投资设立。这是独资企业在投资主体上与合伙企业和公司的区别所在。我国合伙企业法规定的合伙企业的投资人尽管也是自然人，但人数为 2 人以上，公司的股东通常为 2 人以上，而且投资人不仅包括自然人还包括法人和非法人组织。当然，在一人有限责任公司的场合，出资人也只有 1 人。

b. 企业财产方面的特征。个人独资企业的全部财产为投资人个人所有，投资人(也称业主)是企业财产(包括企业成立时投入的初始财产与企业存续期间积累的财产)的唯一所有者。基于此，投资人对企业的经营与管理事物享有绝对的控制与支配权，不受任何其他人的干预。个人独资企业就财产方面的性质而言，属于私人财产所有权的客体。

c. 责任承担方面的特征。个人独资企业的投资人以其个人财产对企业债务承担无限责任。这是在责任形态方面个人独资企业与公司(包括一人有限责任公司)的本质区别。所谓投资人以其个人财产对企业债务承担无限责任，包括三层意思：一是企业的债务全部由投资人承担；二是投资人承担企业债务的责任范围不限于出资，其责任财产包括独资企业中的全部财产和其他个人财产；三是投资人对企业的债权人直接负责。换言之，无论是企业经营期间还是企业因各种原因解散时，对经营中所产生的债务如不能以企业财产清偿，则投资人须以其个人所有的其他财产清偿。

d. 主体资格方面的特征。个人独资企业不具有法人资格。尽管独资企业有自己的名称或商号，并以企业名义从事经营行为和参加诉讼活动，但它不具有独立的法人地位。其一，独资企业本身不是财产所有权的主体，不享有独立的财产权利；其二，独资企业不承担独立责任，而是由投资人承担无限责任。这一特点与合伙企业相同而区别于公司。独资企业不具有法人资格，但属于独立的法律主体，其性质属于非法人组织，享有相应的权利能力和行为能力，能够以自己的名义进行法律行为。

3. 个人独资企业和相关经济组织的区别

个人独资企业在出资形式上和个体工商户、一人有限责任公司、国有企业有相类似的地方，在责任承担上与合伙企业有相类似的地方，但相互之间的不同是明显的。

（1）个人独资企业和个体工商户的区别

个人独资企业和个体工商户都由自然人出资，这是它们的共同点。两者的区别是：个人独资企业一般仅能以个人出资设立；个体工商户则可以由一个自然人设立，也可以由家庭出资设立。个人独资企业的投资人以其个人财产对企业债务承担无限责任；仅在企业设立登记时明确以其家庭共有财产作为个人出资的，才依法以家庭共有财产对企业债务承担无限责任。根据《民法通则》第 29 条的规定，个体工商户的债务如属个人经营的，以个人财产承担，属家庭经营的，以家庭财产承担。个人独资企业依照个人独资企业法设立，个体工商户依照《民法通则》《城镇个体工商户管理暂行条例》及其实施细则的规定设立。个人独资企业是经营实体，是一种企业组织形态，性质上属于非法人组织，具有团体人格的组织体属性。个体工商户则不采用企业形式，不具有组织体属性。《个人独资企业法》颁布之前，我国曾以雇工人数对个人独资企业与个体工商户加以区别，雇工 8 人以上者为个人独资企业，雇工不足 8 人者为个体工商户。显然，这种区分标准缺乏科学性。《个人独资企业法》颁布后不再采用这一标准，即雇工人数少于 8 人的也可设立个人独资企业，关键看是否进行了个人独资企业登记，领取个人独资企业营业执照。

（2）个人独资企业和一人公司的区别

一人公司是指只有一个股东的有限责任形式的公司，即公司的投资人为 1 人，由投资人独资经营，但投资人对公司债务仅负有限责任。我国新修改的公司法规定了一人有限责任公司，自然人和法人都可以出资设立一人有限责任公司。除自然人和法人出资设立的一人有限公司外，我国公司法上的国有独资公司也属于一人有限责任公司，只是其股东地位特殊。个人独资企业和一人公司都是一个主体出资建立的企业，但两者性质是完全不同的。个人独资企业只能由自然人出资设立；一人公司既可以由自然人出资设立，也可以由法人出资设立，还可以由国家出资设立。个人独资企业属于非法人组织，不具有法人资格；一人公司作为公司的一种，是在公司成立时取得法人资格。个人独资企业的投资人对企业的债务承担无限责任；一人公司的投资人（股东）仅以出资额为限对公司负责，即负有限责任。

（3）个人独资企业与合伙企业的区别

个人独资企业和合伙企业的出资人均为自然人，对企业债务都承担无限责任，都属于法律主体中的非法人组织，这是两者的相同之处。两者不同的是个人独资企业的出资人仅为 1 人，合伙企业为 2 人以上；个人独资企业的财产归出资人 1 人所有，合伙企业的财产由全体合伙人共有；个人独资企业仅由出资人1人承担无限责任，合伙企业则由全体合伙人承担无限连带责任（限普通合伙）。

（4）个人独资企业投资人的责任

个人独资企业投资人对企业债务承担无限责任。依照《个人独资企业法》第18条的规定，个人独资企业在申请企业设立登记时明确以其家庭共有财产作为个人出资的，应当依法以家庭共有财产对企业债务承担无限责任。换言之，以投资人个人财产出资设立的，由投资人的个人财产承担无限责任；以投资人的家庭财产出资设立的，由投资人的家庭财产承担无限责任。由于我国目前尚无完善的财产登记制度，个人财产与家庭财产往往难以区分，实践中主要根据独资企业设立登记时在工商行政管理机关的投资登记来确定投资人是以其个人财产还是家庭财产来对企业债务承担责任。

4. 合伙企业

合伙企业是指自然人、法人和其他组织依照《中华人民共和国合伙企业法》在中国境内设立的普通合伙企业和有限合伙企业。普通合伙企业由普通合伙人组成，合伙人对合伙企业债务承担无限连带责任。有限合伙企业由普通合伙人和有限合伙人组成，普通合伙人对合伙企业债务承担无限连带责任，有限合伙人以其认缴的出资额为限对合伙企业债务承担有限责任。

（1）合伙企业的法律条文

《中华人民共和围合伙企业法》第2条：本法所称合伙企业，是指自然人、法人和其他组织依照本法在中国境内设立的普通合伙企业和有限合伙企业。普通合伙企业由普通合伙人组成。合伙人对合伙企业债务承担无限连带责任。本法对普通合伙人承担责任的形式有规定的，执行其规定。有限合伙企业由普通合伙人和有限合伙人组成，普通合伙人对合伙企业债务承担无限连带责任，有限合伙人以其认缴的出资额为限对合伙企业债务承担责任。

（2）合伙企业的特征

①生命有限。合伙企业比较容易设立和解散。合伙人签订了合伙协议，就宣告合伙企业的成立。新合伙人的加入，旧合伙人的退伙、死亡、自愿清算、破产清算等，均可造成原合伙企业的解散以及新合伙企业的成立。

②责任无限。合伙组织作为一个整体对债权人承担无限责任。按照合伙人对合伙企业的责任，合伙企业可分为普通合伙企业和有限合伙企业。普通合伙企业的合伙人均为普通合伙人，对合伙企业的债务承担无限连带责任。例如，甲、乙、丙三人成立的合伙企业破产时.当甲、乙已无个人资产抵偿企业所欠债务时，虽然丙已依约还清应分摊的债务，但仍有义务用其个人财产为甲、乙两人付清所欠的应分摊的合伙债务，当然此时丙对甲、乙拥有财产追索权。有限合伙企业由一个或几个普通合伙人和一个或几个责任有限的合伙人组成，即合伙人中至少有一个人要对企业的经营活动负无限责任，而其他合伙人只能以其出资额为限对企业债务承担偿债责任，因而这类合伙人一般不直接参与企业经营管理活动。

③相互代理。合伙企业的经营活动由合伙人共同决定，合伙人有执行和监督的权利。合伙人可以推举负责人。合伙负责人和其他人员的经营活动，由全体合伙人承担民事责任。换言之，每个合伙人代表合伙企业所发生的经济行为对所有合伙人均有约束力。因此，合伙人之间较易发生纠纷。

④财产共有。合伙人投入的财产，由合伙人统一管理和使用，不经其他合伙人同意，任何一位合伙人不得将合伙财产移为他用。

⑤利益共享。合伙企业在生产经营活动中所取得、积累的财产，归合伙人共有。如有亏损则亦由合伙人共同承担。损益分配的比例，应在合伙协议中明确规定；未经规定的可按合伙人出资比例分摊，或平均分摊。

⑥合伙协议的内容。为了避免经济纠纷，在合伙企业成立时，合伙人应首先订立合伙协议（又叫合伙契约，或叫合伙章程），其性质与公司章程相同，对所有合伙人均有法律效力，一般包括以下内容：合伙企业的名称（或字号）和所在地及地址；合伙人姓名及其家庭地址；合伙企业的经营以及设定的存续期限；合伙企业的设立日期；合伙人的权利和义务；合伙人的投资形式及其计价方法；合伙人的退伙和入伙的规定；损益分配的原则和比率；付给合伙人贷款的利息；付给合伙人的工资；每个合伙人可以抽回的资本；合伙人死亡的处理以及继承人权益的确定；合伙企业结账日和利润分配日；合伙企业终止以及合伙财产的分配方法；其他须经全体合伙人同意的事项。

需要注意的是有限合伙企业由普通合伙人和有限合伙人组成，普通合伙人对合伙企业债务承担无限连带责任，有限合伙人以其认缴的出资额为限对合伙企业债务承担责任。

合伙企业具有以下基本特征：合伙企业由各合伙人组成；合伙企业以合伙协议作为其法律基础；合伙企业的内部关系属于合伙关系；普通合伙人对企业债务承担无限连带责任。

合伙企业解散时，合伙企业财产的清偿顺序：合伙企业所欠招用的职工工资和劳动保险费用；合伙企业所欠税款；合伙企业的债务；返还合伙人的出资。

与个人独资企业相比较，合伙企业有很多的优势：主要是可以从众多的合伙人处筹集资本，合伙人共同偿还债务，减少了银行贷款的风险，使企业的筹资能力有所提高；同时，合伙人对企业盈亏负有完全责任，有助于提高企业的信誉。

5. 有限责任公司

有限责任公司又称有限公司，是符合法律规定的股东出资组建，股东以其出资额为限对公司承担责任，公司以其全部资产对公司的债务承担责任的企业法人。

（1）有限责任公司的特征

有限责任公司具有如下特征：股东必须符合法定人数，即由50个以下股东共同投资设立；股东出资必须达到法定资本最低限额；股东共同制定公司章程；有公司名称，建立符合有限责任公司要求的组织机构；有固定的生产经营场所和必要的生产经营条件。

（2）有限责任公司的优缺点

设立有限责任公司的优点主要有：设立程序简便；便于股东对公司的监控；公司秘密不易泄露；股权集中，有利于增强股东的责任心；责任承担对外以公司资本承担；与无限公司比，对公司所有人有好处。

设立有限责任公司的缺点主要有：只有发起人集资方式筹集资金，且人数有限，不利于资本大量集中，股东股权的转让受到严格的限制；资本流动性差，不利于用股权转让的方式规避风险。

6. 股份有限公司

股份有限公司是指有2人以上、200人以下的发起人，其全部资本分为等额股份，股东以其所持股份为限对公司承担责任，公司以其全部资产对公司的债务承担责任的企业法人。

(1)股份有限公司的特征

股份有限责任公司具有如下特征:公司的股本全部分为等额股份,其总和即为公司资本总额;股东人数没有上限规定,便于集中大量的资本;股东以其所持股份享有权利、承担义务;公司信用的基础是资本而不是股东的个人信用,是典型的合资公司;公司的重大事项必须向社会公开;公司的设立有发起设立和募集设立两种;股份以股票的形式表现;股东的股份可以自由转让,但不能退股;发起人认购的股份自公司成立之日起一年内不得转让;公司董事、监事、经理在任职期间也不得转让其所持有的本公司的股份。

(2)股份有限公司的优缺点

设立股份有限公司的优点:可迅速聚集大量资本,可广泛聚集社会闲散资金形成资本,有利于公司的成长;有利于分散投资者的风险;有利于接受社会监督。

设立股份有限公司的缺点:设立的程序严格、复杂;公司抗风险能力较差,大多数股东缺乏责任感;大股东持有较多股权,不利于小股东的利益;公司的商业秘密容易暴露。

(3)有限责任公司和股份有限公司的异同点

有限责任公司和股份有限公司共同点主要有:股东都对公司承担有限责任。有限责任的范围,都是以股东公司的投资额为限。股东的财产与公司的财产是分离的,股东将财产投资公司后,该财产即构成公司的财产,股东不再直接控制和支配这部分财产。同时,公司的财产与股东没有投资到公司的其他财产是没有关系的,即使公司出现资不抵债的情况,股东也只以其对公司的投资额承担责任,不再承担其他的责任。有限责任公司和股份有限公司对外都是以公司的全部资产承担责任。也就是说,公司对外也是只承担有限的责任,有限责任的范围就是公司的全部资产,除此之外,公司不再承担其他的财产责任。

有限责任公司和股份有限公司不同点主要有:有限责任公司的成立条件比较宽松,股份有限公司的成立条件比较严格;有限责任公司只能由发起人集资,不能向社会公开募集资金,股份有限公司可以向社会公开募集资金;有限责任公司的股东人数有最高和最低的要求,股份有限公司的股东人数只有最低要求,没有最高要求;有限责任公司转让股东出资的限制较多,而股份有限公司除对发起人、公司董事、监事、经理的股份转让有限制外,其他转让比较自由。

在有限责任公司,股东的股权证明是出资证明书,不能转让、流通。在股份有限公司,股东的股权证明是股票,即股东所持有的股份以股票的形式体现,股票是公司签发的证明股东所持股份的凭证,可以转让、流通。

在有限责任公司中,由于股东人数有上限,人数相对比较少,召开股东会等也比较方便,因此股东会的权限较大,董事经常由股东兼任,在所有权和经营权的分离上,程度较低。在股份有限公司中,由于股东人数没有上限,人数较多且分散,召开股东会比较困难,股东会的议事程序也比较复杂,所以股东会的权限有所限制,董事会的权限较大,在所有权和经营权的分离上,程度也比较高。

在有限责任公司中,由于公司的人数有限,财务会计报表可以不经过注册会计师的审计,也可以不公告,只要按照规定期限送交各股东;在股份有限公司中,由于股东人数众多且很难分类,所以会计报表必须经过注册会计师的审计并出具报告,还要存档以便股东查阅,其中以募集设立方式成立的股份有限公司,还必须公告其财务会计报告。

在企业组织形式的选择上,有限责任公司仍然是创业投资企业的普遍选择,投资人较少采用股份有限公司形式。

通过以上比较可以看出，企业在组织形式选择上应该权衡一些重要因素，包括企业性质、设立难度、所有者责任、企业存续性、资本金筹集、所得税、所有权流动性、代理问题等因素。新创企业在设立和发展中应根据这些差异以及自身条件与期望进行权衡确定。

需要说明的是，公司制企业虽然负有双重纳税义务，但比合伙企业具有更明显的优势：一是低交易成本和低经营成本优势。相对于合伙企业，公司制企业规模较大、产权明晰、治理结构规范，容易获得规模收益，从而降低交易成本和经营成本。二是低融资成本优势。由于公司制企业管理相对规范，信息透明度高，因而从资本市场中获取资金相对容易。合伙企业进入资本市场的难度很大，相对来说付出的融资成本也较高。另外，虽然公司制企业存在双重纳税问题，但税负不一定高于合伙企业，比如股东就其分红缴纳个人所得税时，公司的企业所得税已予以扣除，而且公司的税后收入并不马上被征收个人所得税，除非公司立即将税后收入作为股利分配给股东，这些都有效降低了公司双重税负的程度。

一个理性的创业者在选择企业组织形式时，要充分考虑投资者责任、投资者权利、投资者资本撤离、企业设立条件与程序、企业管理体制、企业税收负担六种因素的影响，做出理性权衡和适宜抉择。如果创业者资本实力较强，经营规模较大，注重风险承担，创业者将选择公司制；如果企业经营规模较小，创业者资本实力不够，又考虑税收负担和节约管理成本，创业者将首选独资制；如果独资或合伙企业发展到一定规模，出于筹资需要及控制风险的原因，创业者会考虑变更公司制；若合伙企业经营状况不理想，有人退伙或成本控制需要，合伙企业会解散或建立独资企业。

此外，新创企业组织形式的选择或转换，一定要综合考虑可能发生的全部应税成本和非税成本、权衡利弊，再做出决定。当某一种企业组织形式一旦被固定下来，其获得的税收优势或非税优势就愈发明显。比如公司制企业组织形式一经选用，其明显的非税优势可以弥补部分甚至全部的双重税负的不足，这也是现实经济生活中大多数企业不愿意以合伙企业组织形式运行的原因所在。同样，税收优势和低代理成本优势使得合伙企业也广泛存在。因此，企业组织形式基于有效税收筹划的选择恰恰是综合企业整体税负和非税因素之后的最终判断，其判断标准是有利于企业价值增加。

第二章　企业管理及相关理论

第一节　管理与企业管理

自从管理进入人类的观念形态以来，管理便无处不在，无时不在。任何事情成也管理，败也管理。对一个国家来说，如果没有管理，国家将处于一种混乱的状态，经济无法正常地发展，社会没有秩序可言，各个部门不能良好运转，综合实力无法提升，就像一盘散沙，人们只能在漫漫黑夜里盲目前行，毫无目标。由此可见，管理是如此重要。

管理概念本身具有多义性，它既有广义和狭义的区分，还因时代、社会制度和专业角度的不同，有不同的解释和理解。随着生产方式社会化程度的提高、科技的飞速发展进而导致的人类认识领域的巨大拓展，人们对管理的认识和理解会有更明显的差别。

长期以来，许多中外学者从不同的研究角度出发，对管理作出了不同的解释。然而，不同学者在研究管理时出发点不同，他们对管理一词所下的定义也就不同。目前为止，管理还没有一个统一的定义。

一、管理的概念

西方管理学者是这样定义管理的：

①泰勒：确切知道要别人去干什么，并注意他们用最好最经济的方法去干。

②法约尔：管理是所有的人类组织（不论是家庭、企业或政府）都有的一种活动，这种活动由五项要素组成：计划、组织、指挥、协调和控制。管理就是实行计划、组织、指挥、协调和控制。

③孔茨：管理就是设计和保持一种良好环境，使人在群体里高效率地完成既定目标。

④小詹姆斯·唐纳利：管理就是由一个或更多的人来协调他人活动，以便达到个人单独活动所不能达到的效果而进行的各种活动。

⑤彼得·德鲁克：归根到底，管理是一种实践，其本质不在于“知”而在于“行”；其验证不在于逻辑，而在于成果；其唯一权威就是成就。

⑥管理学家西蒙认为，管理就是决策。

⑦罗宾斯认为，我们将管理定义为一个协调工作活动的过程，以便能够有效率和有效果地同别人或通过别人实现组织的目标。

⑧管理就是通过其他人来完成工作。

⑨管理是指一定组织的管理者，通过实施计划、组织、人员、配备、指导与领导、控制等职能

来协调他人的活动，使别人同自己一起实现既定目标的活动过程。

⑩管理是通过计划、组织、控制、激励和领导等环节来协调人力、物力和财务资源，以期更好地达成组织目标的过程。

笔者认为管理是一门不精确的科学，合理运用一切恰当的方式，整合各种资源为我所用，高效地达到组织规定的目标的过程。

这里推荐德鲁克对管理的另一个定义：管理就是界定企业的使命，并激励和组织人力资源去实现这个使命。界定使命是企业家的任务，而激励与组织人力资源是领导力的范畴，两者的结合就是管理。

在这个定义中，德鲁克使用了一个关键词：使命，即组织存在的原因。关于使命的假设意味着什么结果对组织是有意义的，明确了该组织应对整个经济和社会做出何种贡献。

当然，正如彼得·德鲁克说的那样，管理是一种实践，其本质不在于“知”而在于“行”；其验证不在于逻辑，而在于成果；其唯一权威就是成就。如何给管理下定义是学者们的事情，我们的目的是如何将管理知识运用到企业实践中，把企业做强并健康、可持续地发展下去。

二、管理的职能

管理的职能是管理过程中各项活动的基本功能，又称管理的要素，是管理原则、管理方法的具体体现。

20世纪初，法国工业家亨利·法约尔（Henri Fayol）在其著作《工业管理与一般管理》中提出了著名的管理五职能论，即所有的管理者都履行着5种管理职能：计划（Plan）、组织（Organize）、指挥（Command）、协调（Coordinate）和控制（Control），其中计划职能为他所重点强调。

在法约尔之后，许多学者根据社会环境的新变化，对管理的职能进行了进一步的探究，有了许多新的认识。古利克和厄威克就管理职能的划分，提出了著名的管理七职能论。他们认为，管理的职能是计划、组织、人事、指挥、协调、报告、预算。

在20世纪50年代中期，加利福尼亚大学洛杉矶分校（UCLA）的两位教授即哈罗德·孔茨（Harold Koontz）和西里尔·奥唐奈（Cyril O Donnell）把管理的职能划分为计划、组织、人事、领导和控制。人事职能意味着管理者应当重视利用人才，注重人才的发展以及协调人们活动，这说明当时管理学家已经注意到人的管理在管理行为中的重要性。后来，美国学者在总结前人对管理职能分析的基础上，加入了管理的创新职能，突出了创新可以使组织的管理不断适应时代发展的论点。

但当代管理学家们对管理职能的划分，大体上没有超出法约尔的范围。根据国内外学者的观点，一般把管理职能概括为4个基本职能：计划、组织、领导和控制。

①计划。我国古代有句至理名言：“凡事预则立，不预则废。”所谓计划，就是根据以往的情况和现在组织的实际状况以及所处的社会和经济环境对企业未来的情况做出预测，确定组织的目标并制定实现目标的行动方案。

计划的意义不仅是使组织未来的行动有了明确的方向和依据，而且通过计划的制定，可以促使管理者对外部环境和内部资源的状况做出系统的分析和判断，使组织的各个部门、各个成员可以统一其认识，协调其行为。计划同时还是控制的标准，没有计划就没有控制。对于大型组织来说，计划是一个严密的体系，不仅有长远的规划，还有短期的行动方案；不仅有全局性、综合性的计划，还有各部门甚至个人的具体计划。可以说，越是正规、大型的组织，越依赖于计划。

②组织。计划的实施需要完成一系列各种各样的活动，而这些活动都是由人来完成的，确定组织需要完成哪些任务，不同的任务如何组合并设计成岗位，不同的岗位由哪些人来任职，不同岗位之间的上下级关系如何，不同岗位的职责权限如何等，这些工作称为管理的组织职能。管理的组织职能主要包括两大部分：一部分是组织结构设计，即在对实现组织目标需要完成的任务进行分析的基础上，设计组织的岗位，划分组织的部门，然后安排各部门及其成员的组合方式，使组织形成有机的结构；另一部分是人力资源管理，即为设计好的各个职位选择合适的人员，对人员进行培训、定薪、考评、晋升、调动、奖惩等。组织结构合理与否，对于组织的目标能否实现、战略能否贯彻有着重要的影响，僵化、臃肿的组织结构是不能适应高度不确定的组织生存环境的。

③领导。组织职能是对组织的资源进行配置。但如何让它们运作起来，需要通过领导职能完成。管理的领导职能侧重于对组织中人的行为施加影响，发挥领导者对下属的指挥、协调、激励和沟通作用，以便更有效地完成组织的目标。

④控制。控制职能是按既定的标准对组织的活动进行监督、检查，发现偏差，采取措施，纠正错误，使工作能按原定计划进行，或适当调整计划以达到预期目的。控制工作是一个延续不断的、反复发生的过程，其目的在于保证组织实际的活动及其成果同预期目标相一致。

第二节　西方管理理论产生及发展

管理活动虽然源远流长，但形成一套比较完整的理论，则是在经历了一个漫长的历史发展过程之后的事。研究管理思想及理论的发展史，追溯其形成发展过程，目的是使人们在了解过去的基础上，更好地把握管理理论的发展趋势。

随着工业革命的发端，管理作为一门科学开始登上历史舞台。西方管理理论或管理科学正式产生于19世纪末20世纪初，至今仅有一百多年的历史。但是，管理科学可以说是诸学科中发展最快、应用最广的学科之一，目前已形成一个包罗许多学派、涉及各个领域的庞大学科体系。一般认为管理理论产生及发展经历了四个阶段：早期管理思想萌芽阶段、古典管理理论阶段、行为科学管理理论阶段、现代管理理论阶段。

一、西方早期管理思想的产生

从18世纪60年代英国的产业革命开始，资本主义国家生产力水平得到革命性提升，进而促进了生产方式的重大变革。大机器工业逐渐代替了以家庭为单位的手工作坊，工厂这一新的生产组织形式产生。在这种情况下，过去那种基于作坊式小生产的管理方式和方法已经不能适应新的形势需要，这就为新的、适用于资本主义社会化大生产的管理思想的孕育和产生提供了基础，越来越多的人开始研究社会实践中的经济与管理问题。

早期的资本主义管理思想虽然涉及管理理论的许多方面，也是后来西方许多管理理论学派形成和发展的直接起点，但是，由于这些管理思想是随着生产力的发展，适应资本主义工厂制度发展的需要而产生的，具有不系统、不全面的特点，没有形成专门的管理理论和学派，没有形成系统的一门科学，也没有从其他学科中分离出来形成独立的理论体系，因此只能把这一时期称为西方管理理论或管理科学的孕育产生阶段。

在这一时期，涌现了许多杰出的代表人物，他们所提出的管理思想对后来西方管理与其他学科相分离进而独立为一门科学以及管理理论的发展都有重大影响。

英国重商主义的后期代表人物之一詹姆斯·斯图亚特以政治经济学教程的形式，在系统地阐述其重商主义观点的同时，先于亚当·斯密提出了劳动分工的概念。他比美国的泰勒早一百多年提出了工作方法研究和刺激工资制的实质。他指出："如果给一个人每日劳动规定一定的量，他就会以一种固定的速度工作，永远不想改进他的方法；如果他是计件付酬的，他就会想出一千种办法来增加其产量……我就用这种观点来解释古代和现代工业进步之间的差异。"

最早对经济管理思想进行系统论述的学者首推英国古典政治经济学的奠基人亚当·斯密，他在1776年（当时正值英国的工场手工业开始向机器工业过渡时期）发表的代表作《国民财富的性质和原因研究》（简称《国富论》）一文中，系统地阐述了劳动价值论及劳动分工理论。

亚当·斯密认为，劳动是国民财富的源泉，各国人民每年消费的一切生活日用必需品的源泉是本国人民每年的劳动。这些日用必需品供应情况的好坏，决定于两个因素：一是这个国家的人民的劳动熟练程度、劳动技巧和判断力的高低；二是从事有用劳动人数和从事无用劳动人数的比例。他同时还提出，劳动创造的价值是工资和利润的源泉。他经过分析得出工资越低，利润就越高，工资越高，利润就会降低的结论。这揭示了资本主义经营管理的中心问题和剥削本质。

亚当·斯密在分析增进"劳动生产力"的因素时，特别强调分工的作用。他对比了一些工艺和一些手工制造业实行分工前后的变化，对比了易于分工的制造业和当时不易分工的农业的情况，说明分工可以提高劳动生产率。他认为，分工的益处主要是：

①劳动分工可以使工人重复完成单项操作，从而提高劳动熟练程度和劳动效率；

②劳动分工可以减少由于变换工作而损失的时间；

③劳动分工可以使劳动简化，使劳动者的注意力集中在一种特定的对象上，有利于创造新工具和改进设备。

他的分析和主张，不仅符合当时生产发展的需要，而且也成为以后企业管理理论中的一条重要原理。

亚当·斯密在研究经济现象时，提出了一个重要论点：经济现象是基于具有利己主义目的的人们的活动所产生的。他认为，人们在经济行为中追求的完全是私人的利益。但是，每个人的利益又为其他人的利益所限制，这就迫使每个人必须顾及其他人的利益。由此，就产生了相互的共同利益，进而产生和发展了社会利益。社会利益正是以个人利益为基础的。亚当·斯密曾经这样来描述人们之间的相互关系："人类几乎随时随地都需要同胞的协助，但只想依赖他人的恩惠，那是肯定不行的。""他如果能够刺激他们的利己心，使他们有利于他，并告诉他们，为他做事对他们自己也有利，他要达到目的就容易多了。""请给予我所要的东西吧，同时，你也可以获得你所要的东西。"这种认为人都要追求自己的经济利益的"经济人"观点，正是资本主义生产关系的反映。该观点不但是资本主义早期经济自由主义思想的基本出发点，也是后期古典管理理论的基本出发点。

在亚当·斯密之后，另一位英国人查理·巴贝奇发展了斯密的论点。1832 年，巴贝奇在《论机器和制造业的经济》一书中，赞同斯密的“劳动分工能提高劳动效率”的论点，但认为斯密忽略了分工可以减少支付工资这一好处。为此，巴贝奇对制针（普通直针）业做了典型调查，把制针业的生产过程划分为七个基本操作工序，并按工序的复杂程度和劳动强度雇用不同的工人，支付不同的工资。如果不实行分工，整个制针过程必须由一个人完成，那就要求每个工人必须有全面的技艺完成制造过程中全部的工序，同时又有足够的体力完成繁重的操作。工厂主则必须按照全部工序中技术要求最高、体力要求最强的标准支付个人工资。因此，巴贝奇提出所谓的“边际熟练”原则，即对技艺水平、劳动强度定出界限，作为报酬的依据。

继斯密和巴贝奇之后，在生产过程中进行劳动分工的做法有了迅速的发展。到了 20 世纪，大量流水生产线的形成使劳动分工的主张得到充分的体现。

巴贝奇同时也很重视人的作用。他认为工人同工厂主之间存在利益共同点，并竭力提倡所谓利润分配制度，即工人可以按照其在生产中所作的贡献，分到工厂利润的一部分。提出按照生产效率不同确定报酬的具有刺激作用的制度，是巴贝奇做出的重要贡献。

这一时期的著名管理学者，除了斯密和巴贝奇之外，还有英国的空想社会主义者罗伯特·欧文。他在苏格兰新拉那克担任纺织厂经理时进行了人事管理方面一系列的试验，提出在工厂生产中要重视人的因素，他的改革试验证实，重视人的作用和尊重人的地位也可以使工厂获得更多的利润。所以他被推崇为人事管理的创始人。

18、19 世纪的一些经济学家提出了一些非常有价值的管理思想，这些思想已经很接近古典管理理论思想，从而表明西方管理理论和管理科学的孕育产生。

法国庸俗经济学创始人让·巴蒂斯特·萨伊是西方经济学家中第一个明确地把管理作为生产的第四要素而同土地、劳动力、资本相并列的人。

萨伊和庸俗经济学集大成者艾尔弗雷德·马歇尔也强调了管理中的计划职能，这说明一些经济学家已经意识到管理所具有的部分职能。

二、古典管理理论

1.科学管理的历史背景

科学管理的产生在管理发展史中具有里程碑式的意义，是管理从经验走向科学的第一步，它对管理的发展起到了巨大的推动作用。19 世纪末 20 世纪初，随着生产力的发展、科学技术的进步，自由竞争的资本主义也逐步走向垄断的资本主义。资本主义的市场范围和企业规模的不断扩大，尤其是公司形式的产生，企业管理日趋复杂，对管理的要求越来越高。资本家单凭个人的经验和能力管理企业、包揽一切的做法，已不能适应生产发展的需要。当时一个突出的矛盾就是管理落后于技术，致使许多生产潜力得不到充分发挥。这在客观上要求资本所有者与企业经营者分离，要求管理职能专业化，建立专门的管理机构，采用科学的管理制度和方法。同时，也要求对过去积累的管理经验进行总结，使之系统化、科学化并上升为理论，指导实践，提高管理水平。正是基于这些客观要求，资本主义国家的一些具有科技知识和管理经验的管理人员和技术人员开始致力于总结经验，他们围绕如何提高企业劳动生产率的问题进行了大量的试验和研究，提出了一系列科学的管理制度和管理方法，并把当时的科技成果应用于企业管理，完成了从经验管理向科学管理的转变。这个阶段所形成的管理理论称为“古典管理理论”或“科学管理理论”，主要包括泰勒的科学管理理论、法约尔的组织管理理论和韦伯的行政组织理论。

2. 泰勒的科学管理理论

管理学家弗雷德里克·温斯洛·泰勒（F. W. Taylor）于1856年出生在美国费城，他有着从工人到管理人员的亲身经历，非常熟悉管理者和工人的实践。他是古典管理理论最杰出的代表人物。1911年，泰勒写成并出版了《科学管理原理》一书。现在一般认为，这部著作的出版是资本主义管理理论或管理科学正式产生的标志，因此在西方管理理论发展史上具有划时代的意义，泰勒也由此被誉为“科学管理之父”。

泰勒的管理思想和理论主要有三个观点。

（1）管理的中心问题是提高劳动生产率

它能使较高的工资与较低的劳动成本统一起来，从而使工厂主得到较多的利润，使工人得到较高的工资。这样，便可以提高工厂主扩大再生产的兴趣，促进生产的发展。所以，提高劳动生产率是泰勒创立科学管理理论的基本出发点，是泰勒确定科学管理的原理、方法的基础。

（2）科学管理的精髓在于劳资双方的密切合作，目的在于雇主和雇员实现最大限度的富裕

泰勒在他的科学管理理论中，始终强调劳资双方的密切合作。因为没有劳资双方的密切合作，任何科学管理的制度和方法都难以实施，难以发挥作用，就谈不上科学管理。为此，泰勒在《科学管理原理》一书中明确指出：“资方和工人的紧密、亲切和个人之间的合作，是现代科学或责任管理的精髓。”要使劳资双方进行密切合作，关键不在于制定什么制度和方法，而是要实行劳资双方在这种思想和观念上的根本转变，即劳资双方的完全思想革命，这是科学管理的实质。这种思想和观念上的根本转变，即劳资双方的完全思想革命，就是双方不是把注意力仅放在盈余的分配上，而是把注意力放在提高劳动生产率上。劳动生产率提高了，工人可以多拿工资，资本家可以多拿利润，从而实现双方“最大限度的富裕”。这实际上是建立了一种共同的利益机制。没有这种共同的利益机制，劳资双方就难以合作。

（3）一切管理制度和管理方法都应当建立在科学研究的基础上，要用科学知识代替个人经验

泰勒之所以把他所提出的一系列管理理论、管理制度和管理方法统称为科学管理，其中一个很重要的原因，就是他认为科学管理是通过科学研究来制定管理制度和管理方法，用科学知识来代替单凭个人经验办事，区别于过去的传统的经验管理。

根据以上观点，泰勒为科学管理制定了四项新任务，实际也是科学管理应遵循的四条原理：

①由管理人员有意识地搜集原来存在于工人头脑中和体力技能中的大量传统知识，并把这些传统知识记录下来，编成表格，进行科学研究，进而在许多情况下归纳成法则、规则甚至数学公式，用以替代老的单凭经验的办法。

②管理人员科学地选择并不断地对工人进行培训和教育，促其成长。管理人员的责任在于仔细地研究每个工人的性格、脾气和工作成绩，以便发现其局限性，更重要的是发现其发展的可能性。

③与工人们亲密合作，使经过科学地选择和培训的工人同方法结合起来。

④把工厂的实际工作在工人和管理人员之间做几乎平均的分配。资方把自己比工人更胜任的那部分工作承担下来，改变过去几乎把所有工作和职责都推到工人身上的情况。

能否做到以上四点，也就是能否做到以科学知识代替个人经验，以科学准则指导工人充分发挥其积极性，从而实现双方“最大限度的富裕”。这实际上是建立了一种共同的利益机制，没有这种共同的利益机制，劳资双方就难以合作。

3. 科学管理理论内容

科学管理的中心问题是提高劳动生产率。

(1)工作定额管理

当时的美国企业普遍实行经验管理方法，资本家不知道工人干了多少工作，总觉得干得少，想方设法给工人增加劳动量，工人也不知道自己一天的工作量，当资本家加重剥削时就消极怠工，劳资矛盾因此日益突出。

科学地制定工作定额，就要进行时间和动作研究，分解工人操作动作并测定所需的时间。同时选定最适用的工具、机器和最适当的操作程序，并消除错误的和不必要的动作，得出最有效的操作方法。累计完成这些基本动作的时间，加上必要的休息和其他延误的时间，得到完成这些操作的标准时间，由此来制定“合理的日工作量”。

在泰勒对管理的研究中，几乎所有管理原理、原则和方法，都是经过自己亲自试验和认真研究所提出的。其中最著名的就是泰勒所进行的“三大试验”，即搬运生铁块试验、铲具试验和金属切削试验。

泰勒在伯利恒钢铁公司进行了有名的“搬运生铁块试验”，摸索出工人的日合理工作量，从而为实行定额管理奠定了基础。泰勒找了工人进行试验，试验各种搬运姿势、行走的速度、持握的位置对搬运量的影响以及休息多长时间为好。经过分析确定装运生铁块的最佳方法是57%的时间用于休息，使每个工人的日搬运量从12.5吨达到47~48吨，同时工人的工资收入也有了提高。

(2)差别计件付酬制

付酬制度合理与否直接影响工人的积极性。计时付酬体现不出工人劳动的数量。计件工资虽是按工人的劳动数量付酬，但工人不愿提高劳动效率，怕雇主再降低工资率，增加劳动强度。

泰勒提出了差别计件付酬制度，是指按照作业标准和时间定额，规定不同的工资率。对完成和超额完成工作定额的工人，以较高的工资率计件支付工资；对完不成定额的工人，则按较低的工资率支付工资。为此，泰勒的工资方案包括三部分：首先，建立专门的部门制定定额；其次，制定差别工资率；第三，工资的给付对人不对职位。泰勒认为这样做会大大提高工人的积极性，从而大大提高劳动生产率。

(3)挑选第一流工人

挑选第一流工人，是企业提高劳动生产率的关键因素。这既是泰勒在《科学管理原理》中提出的一个重要思想，也是他为企业的人事管理提出的一条重要原则。

泰勒所说的第一流工人，就是指那些最适合、又最愿意干某种工作的人。所谓挑选第一流工人，就是指在企业人事管理中，要把合适的人安排到合适的岗位上。只有做到这一点，才能充分发挥人的潜能，促进劳动生产率的提高。

(4)计划职能与执行职能分开

泰勒把管理工作称为计划职能,工人的劳动称为执行职能。他主张把计划职能从工人的工作内容中分离出来,由原来工人凭个人经验制定,改为由专业的计划部门去做。计划部门的任务是规定标准的操作方法和操作规程,制定定额,下达书面计划,监督并控制计划的执行。

从事计划职能的人员称为管理者,负责执行计划职能的人称为劳动者。管理者和劳动者在工作中互相呼应、密切合作,以保证工作按照科学的设计程序进行。

(5)职能工长制

保证工长的职责单一明确,可以使其有效地履行职责,因此要把管理工作细分,使每个工长只承担一种或两种管理职能。这样一来,虽然培养管理者所花的时间和费用减少,但一个工人就要从几个职能不同的工长那里接受命令,容易造成多头命令,同时增加管理费用。

(6)例外原则

企业的高级管理人员只保留对例外事项(重要事项,如第一次或者在特殊情况下发生的非常规的事情)的决策权和控制权,而把一般的日常事务授权给下级管理人员去处理,比如有关企业战略的重大问题和重要的人事任免等。例外原则为日后管理上的分权原则和事业部制奠定了基础,至今仍是管理中重要的原则。

现在看来,上述这些改革似乎很平常,在当时却是具有颠覆性的变革。实践证明,这种改革达到了很好的效果,生产效率得到了普遍提高,出现了高效率、高工资、高利润、低成本的新局面。

4. 法约尔的一般管理理论

法国著名管理学家亨利·法约尔(Henry Fayol)是古典管理理论的主要代表人物之一,被称为管理过程学派的开山鼻祖。法约尔与泰勒是同代人,他们所提出的管理理论虽然同属古典管理理论体系,但研究的角度却有所不同。泰勒是从当普通工人开始,逐渐被提拔为车间管理员、技师、小组长、工长、制图员和总工程师,所以人们称泰勒对管理理论的研究是从"车床前的工人"开始,以企业的作业管理和基础管理为主,进而提出了系统的科学管理理论。法约尔毕业于圣埃蒂安国立矿业学院,之后进入福尔香堡采矿冶金公司,从矿井工程师到矿井经理、总经理直至退休。所以人们称法约尔对管理理论的研究是从"办公桌的总经理"开始,以整体的大企业为对象,侧重研究高层管理和一般管理理论。

法约尔一生既是一个著名的管理学家,又是一名杰出的管理科学研究的组织者和教育家,后人称他为"管理过程之父"。他在管理方面著述甚多,但最有代表性的著作是 1916 年出版的《工业管理和一般管理》一书。法约尔提出了企业和组织在经营活动的管理中普遍适用的 5 种管理职能和 14 条基本原则等。

(1)经营与管理的区别

法约尔认为经营与管理是不同的概念。经营是指导或引导一个组织趋向某一既定目标,它的内涵比管理更为广泛,管理仅仅是其中的一项活动。法约尔将企业的经营活动概括为 6 大类:

①技术活动:生产、制造、加工。

②商业活动:购买、销售、交换。

③财务活动:资金的筹集和运用。

④安全活动:设备和人员的安全。

⑤会计活动:存货盘点、资产负债表制作、成本核算、统计。

⑥管理活动:计划、组织、指挥、协调、控制。

由此可见,管理活动是企业的6项活动之一,并被定义了5种职能,从而从经营中分离出来。高层人员工作中管理活动所占比重较大,而在直接的生产工作和事务性活动中的比重较小。

这6种活动需要6种不同的能力。这6种能力在企业中的各个阶层都应具备,只是侧重点不同。管理能力的重要性是随着阶层的提高而增强的。

(2)管理的5要素

法约尔第一次提出了管理的5大职能(管理的组成要素),即计划、组织、指挥、协调、控制五大职能,并对这5大职能进行了详细的分析和讨论。他认为,计划就是探索未来和制定行动方案;组织就是建立企业的物质和社会双重结构;指挥就是使其人员发挥作用;协调就是连接、联合、调和所有的活动和力量;控制就是注意一切是否按照已制定的规章和下达的命令进行。

(3)管理的14条原则

为了进行有效的管理,法约尔提出了应遵循的14条原则:

①劳动分工。劳动专业化是每个机构和组织前进和发展的必要手段。法约尔认为,劳动分工的目的是用同样的努力生产出更多更好的产品。因为工人总是做同一部件,领导人经常处理同一事务,就可以达到熟练程度,增强自信心,从而提高效率。

同泰勒的观点一样,法约尔认为劳动分工不仅仅适用于技术工作,也适用于管理工作以及权限的划分。

②权力与责任。法约尔认为,如果要一个人对某项工作的结果负责,就应当赋予他确保工作成功的应有的权力,因为权责是互相对应的。

③纪律。纪律应以尊重而不是恐惧为基础,纪律的实质就是遵守公司各方达成的协议。严明的纪律又是企业顺利经营的保障,而严明的纪律来自良好的领导、明确的雇佣协议和审慎的赏罚制度。

④统一命令。统一命令指无论对哪一件工作来说,一个下属只能听命于一个领导者。违背这个原则,就会使权力和纪律受到严重的破坏。这与泰勒职能工长制的思想恰好相反。

⑤统一领导。为达到同一目的而进行的各种活动,应由一位领导根据一项计划开展,这是统一行动、协调配合、集中力量的重要条件。

⑥个人利益服从整体利益。法约尔认为,整体利益大于个人利益的总和。一个组织谋求实现总目标比实现个人目标更为重要。协调这两方面利益的关键是领导阶层要有坚定性和做出良好榜样,要尽可能公正协调,并经常进行监督。

⑦人员的报酬要公正。法约尔以"经济人"假设为前提指出人员的报酬是其服务的价格,所以应该制定公平合理的报酬制度,尽量使雇主与雇员满意。

⑧集中与分散。合理的集中与分散可以使组织各部分运转起来,尽可能发挥所有才能。集中与分散的程度应当视企业的规模、环境、人员素质等情况而定。

⑨等级链。法约尔认为对于保证统一指挥,那种从最高权威者到最低管理者的等级系列是必要的,但在紧急情况下,平级之间跨越权力而进行的横向沟通也是非常必要的。为此,法约尔设计了一种把等级制度与横向信息沟通结合起来的"天桥"或"跳板",即"法约尔跳板",

亦称“法约尔桥”(图 1－1)。

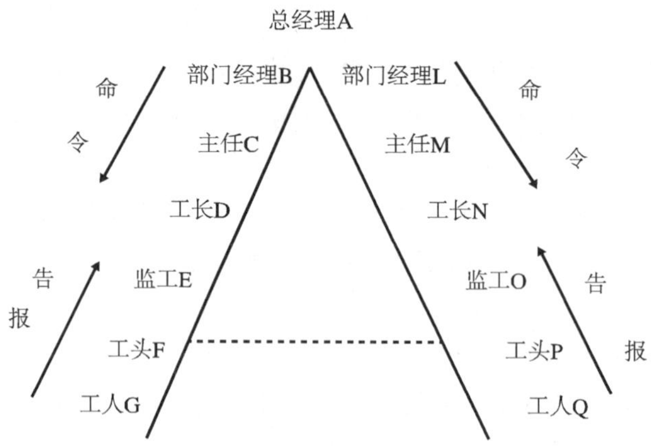

图 1－1　法约尔桥

⑩秩序。秩序即人和物必须各尽所能。理想秩序是指有地方安置每件东西,而每件东西都放在该放的地方;有职位安排每个人,而每个人都安排在应该安排的职位上这种理想状态。只有这样,才能做到物尽其用,人尽其才。

⑪公平。公平即以亲切、友好、公正的态度严格执行规章制度。做事有理智,有经验,有善良的性格。雇员们受到公平的对待后,会以忠诚和献身的精神去完成他们的任务。

⑫人员稳定。法约尔认为成功的企业需要有一个稳定的职工队伍,因此,高层管理者应采取措施,鼓励员工尤其是管理人员长期为企业服务。

⑬首创精神。首创精神是创立和推行一项计划的能力。一个企业的成功,不仅其领导要富有首创精神,其全体人员都需要具有首创精神。

⑭集体精神。职工的融洽、团结可以使企业产生巨大的力量。实现集体精神最有效的手段是统一命令。在安排工作、实行奖励时不要引起嫉妒,以避免破坏融洽的关系。此外,还应该直接地交流意见。

法约尔的管理组织理论是西方管理思想和管理理论发展史上的一个里程碑,它为以后管理理论的发展勾勒出了基本的理论框架。它跳出了泰勒以实践研究管理原理的局限,在理论上努力将管理的要素和原则系统地加以概括,使管理具有了一般科学性,为以后推广管理学教育奠定了条件和基础。同时,这些原则也曾给实际管理人员巨大的帮助,到现今仍然为许多人所推崇。其不足之处是管理原则缺乏弹性,以至于有时实际管理工作者无法完全遵守。

5. 韦伯的行政组织理论

行政组织理论是古典管理理论的又一个流派,它的主要代表人物是马克斯·韦伯(Max Weber,1864—1920)。韦伯本人的研究领域属于历史—哲学范畴,他是德国的一位社会学家和哲学家,也是一位享誉世界的思想家。他在管理思想方面的贡献是在《社会组织与经济组织理论》一书中提出了理想行政组织体系理论,由此被人们称为“行政组织理论之父”。

这种权威结构理论,依据权威关系来描述组织活动。他称之为官僚行政组织的理想组织模式。这是一种体现劳动分工原则,有着明确定义的等级和详细的规则与制度,以及非个人关系的组织模式。韦纳认为尽管这种“理想的官僚主义行政组织”在现实中是不存在的,但这一理论对工业化以来各种不同类型组织产生了广泛而深远的影响,成为现代大型组织采用的一

种组织管理模式。韦伯的组织理论又被称为“官僚制”(在德语中无贬义色彩)或“科层制”。其理论的核心内容如下:

(1)权威的类型与基础

韦伯认为任何组织都必须以某种形式的权威(权力)作为基础,才能变混乱为有序,进而实现其目标。他从历史的角度考察了不同类型的权力,认为存在三种纯粹形态的合法权力(或被社会接受的权力):

①超凡权力。超凡权力是基于对发布命令的人超凡的神圣(如耶稣基督)或非凡的个性特征(如英雄主义或模范品质的崇拜),并表现为一种先知-信徒关系。

②传统权力。传统权力要求服从命令,其依据是对古老传统的不可侵犯性和按传统执行权力的人的正统性的信念,主要表现为一种君主-臣民关系。权力的所有者可以通过让人得到恩惠或失去宠幸以及对臣民进行保护而实施管理。臣民对权力拥有者保持服从和尊敬。

③法定权力,即理性的、法律的权力。这是一种对法律确定的职位或地位的权力的服从。法定权力要求服从命令,是因为人们都知道发布命令的人是按法律原则和条款办事的。这一类型主要依靠外在于个人的、科学合理的理性权力实现管理。

在这三种纯粹形态的权力中,传统权力的效率最差,因为其领导人不是按能力挑选的,其管理单纯是为保存过去的传统而行事。超凡权力则带感情色彩,并非是理性的,依据的不是规章制度而是神秘、神圣的启示。所以,这两种权力都不宜作为“理想的行政组织”的基础,只有第三种权力才能作为这种行政组织的基础。

(2)官僚制的特征

官僚制的特征主要有以下几方面:

①劳动分工。工作应当分解为简单的、例行的和明确的任务。

②职权等级。职位应按等级来组织,每个下级应接受上级的控制和监督。换言之,按照不同职位的权力大小,确定其在组织中的地位,形成有序的等级系统。

③正式选拔。所有组织成员都是依据经过培训、教育或正式考核所取得的技术资格选拔的,即根据技术资格挑选组织成员。

④正式的规则制度。为了确保一贯性和全体雇员的活动,管理者必须倚重正式的组织规则。换言之,管理人员根据法律制度赋予的权力处于拥有权力的地位,原则上所有的人都服从制度规定,而不是服从于某个人。

⑤非人格化。规定和控制的实施具有一致性,避免掺杂个性和雇员的个人偏好。换言之,管理人员在实施管理时,每个管理人员负责特定的工作,拥有执行自己职能所必要的权力,权力要受到严格限制,服从有关部门章程和制度的规定。

⑥职业定向。管理者是职业化的官员而不是他所管理单位的所有者,他们领取固定工资并在组织中追求其职业生涯上的成就。换言之,管理者的职务就是他的职业,他有固定报酬,有按才干晋升的机会。

三、行为科学管理理论

在行为科学管理阶段,从以往以技术因素为主转向重视人的因素,把属于组织职能的人事、沟通、激励等单独划分出来,并加以丰富。在管理理论丛林阶段,由于系统论、控制论、信息论的产生及其在管理中的应用，管理决策学派提出了管理就是决策的观点，把决策从计划职能中独立出来，提出了决策、创新职能。有的学者把指挥、协调等职能纳入控制职能。也有人认为，协调职能贯穿于整个管理工作的总体，不能单独开列。

在20世纪50年代中期，加利福尼亚大学洛杉矶分校（UCLA）的两位教授即哈罗德·孔茨（Harold Koontz）和西里尔·奥唐奈（Cyril O'Donnell）采用计划、组织、指挥、协调和控制5种职能作为管理教科书的框架，在此后的20年中，他们合著的《管理学原理》一书成为销量最多的管理学教科书。因此，目前管理学教科书普遍按照管理职能（Management Function）来组织内容。综合各家观点，一般把管理的职能精简为4个基本职能：计划、组织、领导和控制。

20世纪初，法国工业家法约尔在其著作《工业管理与一般管理》（1916）中认为，所有的管理者都行使着5大职能：计划、组织、指挥、协调和控制。之后的国内外教科书在此基础上，将管理的职能逐步压缩为4种：计划、组织、领导和控制。

1. 行为科学管理的产生背景

古典管理理论的杰出代表泰勒、法约尔等人在不同的方面对管理思想和管理理论的发展做出了卓越的贡献，并且对管理实践产生深刻影响。他们的理论是基于一种假设：工人是为了获得个人利益，追求最大限度的经济收入，即“经济人”。基于这种理论假设，工人被安排去从事固定的、枯燥的和简单的工作，被变成了“活机器”。从美国推行科学管理的实践来看，生产效率确实大幅度提升，但同时也使工人的劳动变得异常紧张、单调和劳累，引起了工人们的强烈不满，导致怠工、罢工等事件频繁出现，劳资关系矛盾升级。

另外，随着经济的发展和科学的进步，有着较高文化水平和技术水平的工人逐渐占据了主导地位，体力劳动也逐渐让位于脑力劳动，这使得管理学家们感到不考虑管理中的人的因素和不处理好人际关系就难以实行有效的管理。行为科学管理理论强调人的动机、态度以及人们在组织内的关系和行为问题，可以弥补古典学派的不足。这使得对新的管理思想、管理理论和管理方法的寻求和探索成为必要。

行为科学管理学派的代表人物有乔治·埃尔顿·梅奥、亚伯拉罕·马斯洛和道格拉斯·麦格雷戈。

2. 梅奥及人际关系学说

（1）梅奥和霍桑试验

乔治·埃尔顿·梅奥（1880—1949），美国管理学家，原籍澳大利亚，早期的行为科学——人际关系学说创始人，美国艺术与科学院院士。1899年在澳大利亚阿德莱德大学获得逻辑学和哲学硕士学位，苏格兰学医，研究精神病理学。移居美国后，在宾夕法尼亚大学沃顿管理学院任教。1926年，他进入哈佛大学工商管理学院专事工业研究，以后一直在哈佛大学工作直到退休。

尽管埃尔顿·梅奥从事过不同的职业，但使他闻名于世的还是他对霍桑试验所做的贡献。1927年冬，梅奥应邀参加了开始于1924年但中途遇到困难的霍桑试验，从1927年至1936年断断续续进行了为时9年的两阶段试验研究。在霍桑试验的基础上，埃尔顿·梅奥分别于1933年和1945年出版了《工业文明的人类问题》和《工业文明的社会问题》两部名著。霍桑试验揭示出工业生产中的个体具有社会属性，生产率不仅同物质实体条件有关，而且同工人的心理、态度、动机，群体中的人际关系以及领导者与被领导集体的关系密切相关。霍桑试验以及埃尔顿·梅奥对霍桑试验结果的分析对西方管理理论的发展产生了重大而久远的影响，使西方管理思想在经历过早期管理理论和古典管理理论（包括泰勒的科学管理理论，法约尔的一般管理理论和韦伯的官僚组织理论）阶段之后进入到行为科学管理理论阶段。

霍桑是一个制造电话交换机的工厂，具有较完善的娱乐设施、医疗制度和养老金制度，但工人们仍愤愤不平，生产成绩很不理想。为找出原因，美国国家研究委员会组织研究小组开展试验研究。

（2）霍桑试验

霍桑试验分四个阶段。

第一阶段：车间照明试验。

当时关于生产效率的理论占统治地位的是劳动医学的观点，认为也许影响工人生产效率的是疲劳和单调感等，于是当时的试验假设便是“提高照明度有助于减少疲劳，使生产效率提高”。该试验选择一批工人分为两组：一组为“试验组”，先后改变工场照明强度，让工人在不同照明强度下工作；另一组为“控制组”，工人在照明度始终维持不变的条件下工作。试验者希望通过试验得出照明度对生产率的影响，但试验结果却显示照明度的变化对生产率几乎没有什么影响。具体结果是：当试验组照明度增大时，试验组和控制组都增产；当试验组照明度减弱时，两组依然都增产，甚至试验组的照明度减至 0.06 烛光时，其产量也无明显下降；直至照明度减至如月光一般，实在看不清时，产量才急剧下降。研究人员面对此结果感到茫然，失去了信心。

这个试验虽然没有达到预定的目的，但得出了两条结论：①工场的照明度只是影响工人生产效率的一项微不足道的因素；②由于牵涉因素太多，无法控制，且其中任何一个因素足以影响试验结果，故照明度对产量的影响无法准确测量。

从 1927 年起，以梅奥教授为首的一批哈佛大学心理学工作者将试验工作接管下来，继续进行第二阶段的试验。

第二阶段：福利试验（继电器装配试验）。

试验目的总的来说是查明福利待遇的变换与生产效率的关系。但经过两年多的试验发现，不管福利待遇如何改变（包括工资支付办法的改变、优惠措施的增减、休息时间的增减等），都不影响产量的持续上升，甚至工人自己对生产效率提高的原因也说不清楚。

后经进一步的分析发现，导致生产效率上升的主要原因有：①参加试验的光荣感。参加试验的女工曾被召进部长办公室谈话，她们认为这是莫大的荣誉。这说明被重视的自豪感对人的积极性有明显的促进作用。②成员间良好的相互关系。

第三阶段：访谈试验。

研究者在工厂中开始了访谈计划。此计划的最初想法是要工人就管理当局的规划和政策、工头的态度和工作条件等问题做出回答，但这种规定好的访谈计划在实施过程中大大出乎意料，得到了意想不到的效果。工人想就工作提纲以外的事情进行交谈，他们认为重要的事情并不是公司或调查者认为意义重大的那些事。访谈者了解到这一点，及时把访谈计划改为事先不规定内容，每次访谈的平均时间从 30 分钟延长到 1 ~ 1.5 小时，多听少说，详细记录工人的不满和意见。访谈计划持续了两年多，工人的产量大幅提高。

工人长期以来对工厂的各项管理制度和方法存在许多不满，无处发泄，访谈计划的实行恰恰为他们提供了发泄机会。发泄过后心情舒畅，士气高涨，使产量得到提高。

第四阶段：电话线圈装配试验——群体试验。

这一阶段的试验目的主要是研究群体中的人际关系对劳动生产率的影响。这次试验选了14名男工，分成3组，每组3人是绕线工，1人是焊工，2名检验工负责3个组的检验，让他们在一间单独观察室中进行电话线圈的装配工作。参加试验的工人实行特殊的工人计件工资制度，干的越多报酬越高。试验从1931年11月持续到1932年5月，共半年多的时间。

原设想这套奖励办法会使职工更加努力地工作，以便得到更多的报酬，但试验的结果却出乎预料。产量并没有显著上升，而只是保持在中等水平上，每当达到定额产量后，工人们就自动慢下来，因此小组的产量总是维持在一定的水平上，每个工人的日平均产量都差不多，而且工人并不如实地报告产量。深入的调查发现，小组内存在一种默契，当有人超过一定产量时，旁人就给他暗示，谁要是有意超过定额，便会受到冷遇、讽刺和打击。工人为什么要自限产量呢？经过观察发现，工人们维持中等水平，是担心产量提高后管理当局会提高定额标准，改变现行奖励制度或裁减人员，使部分工人失业，或使干活很慢的伙伴受到惩罚。

这一试验表明，为了维护班组内部的团结，可以放弃物质利益的引诱。由此提出"非正式群体"的概念，认为在正式的组织中存在着自发形成的非正式群体，这种群体有自己特殊的行为规范，对人的行为起着调节和控制作用。

(3)人际关系学说内容

在霍桑试验的基础上，梅奥于1933年发表《工业文明的人类问题》一书，创立了人际关系学说，提出以下观点：

①工人是"社会人"，是复杂的社会系统的成员。影响工人生产积极性的因素，除物质条件外，还有社会和心理方面。

②企业中除"正式组织"外，还存在"非正式组织"(又称非正式群体)。它是没有明文规定的，带有鲜明的情绪色彩，以个人之间的好感和喜爱为基础而结成的朋友、同伴团体。他们抱着共同的社会感情、惯例和倾向，而无形地左右着成员的行为。在官方规定的正式工作群体之中还存在着自发产生的非正式群体，它们有着自己的规范和维持规范的方法，对成员的影响远较正式群体为大，因此管理者不能只关注正式群体而无视或轻视非正式群体及其作用。

③新型的领导能力在于通过提高职工的满意度而激励职工的"士气"，从而达到提高生产率的目的。

3. 行为科学理论的发展

经过20余年的发展，人际关系学派已形成了完善的行为科学理论。个体行为理论作为行为科学理论的分支，主要研究的是每个人的基本行为规律，并从中找出如何激励人的积极性的基本原理。个体行为理论主要包括两方面的基本内容：一是有关人的需要、动机和激励方面的理论，分为①内容型激励理论(需求层次论、双因素理论、成就激励理论等)、②过程型激励理论(期望理论、公平理论等)、③行为改造型激励理论(强化理论、归因理论等)，二是有关人性的理论，主要包括X－Y理论、不成熟－成熟理论等。本书简要介绍以下几种经典理论。

(1)马斯洛的需求层次理论

亚伯拉罕·哈洛德·马斯洛(Abraham Harold Maslow)是美国著名哲学家、社会心理学家、人格理论家和比较心理学家，人本主义心理学的主要发起者和理论家，心理学第三势力的领导人。

马斯洛的需求层次理论是西方广为流传的激励理沦，其有两个基本论点：①认为人是有需求的动物，其需求取决于他得到了什么，尚缺少什么，只有尚未满足的需求能够影响行为；②人的需求是以轻重层次的形式出现的，当某一层次的需求得到满足后，另一个需求才会出现，并要求被满足，人就是为了满足需要而不断工作的。

马斯洛在1954年发表的《激励和人》一书里将人的需求从低到高分为五级，即生理需求、安全需求、社会需求、尊重需求以及自我实现的需求。这五类需求互相关联，按照重要性和发生的先后次序，形成一个需求等级。

①生理需求。对食物、水、空气和住房等需求都是生理需求，这类需求的级别最低，人们在转向较高层次的需求之前，总是尽力满足这类需求。一个人在饥饿时不会对其他任何事物感兴趣，他的主要动力是得到食物。马斯洛认为，只有这些最基本的需求满足到维持生存所必需的程度后，其他的需求才能成为新的激励因素，而到了此时，这些已相对满足的需求就不再成为激励因素。

②安全需求。安全需求包括对人身安全、生活稳定以及免遭痛苦、威胁或疾病等的需求。和生理需求一样，在安全需求没有得到满足之前，人们唯一关心的就是这种需求。马斯洛认为，整个有机体是一个追求安全的机制，人的感受器官、效应器官、智能和其他能量主要是寻求安全的工具，甚至可以把科学和人生观都看成是满足安全需求的一部分。

③社会需求。这一层次的需求包括两个方面的内容。一是友爱的需要，即人人都需要伙伴之间、同事之间的关系融洽或保持友谊和忠诚；人人都希望得到爱情，希望爱别人，也渴望接受别人的爱。二是归属的需要，即人都有一种归属于一个群体的感情，希望成为群体中的一员，并相互关系和照顾。当生理需求和安全需求得到满足后，社会需求就会凸显出来，进而产生激励作用。在马斯洛需求层次中，这一层次是与前两层次截然不同的另一层次，它比生理上的需求来得细致，且和一个人的生理特性、经历、教育、宗教信仰都有关系。

④尊重需求。尊重需求既包括对成就或自我价值的个人感觉，也包括他人对自己的认可与尊重，即要求个人的能力和成就得到社会的承认。尊重的需要又可分为内部尊重和外部尊重。内部尊重是指一个人希望在各种不同情境中有实力、能胜任、充满信心、能独立自主。总之，内部尊重就是人的自尊。外部尊重是指一个人希望有地位、有威信，受到别人的尊重、信赖和高度评价。马斯洛认为，尊重需要得到满足，能使人对自己充满信心，对社会满腔热情，体验到自己活着的用处和价值。如果这类需求不能被满足，他们就会感到沮丧。如果给予他的荣誉不是基于其真才实学，而是徒有虚名，则会对他们的心理构成威胁。

⑤自我实现需求。这是最高层次的需要，它是指实现个人理想、抱负，发挥个人的能力到最大程度，达到自我实现境界的人，接受自己也接受他人，解决问题能力增强，自觉性提高，善于独立处事，要求不受打扰地独处，完成与自己的能力相称的一切事情的需要。也就是说，人必须干称职的工作，这样才会使他们感到最大的快乐。马斯洛提出，为满足自我实现需要所采取的途径是因人而异的。自我实现的需求是在努力实现自己的潜力，使自己越来越成为自己所期望的人物。

上述五类需求，人们并不是都能得到满足。马斯格认为，需求等级越低的人越易得到满足，需求等级越高的人则满足的比率就越小。人们一般按照这个需要梯级从低级到高级地追求各项需要的满足。但这并不是说不同级别的需要不能在同一时间发挥作用，而是说在某一特定时期，总有某一级别的需要发挥独特的作用，处于主导地位，其他级别的需要处于从属地位。

(2)赫茨伯格与双因素理论

1959年美国行为科学家弗雷德里克·赫茨伯格(Frederick Herzberg)在大量调查研究的基础上出版了《工作的激励因素》一书。赫茨伯格在该书中提出了人们行为的两大因素——保健因素和激励因素对人身体的影响，该理论通常简称为双因素理论。

20世纪50年代后期，赫茨伯格和他的助手们在匹兹堡心理研究中心，对9个部门中的203名工程师和会计师的工作情况进行调查。赫茨伯格设计了许多问卷，其内容有：什么时候你对工作特别满意？什么时候你对工作特别不满意？引起这些特别感情反应的条件是什么？等等，请受访者一一回答。他通过对大量调查获得的资料分析发现，人们不满意工作时大都同他们所处的工作环境有关，而满意工作的则满意于工作本身。因此，他提出激发人的动机有两种因素：一种叫保健因素，即工作环境、工作关系的因素；另一种叫激励因素，即属于工作本身、工作内容的因素。

①双因素理论的内容

保健因素指那些与人们的不满情绪有关的因素，如公司政策、管理措施、监督、人际关系、物质工作条件、工资、福利等。这类因素处理得不好会引发工作不满情绪的产生，处理得好可预防和消除这种不满、怠工与对抗，但不能使职工变得非常满意，也不能激发他们工作的积极性，促使生产增长。

保健因素的满足对职工产生的效果类似于卫生保健对身体健康所起的作用。保健从人的环境中消除有害于健康的事物，它不能直接提高健康水平，但有预防疾病的效果；它不是治疗性的，而是预防性的。

激励因素指那些能带来积极态度、满意和激励作用的因素。即能使职工感到满意的原因包括：工作富有成就感、工作成绩得到认可、工作具有挑战性、工作具有较大责任以及成长和发展的机会。这类因素的改善，能激励职工的工作热情，从而提高生产率。如果处理不好，也能引起职工的不满，但影响不大。

赫茨伯格把这两种因素进行了归纳，见表1-1。

表1-1　保健因素与激励因素

保健因素(外在因素)	激励因素(内在因素)
公司的政策与行政管理	工作上的成就感
管理和监督	工作本身具有的挑战性
与上级主管之间的关系	个人发展的可能性
与同级之间的关系	职务上的责任感
与下级之间的关系	得到提升
薪金所得	工作得到认可
工作的安全	
工作环境或条件	
个人的生活	
职务地位	

②双因素理论的不足

有人将赫茨伯格双因素的内容与马斯洛的需要层次理论进行对比，认为保健因素相当于马斯洛提出的生理需要、安全需要等较低级的需要；激励因素则相当于社交、受人尊敬的需要、自我实现的需要等较高级的需要。实际上，从赫茨伯格调查结果图示我们可以看出，大部分项目因素都是具有双面性的，其既有激励因素的一面，也有保健因素的一面，只是有些项目因素在更多时间与频率上更倾向于哪一因素而已。更何况，赫茨伯格的调查有其局限性和非典型性，固定地认为社会各阶层和各时代都是如此的心理倾向是不客观的。

双因素理论以满意或不满意作为判断员工是否具有积极主动性的标准具有主观性。实际上，员工满意既可表现为以岗为家而导致的认真负责，也可表现为志得意满而导致的不求进取，前者是员工忠诚职守的表现，而后者是员工具有颓废心理的显示；而不满意亦可表现为忠言与建议，也可表现为冷漠与敌视，前者则显示出员工工作主动可靠，后而者则表现出的是员工的消极被动。所以说，双因素理论是就各项因素的满意与不满意程度进行的调查研究，既没将满意程度与被调查人的劳动生产率联系起来判断，也没有将“个人需要的满足”同“组织目标的达到”联系起来，只是主观地以“员工对某项因素满意就有相应的积极主动性”为判断的唯一前提，这在一定程度上否定了法纪法规、权威榜样等内心与外界压力因素对人们积极主动性的正面影响，具有主观臆测的成分。

被调查对象的代表性不够。赫茨伯格的调查研究只是针对二百多名工程师、会计师进行的，而事实上，不同职业和不同阶层的人对激励因素和保健因素的反应是各不相同的，因此导致了研究的结果不是所有场合都是实用的，但是有一定的参考价值。

双因素理论的谬误除了其单纯地将激励因素与保健因素划分归类以外，关键还在于其将满意表现与积极主动性联系起来，而将不满意表现与消极被动性联系起来。有满意的表现虽然不一定就有积极主动性，但企业单位的工作责任目标必须满足员工的需求需要才能具有激励作用却是受到人们公认的。按照双因素理论的叙述满足了保健因素则会使员工不会不积极，但也不会使其积极，且过度的保健因素的满足反倒会滋生惰性；同时给予激励因素会使员工很积极，但不给予激励因素也不会使员工不积极。所以，双因素理论的重要意义就在于告诉了管理层，尽管在人们需求需要与其责任目标相统一的条件下人们才会有积极主动性，但有些需要需求形式是难以完全满足或只能给予其基本满足的，而有些需要需求形式尽管不是员工内心里主动追求的，但却能最大程度激发其满意满足，进而由此最大程度激发其积极主动性。

③双因素理论积极性

双因素理论尽管有以上的不足与谬误，但其“保健因素不能得到满足，往往会使员工产生不满情绪、消极怠工，甚至引起罢工等对抗行为；但保健因素的改善，却难以使员工变得非常满意，从而真正地激发员工的积极性”以及“激励因素才能够给人们带来满意感，但激励因素即使管理层不给予其满意满足，往往也不会因此使员工感到不满意”这两个论断却是很有积极意义的。同时，我们在现实中往往也会看到类似现象，比如当我们年年过年前给员工发福利时，往往也不见员工因此在工作上会有什么积极的反映，但若我们某年取消了这一福利政策又往往会造成人们的不满甚至因此消极怠工。再比如当管理层将公司办得像家一样，照顾得面面俱到，互相间关系其乐融融，环境优美，福利良好，固然会增强员工对企业的忠诚度，但若管理层将公司办得就像公司一样，也就不见得员工就因此而感到不足不满了。所以说，双因素理论的这两个论断在一定程度上还是有一定道理的。

（3）期望理论

期望理论是由美国行为科学家维克托·弗鲁姆（Victor H. Vroom）在1964年出版的《工作与激励》一书中提出来的。它是一种通过考查人们的努力行为与其所获得的最终奖酬之间的因果关系，来说明激励过程并选择合适的行为，以达到最终的奖酬目标的理论。这种理论认为，当人们既有需要又有达到目标的可能时，其积极性才会高，因此，激励力量取决于期望值和效价的乘积，用公式表示，即：

$$M = E \times V$$

式中：M——激励力量；E——期望值；V——效价。

激励力量是指被激发起来的工作动机和强度，即激发人的内在潜力，调动人的积极性的强度。

期望值是指人们根据个人的经验，对自己的行为能否产生所想得到的工作绩效和奖酬的主观概率，也就是说，主观上估计达到目标和得到奖酬的可能性。这种主观概率要受每个人的个性、情感、动机的影响，因而人们对这种可能性的估计就会不一样，可能有的人趋于保守，有的人趋向冒险。

效价是指人们对某一目标（奖酬）的重视程度与评价高低，也就是说，实现这一目标对满足个体需要的价值。

上式说明，调动人的积极性的激励力量等于期望值和效价的乘积。作为激励的某种目标如实现的可能性很大，而实现后对本人的效价又很高，那么其激励力量就大，人的积极性就高。期望值与效价两者之中任何一项为零，其激励作用就不存在。例如在管理活动中，有的管理者常用“干好了就可以重用、提拔”来激励部下。这种激励有多大的激励力量？如果被激励者虽然有受重用、被提拔的欲望，但凭经验判断自己不可能受到重用、得到提拔，那么重用、提拔对他来说就没有激励作用。如果某个人虽然有较大的受重视、被提拔的期望值，但他认为，提拔对他来说是一种负担，他根本就不愿受到重用、得到提拔，那么提拔对他也没有激励作用。只有那种既有较大的受重视、得提拔的期望值，又有较大欲望想得到提拔的人，重用、提拔才会对他产生很大的激励作用。由此可见，期望值和效价的不同组合，会产生不同的激励强度。

（4）麦格雷戈与X理论、Y理论

麦格雷戈于1957年首次提出X理论和Y理论。1960年，他又在《企业的人的方面》一文中对两种理论进行了比较。

◉ X理论

X理论的观点总的来说是“人之初，性本恶”。其具体包括以下观点：

①多数人十分懒惰，他们总是想方设法逃避工作。

②多数人没有雄心大志，不愿负责任，而心甘情愿地接受别人的指导。

③多数人的个人目标与组织目标是互相矛盾的，必须用强制、惩罚的方法，才能迫使他们为实现组织目标工作。

④多数人干工作都是为了满足基本需要，只有金钱和地位才能鼓励他们工作。

⑤人大致可以分为两类，多数人都是符合上述设想的人，另一类则是能够自己鼓励自己，能够克制感情冲动的人，这些人应担当管理的责任。

管理措施：

①管理的重点是提高生产率，无需考虑人的情感需要。

②管理是少数人的事，工人的职责是认真干活。

③管理的特征明显表现为制定各种严格的工作规范和管理法规，企业主应以经济报酬来收买职工。

④严格实行定额制和计件工资制，以金钱来奖励和处罚职工。

◉ Y 理论

Y 理论与 X 理论相反，其观点总的来说是“人之初，性本善”。其具体包括以下观点：

①一般人都是勤奋的，如果环境条件有利，工作就如同游戏或休息一样自然。

②控制和惩罚不是实现组织目标的唯一手段，人们在执行任务中能够自我指导和自我控制。

③在适当条件下，一般人不但会接受某种职责，而且还会主动寻求职责。

④大多数人在解决组织面临的困难问题时，都能发挥出高度的想象力、创造力和聪明才智。

⑤有自我满足和自我实现需求的人，往往以达到组织目称作为自己致力于实现目标的最大报酬。

⑥在现代社会条件下，一般人的智能潜力只能得到一部分的发挥。

管理措施：

①管理的重点在于努力创造一种能适应人们充分发挥能力、潜力的环境条件。

②激励方式应着重内激励，强化工作的成就感。

③管理的体制设计应使工作任务赋予挑战性，保证职工能够充分发挥才能。

(5)公平理论

职工被激励的程度不仅受其所得到的绝对报酬影响，而且受其相对报酬的影响，人们总是习惯于把自己付出的努力和所得到的报酬同他人相比较，也会与自己的过去相比较。若比较的结果相等或更好，就认为公平，就会继续努力工作；反之就认为不公平，就会产生某种消极或不满情绪，而采取一系列的行为修正措施。

(6)行为强化理论

哈佛大学斯金纳提出，旨在通过改造环境如改变目标或完成任务的奖惩等来激发和保持人的积极行为，减少或消除消极行为，可以采取积极强化和消极强化两种方式。

四、近代管理理论

进入 20 世纪 50 年代，现代管理思想的发展异常活跃。众多学者从不同的角度，用不同的方法研究管理问题，各树一帜，建立了许多管理理论学派，形成了管理理论研究的分散化局面。美国管理学者孔茨和奥唐奈将这种现象称为“热带丛林”。该时期主要包括以下学派。

1. 管理过程理论

管理过程理论又称管理职能理论，是美国加利福尼亚大学教授孔茨和奥唐奈提出的。法约尔、穆尼、厄威克、古利克都对管理职能有贡献。

法约尔“五职能”：计划、组织、指挥、协调、控制。

古利克“七职能”：计划、组织、用人、指挥、协调、报告、预算。

孔茨和奥唐奈“五职能”：计划、组织、控制、指挥、人事。

厄威克“三职能”：计划、组织、控制。

对每个职能都从下面六个方面进行分析和研究：

①职能的性质、目的。

②职能的结构特征。

③职能的主要原则和理论。

④主要技术。

⑤障碍和困难。

⑥环境是什么。

认为一切最新的管理思想都能纳入第一管理职能。

2. 社会系统学派

创始人是美国管理学家切斯特·巴纳德，他在组织理论研究方面做出了贡献，先后获得过7个荣誉博士学位。巴纳德长期担任高级管理人员，1927年至1948年任美国新泽西洲贝尔电话公司总经理，1938年出版了《经理的职能》一书，建立了社会系统理论。这种理论是以协作系统为核心论述组织内部平衡和对外部条件适应的管理理论。巴纳德认为，社会的各级组织都是一个协作系统，经理人员是协作系统因素中的关键因素，经理的作用是在协作系统中作为相互联系的中心，进行有效的协调，以便协作系统能够维持运转。

3. 决策理论学派

从社会系统学派中发展出来的代表人物是美国管理学家和心理学家西蒙，1978年获得了诺贝尔经济学奖，著有《管理行为》《组织》《经济学和行为科学中的决策理论》《管理决策新科学》等。观点如下：

①管理就是决策。

②决策分为程序性决策和非程序性决策。

③决策的过程分四个阶段，即搜集情报、拟订行动方案、选定方案、方案的实施和完善。

④决策的准则是最优化、满意化、许可化。

4. 经验主义理论

认为传统管理、古典管理理论和行为管理理论都不能完全适应现在管理的需要，只有从实际中得来的，并被加以概括和理性化的经验才能真正指导管理实践。通过研究一个组织或一个管理者的实践经验，进而向其他组织或管理者提供其成功的实践经验和科学方法。

德鲁克是经验主义理论的代表人物，首先提出目标管理，综合以工作为中心和以人为中心的管理方法，既能使人发现工作的兴趣和价值，从工作中满足需要，又能使人与工作结合起来完成目标。

2

第二编

服装企业管理的战略规划与决策

第一章　企业战略规划

第一节　企业战略概述

一、战略与企业战略的概念

1. 战略

“战略”一词来源于希腊语“Strategos”，其含义是“将军”。它的本义是指基于对战争全局的分析而做出的谋划。战略对于战争的意义在于它可以帮助决策者掌握战争全局的动态，运筹于帷幄之中，决胜于千里之外。能使自己在战争中处于主动，充分利用天时、地利、人和的条件，赢得战争的胜利。军事战争史已经雄辩地证明了战争的胜负首先取决于战略的正确与否。

2. 企业战略

“战略”一词运用于企业经营管理，是指一个企业为了实现它的长远目标和重要使命而作的长短期计划和策略。企业要在复杂多变的环境中求得生存和发展，必须对自己的经营管理行为进行长期的、通盘的谋划。

在西方国家，从 20 世纪 50 年代起，就有了对企业战略的研究。直到 20 世纪 60 年代，美国安索夫的《企业战略论》一书出版后，企业战略才作为一个科学性的概念，开始在企业管理学中使用。西方学者对战略管理的描述主要以安索夫、安德鲁斯和明茨伯格的观点为代表。

(1)安索夫的观点

安索夫指出，企业在制定战略时，有必要首先确定自己的经营性质。不论是按照产品系列的性质还是按照构成产品系列的技术来确定企业的经营性质，企业目前的产品和市场与企业未来的产品和市场之间一定存在着一种内在的联系，安索夫将这种内在的联系称为“共同的经营主线”，通过分析这种共同的经营主线可以把握企业运行的方向，寻找企业发展的新天地。企业如果将其经营性质定义得过宽，则会失去共同的经营主线，也就无法制定企业战略；反之，企业如果将其经营性质定义得过窄，则会由于应变能力不足，而在复杂多变的环境中难以生存。总之，经济发展的现实对企业家和管理学家提出了客观要求，即企业战略必须一方面能够指导企业的生产经营活动，另一方面能够为企业的发展提供足够的空间。

(2)安德鲁斯的观点

安德鲁斯是美国哈佛大学商学院的教授。他认为企业总体战略是一个决策模式，决定和揭示企业的目的和目标，提出实现目的重大方针与计划，确定企业应该从事的经营业务，明确企业的经济类型与人文类型，决定企业应当对员工、顾客和社会作出经济的与非经济的贡献。安德鲁斯的观点指出了企业总体战略要解决的主要问题——企业长远发展的使命与现实使命的有机结合，使企业能够形成自己特殊的战略属性和竞争优势，将不确定的环境因素与企业的经营活动很好地结合起来，以便能够集中企业的各种资源形成企业产品和市场的"生长圈"，并且能够在较长的时期内相对稳定地执行企业的战略。

(3)明茨伯格的观点

明茨伯格是加拿大麦吉尔大学的管理学教授，他认为，在企业经营活动中经营者可以在不同的场合下以不同的方式给企业总体战略赋予不同的定义。他借鉴市场营销学中四要素(4P'S)的提法，提出战略是由五种规范的定义阐明的，即计划(Plan)、计策(Ploy)、模式(Pattern)、定位(Position)和观念(Perspective)，即5P'S。

①战略是一种计划。作为计划的战略有两种含义：一方面，战略是有意识地开发出来的，是设计出来的，是明确的，一般情况下应该是公开的；另一方面，战略是行动前制定的，供决策者在行动中使用。

②战略是一种计策。作为计策的战略是指在特定的环境下，企业把战略作为威胁和战胜竞争对手的一种手段、一种优势。

③战略是一种模式。作为模式的战略是指战略不仅可以是行动前制定的，即由人们有意识地设计出来，而且可以是人们行为的结果。这一观点强调战略是一种动态的过程。

④战略是一种定位。作为定位的战略是指战略应当确定企业在环境中的位置，由此确定企业在产品与市场、社会责任与自身利益、内部条件与外部环境中的一系列经营活动和行为，通过正确配置企业资源，形成企业特殊的竞争优势。

⑤战略是一种观念。作为观念的战略是指战略应当体现企业中人们对客观世界固有的认识方式，是人们思维的产物。

结合理论与实际，可以把企业战略定义为：企业战略是企业面对激烈变化和竞争的情况，根据企业内外环境及可获取的资源情况，为求得企业的生存和长期稳定发展，对企业的发展目标、达到目标的途径和手段而进行的总体性谋划。经营战略是企业经营思想的集中体现，是一系列战略决策的结果，同时又是制定企业规划和计划的基础。

二、企业战略的特征

1. 全局性

企业战略是在研究与把握企业生存与发展的全局性指导规律基础上，对企业的总体发展及其相应的目标与对策进行谋划，这属于企业总体战略；或者在照顾各方面的全局观点指导下，对企业某方面的发展及其相应的目标与对策进行谋划，这相当于企业的分战略。

2. 长远性

企业战略是企业谋取长远发展要求的反映，是关系企业今后一个较长时期的奋斗目标和前进方向的通盘筹划，注重的是企业长远的根本利益而不是暂时的眼前利益。

3. 竞争性

企业战略是企业在市场经济环境下日益激烈的竞争中求得生存与发展而制定的。进入

21世纪以来，市场竞争国际化，优胜劣汰，战略制胜成为关键。企业必须使自己的经营战略具有竞争性的特征，才能迎接来自环境和竞争对手的各种挑战。

4. 相对稳定性

企业战略一经制定，必须保持相对的稳定性，不能朝令夕改。这就要求企业在制定战略时，必须准确把握外部环境和内部条件，正确决策。稳定性要与应变性相结合，当企业的外部环境和内部条件发生变化时，企业战略也要适时进行变化与调整。

三、企业战略的分类

企业战略可以分为三种基本类型：企业总体战略、企业竞争战略和企业职能战略。

1. 企业总体战略

正如安德鲁斯教授所指出的那样，企业总体战略决定和揭示企业的目的和目标，确定企业重大的方针与计划、企业经营业务类型以及企业对员工、顾客和社会作出的贡献。

2. 企业竞争战略

企业竞争战略能够解决企业如何选择所经营的行业和如何选择企业在一个行业中的竞争地位等问题，包括行业吸引力和企业的竞争地位。行业吸引力指行业中企业长期平均盈利能力和决定长期平均盈利能力的各种因素所决定的各行业对企业的吸引能力，一个企业所处行业内的平均盈利能力是决定这个企业盈利能力的一个重要因素。同时，在一个行业中，不管长期平均盈利能力怎样，总是有一些企业因其有利的竞争地位而获得比行业平均利润更高的利润，这就是企业的竞争地位。通过竞争战略的选择，企业可以在相当程度上增强或削弱一个行业的吸引力；同时，一个企业也可以通过对其竞争战略的选择显著地提升或降低自己在行业内的地位。

3. 企业职能战略

企业职能战略是为实现企业总体战略而对企业内部各项关键的职能活动作出统筹安排。企业的总体战略和竞争战略分层次地表明了企业的产品、市场、竞争优势和基本目标，规定了企业的核心任务和总的方向。企业要实现这样的战略设想，必须通过有效的职能活动运用资源，使企业的人力、物力和财力与其生产经营活动的各个环节密切结合，与企业的总体战略和竞争战略协调一致。企业的职能战略包括财务战略、人力资源战略、组织战略、研究与开发战略、生产战略等。

四、企业战略管理的基本内容与步骤

1. 企业战略管理的定义

企业战略管理是指通过对企业战略的分析与制定、评价与选择以及实施与控制，使企业能够达到其战略目标的动态管理过程。

由上述定义可以看出企业战略管理的要点有：

①企业战略管理是企业战略的分析与制定、评价与选择、实施与控制，三者形成一个完整的、相互联系的管理过程，如图2－1所示。企业战略管理过程一般来讲是串联的，即企业战略

往往是先分析制定,再评价选择,最后实施控制。但有时也不一定都是串联的,有时正在进行战略分析时战略尚未制定出来,但企业已经开始实施某些战略意见。因此,在图 2 -1 中把这三个要点用箭头全部连接在一起。

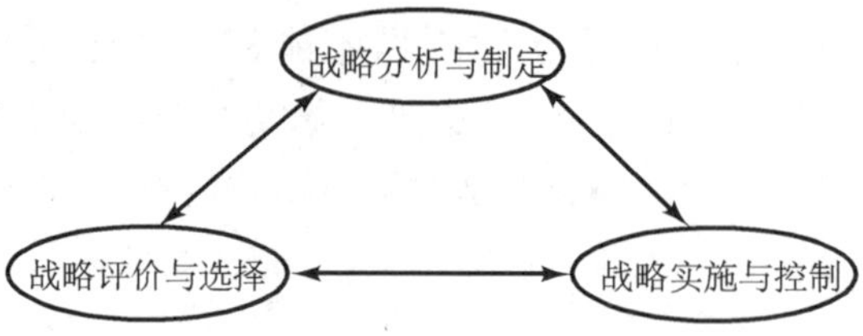

图 2-1　企业战略管理图

②企业战略管理是把企业战略作为一个不可分割的整体来加以管理的,其目的是提高企业整体优化的水平,如何使企业战略管理各个部分有机整合以产生集成效应是战略管理的主要目的。所谓集成效应,简单地说是对各战略要素的优化汇集和配置。各战略要素不是一般地结合在一起,这并不能称为"集成",只有当各要素经过主动优化、选择搭配,相互之间以最合理的结构形式结合在一起,形成一个由各战略要素组成的,优势互补、匹配的有机体,这样的过程才称为"集成"。所以,集成效应是主动寻优的过程,是整体优化的过程。

③企业战略管理关心的是企业长期稳定和高速度发展,它是一个不断循环、不断完善、不断创新的过程,是螺旋式上升的过程。一次战略管理过程完成之后,并不是战略管理过程的结束,而是新一轮战略管理过程的开始。每经过一次循环,就应当使企业战略管理水平提高一步。

2. 企业战略管理的步骤

企业战略管理步骤如图 2 -2 所示。

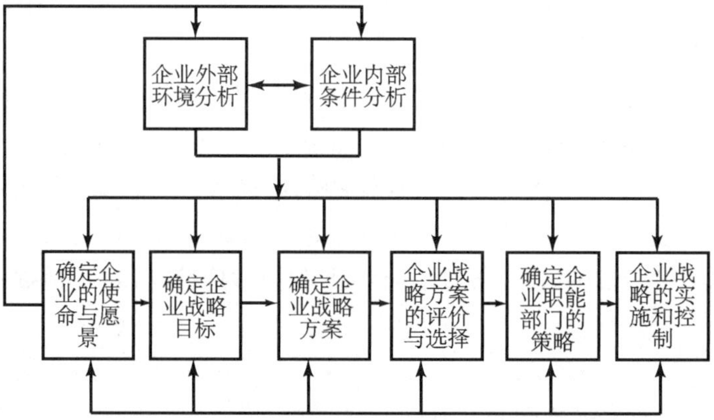

图 2-2　企业战略管理步骤

(1)企业外部环境分析

分析和预测宏观环境因素的变化,可以使企业战略管理者获得分析行业和企业的背景知识,宏观环境分析的目的是要确定影响行业和企业的关键因素,预测这些关键因素未来的变化,以及这些变化对企业影响的程度和性质、机遇与威胁。此外还分析行业竞争结构的五种因素的变化,分析竞争对手实力、战略和行为模式,在此基础上确认企业所面临的直接竞争机会与威胁。

(2)企业内部条件分析

企业内部条件分析主要是分析企业内部在进货后勤、生产作业、发货后勤、营销及售后服务等物质流基本活动中存在的优势及劣势,同时还要分析采购、技术开发、人力资源管理及企业基础职能管理等辅助活动对价值链的支持活动,综合价值链的基本活动及辅助活动的分析,确认企业内部管理中存在的优势和劣势。

(3)确定企业的使命与愿景

企业使命与愿景是对企业存在意义及未来发展远景的陈述,除表明企业长期存在的合法性及合理性外,还要与所有者和企业主要利益相关者的价值观或期望相一致。它应对企业员工有很强的感召力,并能得到社会公众认可;它应当用简单、精练的语言来表达。

(4)确定企业战略目标

企业战略目标通常是与企业使命与愿景相一致的,是对企业发展方向的具体陈述。企业战略具体目标是尽量数量化的指标,如某企业集团到2010年营业收入要达到500亿元人民币,这就是一个战略目标。企业数量化指标便于分解落实,便于检查,便于动员员工为实现目标而努力奋斗。

(5)企业战略方案的评价与选择

企业高层领导在进行战略决策时,应要求战略制定人员尽可能多地列出可供选择的方案,不要只考虑那些比较明显的方案。在战略选择过程中形成多种战略方案,是战略评价与选择的前提。高层管理人员要对每个战略方案按一定标准逐一进行分析研究,以决定哪一种方案最有助于实现战略目标。

(6)确定企业职能部门策略

企业职能部门策略是根据前述确定的企业战略进一步具体化的策略。制定企业的组织机构策略、市场营销策略、人力资源开发与管理策略、财务管理策略等各职能部门策略,这样才能使企业总战略真正落实。要求各职能部门策略与企业战略保持一致。

(7)企业战略的实施与控制

企业战略实施要遵循三个原则,即适度合理性的原则、统一领导与统一指挥的原则、权变的原则。贯彻实施企业战略要建立起贯彻实施企业战略的组织机构,配置资源,建立内部支持系统,发挥好领导作用,使组织机构、企业文化均能与企业战略相匹配,处理好企业内部各方面的关系,动员全体员工投入战略实施中,以保证战略目标的实现。

第二节　战略分析方法

一、企业外部环境分析

企业与其外部客观的经营条件、经济组织及其他外部经营因素之间处于一个相互作用、相互联系、不断变化的动态过程之中。这些影响企业成败的外部因素就形成了企业的外部环境。对这些外部环境分析的目的就是找出外部环境为企业所提供的可以利用的发展机会以及外部环境对企业发展所构成的威胁,以此作为制定战略目标和战略的出发点、依据和限制的条件。

1. 企业外部环境的分类

企业环境是一个多主体的、多层次的、发展变化的多维结构系统，由于研究环境的目的、任务、要求各不相同，因此对环境的划分方法也各不相同。以时间为坐标，可以分为过去环境、当前环境与未来环境；以空间为坐标，可以分为微观环境、中观环境、宏观环境；以企业与环境的关系来划分，可以分为直接环境与间接环境；以企业与环境的性质来划分，可以分为战略环境与策略环境等。本书按微观、中观、宏观环境来划分、分析。

2. 企业微观环境分析

所谓企业的微观环境是指与企业产、供、销、人、财、物、信息、时间等直接发生关系的客观环境，是决定企业生存和发展的基本环境，主要是指企业与顾客、竞争对手、同盟者以及与能源、资金、原材料、劳动力、技术等资源的供应者、运输部门、中间商与批发商、商业企业、业务主管部门、税务财政部门以及企业所在社区等有关机构之间的关系，其中最主要的是与顾客、供应者、竞争者及同盟者的关系。

(1)顾客分析

顾客是企业产品和劳务的购买者，包括企业产品或劳务的用户和中间经销商。企业为了制定战略，应充分了解顾客需求的内容、趋势及特点，顾客的规模结构、消费心理、习俗及层次等，同时也应用产品、价格、销售渠道及促销手段等营销组合去满足顾客的需要，达到企业经营的目的。此外，了解顾客还可以在顾客那里得到创新的源泉。

(2)供应者分析

企业的供应者包括企业维持正常生产经营活动的各种要素(人、财、物、信息、技术等)的来源单位，它们的基本要求是与企业建立稳定、合理的交易关系，并能取得一定的利润。企业与供应者关系的性质基本上和企业与顾客关系的性质相同，只不过双方的地位发生了交换，企业变成了供应者的顾客，因此，企业与供应者关系中同样存在着服务与被服务、购买与销售、选择与被选择、争夺与被争夺的关系。

(3)竞争对手分析

所谓竞争对手是指与本企业争夺销售市场和资源的对手。从争夺市场来看，竞争者是那些生产相同或相似功能产品的企业；从争夺资源来看，竞争者除生产相同或相似功能产品的企业外，还包括其他使用相同资源的需用者；从企业经营的角度来看，竞争对手可分为直接竞争对手和间接竞争对手，现实的竞争对手和潜在的竞争对手。企业应了解和研究竞争对手的长处和短处，了解其经营思想、经营战略、经营计划、经营特点及作风等，了解产业内主要竞争者的情况、他们的经营战略和策略，了解主要竞争者有哪些相对优势、本企业在竞争中的地位、本企业有哪些相对优势和发展机会，从而为本企业战略的制定提供环境依据。

(4)同盟者分析

在企业经营中，对同盟者的分析是十分重要的。从企业经营角度来看，可将同盟者分为基本同盟者与临时同盟者、直接与间接同盟者、现实的与潜在的同盟者、长期的与短期的同盟者等。同盟者与本企业应具有利害共同性或优劣势及利益的互补性。同时也应注意，随着内外环境的变化，企业与同盟者的关系具有可变性及复杂性，即同盟者有可能变成竞争对手，而竞争对手也有可能变为同盟者，本企业的合作者也可能同时又是竞争对手的合作者。

(5)其他微观环境因素分析

企业还应对与运输部门、外贸部门、业务主管部门、财政税务部门等的联系进行认真分析，对企业所在社区机构，如派出所、学校、托儿所、卫生部门、计划生育等部门的关系也应处理好，以利于企业正常生产经营活动进行。

3. 企业中观环境分析

所谓企业的中观环境，是指联系宏观环境与微观环境的媒介，它包括两个方面，即企业所在行业的环境分析及企业所在地理位置环境分析。

（1）行业环境分析

所谓行业，是指按企业生产的产品（劳务）性质、特点以及它们在国民经济中的不同作用而形成的企业类别。任何一个工业部门，首先是许多同类企业的总和。这里所说的同类企业，通常以下列一个或几个标志作为依据：一是产品的主要经济用途相同，例如建筑材料工业、食品工业等部门；二是使用的重要原材料相同，例如橡胶工业、金属加工工业等部门；三是工艺过程相同，例如冶金工业、纺织工业等部门。分析一个行业内的竞争情况，通常采用波特（M. E. Polter）提出的行业竞争结构分析方法，后面将详细介绍。

（2）地理环境分析

对某些行业来讲，企业坐落的地区是至关重要的，是坐落在农村还是城市，对企业经营关系极大。企业地理环境影响到企业原材料及产成品的运输、产品销售收入、劳动力素质、企业社会负担、生产组织、信息搜集、传递加工及处理、资源供应、科研开发能力等一系列问题。因此，应当分析企业所在地区的经济结构、资源条件、人口分布、交通运输、通信条件、文化教育、土地草原、河流及生物等社会经济条件及自然条件环境，以明确企业所能利用的环境优势及应避免的劣势。

4. 企业宏观环境分析

宏观环境分析的意义，是确认和评价政治法律因素、经济因素、技术因素和社会因素等宏观因素对企业战略目标和战略选择的影响。

（1）政治法律因素

政治因素分析包括国家和企业所在地区的政局稳定状况，执政党所要推行的基本政策以及这些政策的连续性和稳定性。这些基本政策包括产业政策、税收政策、政府订货及补贴政策等。有些政府行为对企业的活动有限制性的作用，但有些政府政策对企业有着指导作用和积极的影响。一方面，政府有时以资源供给者的身份出现，如政府对自然资源（森林、矿山、土地等）和农产品国家储备的政策和立场，将对一些企业的战略选择产生重大的影响；另一方面，政府有时以顾客的身份出现，扮演消费者的角色，如政府采购对军事工业、航空、航天等国防工业有重大的影响，同时也间接地影响着其他工业的消费走向。

一些政治因素对企业的行为有直接的影响，但一般来说，政府主要是通过制定一些法律和法规来间接地影响企业的活动。为了促进和指导企业的发展，国家颁布了《合同法》《企业破产法》《商标法》《质量法》《专利法》和《中外合资企业法》等法律。此外，国家还有对工业污染、食品卫生、产品安全、产品定价等方面的规定和标准。这类法律和法规对企业的活动具有重要的影响。

（2）经济因素

在众多的经济因素中，首先要分析的是宏观经济的总体状况，即企业所在国家或地区的经济发展形势，是属于高速发展还是属于低速发展，或者处于停滞或倒退状态。一般来说，在宏观经济大发展的情况下，企业发展机会就多。反之，在宏观经济低速发展或停滞或倒退的情况下，市场需求增长很小甚至不增加，这样企业发展机会也就少。反映宏观经济总体状况的关键指标是国民生产总值（GNP）增长率。除上述宏观经济总体状况以外，企业还应考虑银行的利率水平、劳动力的供给（失业率）、消费者收入水平、价格指数的变化（通货膨胀率）等。这些因素将影响企业的投资决策、定价决策以及人员录用政策等。此外，国家的经济体制和经济结构也会对企业的发展带来不同程度的影响。

(3)技术因素

技术因素主要从两个方面影响企业战略的选择。一方面技术革新为企业创造机遇，表现在：第一，新技术出现使得社会和新兴行业增加对本行业产品的需求，从而使企业可以开辟新的市场和新的经营范围；第二，技术进步可能使得企业通过利用新的生产方法、新的生产工艺过程或新材料等各种途径，生产出高质量、高性能的产品，同时也可能使产品成本大大降低。另一方面，新技术出现使企业面临挑战。技术进步会使社会对企业产品和服务的需求发生重大变化。此外，竞争对手技术进步可能使得本企业产品或服务陈旧过时，也可能使得本企业产品价格过高，从而失去竞争力。

(4)社会因素

社会因素包括社会文化、社会习俗、社会道德观念、社会公众价值观念及人口统计特征等。变化中的社会因素影响社会对企业产品或劳务的需要，也能改变企业的战略选择。

二、企业内部环境分析

企业战略目标的制定及战略选择不但要知彼，即客观地分析企业的外部环境，而且要知己，即对企业自身的内部条件和能力加以正确的估计。所谓企业的内部环境或条件是指企业能够加以控制的内部因素。对企业的内部环境进行分析，其目的在于掌握企业目前的状况，以便使确定的战略目标能够实现，并使选定的战略能发挥企业的优势，有效地利用企业的资源；同时对企业的弱点，能够加以避免或采取积极改进的态度。

1. 企业内部环境分析的主要内容

一般来说，一个企业内部环境包括财务状况、产品线及竞争地位、生产设备状况、市场营销能力、研究与开发能力、人员的数量及素质、组织结构、企业过去确定的目标和曾经采用过的战略等。

(1)财务状况

财务状况分析主要指对一些财务指标进行趋势分析，发现有哪些优势和劣势。财务指标的变化趋势反映出企业处于什么样的财务状况。一般的财务指标包括销售利润率、资产利润率、资本利润率、流动比率、速动比率、存货周转率、资本结构等。此外，还要了解分析企业利润来源的分布如何，有无提高投资收益率的规划；有无筹措短期资金和长期资金的能力，渠道如何；企业是否建立起了高效和适宜的成本核算及成本控制系统等财务方面的情况。

(2)产品线及竞争地位

产品线及竞争地位分析主要是分析在本企业的产品或服务中，其优势和劣势是什么；本企业产品或服务目前拥有多大市场占有率；这个市场占有率的稳定程度如何；这个市场占有率是集中于少量的顾客还是分散的;市场占有率的变化趋势如何;本企业产品或服务是否容易受到经济周期变化的影响;各种不同产品线在市场营销、工程技术和生产制造等方面有多大协同性;现在的和潜在顾客怎样评价本企业产品或服务。

(3)生产设备状况

生产设备状况分析主要是分析企业生产设备的数量是否充足,构成怎样,自动化程度如何,有无过剩的能力和扩充的可能,效率如何。

(4)市场营销能力

市场营销能力分析主要是分析本企业采用了什么样的销售渠道,是否有效;本企业一贯采取的定价策略是什么;本企业搜集市场信息的能力如何,是否对顾客的需求有充分的了解;本企业的市场营销人员是否充足,素质如何,能否开展有效的营销工作,是否具备开拓新市场的能力等问题。

(5)研究与开发能力

研究与开发能力分析主要是分析本企业研发经费是否充足;研究试验设备的数量、构成及装备程度如何;各类研究与开发人员的数量、构成、知识结构如何;研究与开发人员的研究能力如何以及企业研究与开发的组织管理能力如何等问题。

(6)管理人员的数量及素质

管理人员的数量及素质分析主要是分析企业高层管理人员由什么人或群体构成,其知识结构、年龄结构如何;高层管理者管理风格是什么,呈现出什么样的管理模式;高管理层中占统治地位的价值体系是什么以及中层管理人员和作业层管理人员的数量及素质情况等。

(7)职工数量及素质

职工数量及素质分析主要是分析了解企业职工的数量是否充足,职工技能和熟练程度是否能充分满足当前和未来需要;职工工作态度和激励水平如何;本企业工资政策是否合适;企业有无一个职工遴选、培训及晋升系统等。

(8)组织结构

组织结构分析主要是分析企业现有组织结构是什么类型;组织结构图如何;组织结构中责权关系是否明确;现有组织结构在实现企业目标的工作中是否是高效率的,哪些方面需要改进等问题。

(9)过去的目标和战略

过去的目标和战略分析主要是要了解企业在过去几年中的主要目标是什么;这些目标是否都已达到,这些目标是否适合企业自身;企业已采用什么战略,这些战略是否取得了成功。

2. 企业内部环境分析方法

企业内部环境分析方法可归纳成两大类:一类是进行纵向分析,即分析企业各个方面(职能)的历史沿革,从而发现企业在哪些方面得到了发展和加强,以及在哪些方面有所削弱。根据这种纵向分析,在历史分析的基础上对企业各方面的发展趋势作出预测。另一类是将企业情况与行业平均水平进行横向比较分析。通过这种分析,可以发现企业相对于行业平均的优势和劣势。就某一特定的企业来说,可比较的行业平均指标有资金利税率、销售利税率、流动资金周转率、劳动生产率等。

(1)经验效益法

所谓经验效益是指企业在生产某种产品或服务的过程中,随着累计产品产量的增加,生产单位产品的成本下降。在这里,“经验”一词是指到目前为止的累计产量或服务量,如图 2-3 所示,图中的曲线称为“经验曲线”。人们从经验曲线中发现,每当经验参数翻一番时,单位产品成本总是以一个恒定的百分数下降。

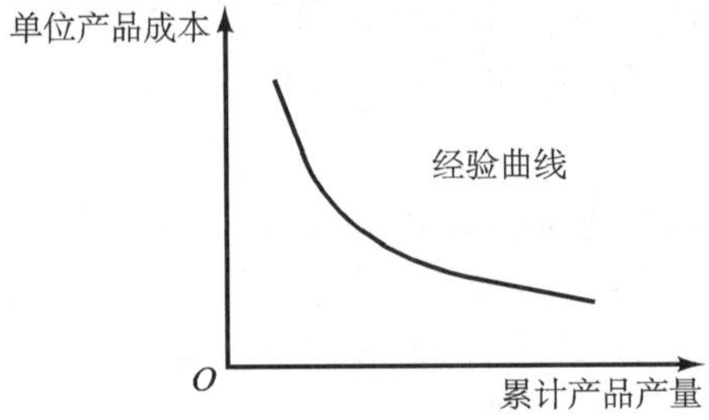

图 2-3　经验效益曲线

经验效益是人们在长期的生产实践中发现的一条规律。它虽然在人类开始进行生产活动时就已存在,但直到 20 世纪 60 年代才由美国波士顿咨询公司(Boston Consulting Group,BCG)加以广泛的传播。目前已观察到,经验效益这一规律存在于许多产品的生产和各种服务中,如汽车制造、半导体生产、石油化工、合成纤维、航空运输、远距离通信服务等,而且经验效益的获得并非与企业规模有必然的联系,任何企业无论规模大小都可以从经验效益中获益。

一般来说,经验效益有六方面来源:劳动效率的提高;劳动分工与重新设计工作方法;新的生产工艺;生产设备效率的提高;产品的标准化和产品的重新设计;有效地利用资源。

经验效益揭示的规律是:随着经验的增加,单位产品成本降低。因此,对处于有经验效益产业中的企业来说,追求以经验效益为基础的成本领先战略是一条可取的竞争战略。

(2)价值链分析法

价值链分析法由波特教授(M. E. Porter)提出,他认为企业生产是一个创造价值的过程,企业的价值链就是企业所从事的各种活动——设计、生产、销售、发运以及支持性活动的集合体。价值链中的价值活动可分成两大类,即基本活动和支持性活动。基本活动包括进料后勤、生产、发货后勤、销售和服务,支持性活动包括采购、技术开发、人力资源管理和企业基础设施。

一个企业价值链通常是由上述各种活动所组成的。对企业内部条件的分析,一方面可以对每项价值活动进行逐项分析,以发现企业存在的优势和弱点;另一方面也可以分析这个价值链中各项活动的内部联系。这种联系以整体活动最优化和协同两种方式给企业带来优势。这是因为价值链所表示的不是一堆相互独立的活动,而是一个由相互依存的活动组成的系统。因此,通过价值链分析可以发现,企业优势既来自于构成价值链的单项活动本身,也来自于各项活动之间的联系。而且从更广泛角度讲,企业价值链蕴藏于范围更广的价值系统之中。供应商参与了企业价值链中投入外购价值链的创造,而企业的产品最终又会成为买方价值链的一部分。因而企业的优势既可来源于价值活动所涉及的市场范围的调整,也可来源于企业间协调或合用价值链所带来的最优化效益。

三、SWOT 分析

SWOT 分析是在对企业进行外部环境和内部条件分析的基础上,寻找两者最佳可行战略组合的一种分析工具。其中,S 代表企业的“长处”或“优势”(Strengths);W 代表企业的“弱点”或“劣势”(Weaknesses);O 代表外部环境中存在的“机会”(Opportunities);T 代表外部环境所构成的“威胁”(Threats)。进行 SWOT 分析,一般要经过下列步骤:

①进行企业外部环境分析,列出企业外部环境中存在的发展机会(O)和威胁(T);

②进行企业内部环境分析,列出企业目前所具有的长处(S)和弱点(W);

③绘制 SWOT 矩阵。这是一个以外部环境中的机会和威胁为一方,企业内部环境中的长处和弱点为另一方的二维矩阵,如图 2-4 所示。

项目	长处 S	弱点 W
机会 O	SO 组合	WO 组合
威胁 T	ST 组合	WT 组合

图 2-4　SWOT 矩阵

在这个矩阵中,有四个象限或四种 SWOT 组合。它们分别是长处-机会(SO)组合、长处-威胁(ST)组合、弱点-机会(WO)组合和弱点-威胁(WT)组合。

对于每一种外部环境与企业内部条件的组合,企业可能采取的一些策略原则为:

①弱点-威胁(WT)组合。企业应尽量避免处于这种状态。然而一旦企业处于这样的位置,在制定战略时就要降低威胁和弱点对企业的影响。这样的企业要生存下去可以选择合并或缩减生产规模的战略,以期能克服弱点或使威胁随时间的推移而消失。

②弱点-机会(WO)组合。企业已经鉴别出外部环境所提供的发展机会,但同时企业本身又存在着限制利用这些机会的组织弱点。在这种情况下,企业应遵循的策略原则是,通过外在的方式来弥补企业的弱点以最大限度地利用外部环境中的机会。如果不采取任何行动,实际上就是将机会让给了竞争对手。

③长处-威胁(ST)组合。在这种情况下,企业应巧妙地利用自身的长处来对付外部环境中的威胁,其目的是发挥优势以降低威胁。但这并非意味着一个强大的企业,必须以其自身的实力来正面回击外部环境中的威胁,合适的策略应当是慎重而有限度地利用企业的优势。

④长处-机会(SO)组合。这是一种最理想的组合,任何企业都希望凭借企业的长处和资源来最大限度地利用外部环境所提供的多种发展机会。

需要指出的是,在任何一种组合内可能会有多种因素,它们之间形成错综复杂的组合,而这些组合又成为战略选择的基础。以长处-机会(SO)组合为例,可能鉴别出有 10 条长处和 10 个机会,这样它们之间将会形成多种匹配关系。

四、产业竞争结构分析

产业竞争结构分析属于外部环境分析中中观环境分析的一种方法,它的内容主要是分析本行业中的企业竞争格局以及本行业和其他行业的关系。行业的结构及竞争性决定着行业的竞争原则和企业可能采取的战略,因此产业竞争结构分析是企业制定战略最主要的基础。按照波特(M. E. Porter)的观点,一个行业中的竞争存在着五种基本的竞争力量,它们是潜在的行业新进者、替代品的威胁、购买商讨价还价的能力、供应商讨价还价的能力以及现有竞争者之间的竞争,如图 2-5 所示。这五种基本竞争力量的状况及其综合强度,决定着行业的竞争激烈程度,从而决定着企业在行业中获利的能力。

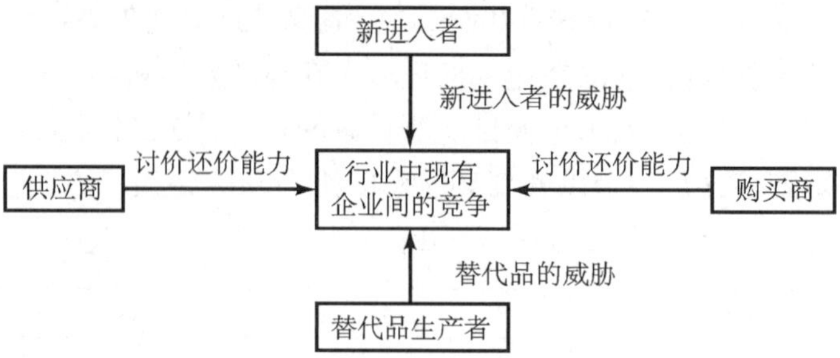

图2-5 行业竞争结构

1. 行业新进入者的威胁

这种威胁主要是由于新进入者加入该行业,会带来生产能力的扩大及对市场占有率的要求,这必然引起新进人者与现有企业的激烈竞争,使产品价格下跌;另一方面,新加入者要获得资源进行生产,从而可能使得行业生产成本上升。这两方面都会导致行业的获利力下降。

新进入者威胁的状况取决于进入障碍和原有企业的反击程度。如果进入障碍高,原有企业反击激烈,潜在的进入者难以进入该行业,进入者所带来的威胁就小。决定进入障碍大小的主要因素有以下几个方面。

(1)规模经济

这是指生产单位产品的成本随生产规模的增加而降低。规模经济的作用是迫使行业新进入者必须以大的生产规模进入,并冒着现有企业强烈反击的风险;或者以小的规模进入,但要长期忍受产品成本高的劣势。在存在规模经济的行业中,大企业的生产成本要低于小企业的生产成本,这就有了进入障碍的客观条件。

(2)产品差异优势

这是指原有企业所具有的产品商标信誉和用户的忠诚性。产品差异化形成的障碍,迫使新加入者要用很大代价来树立自己的信誉和克服现有用户对原有产品的忠诚。

(3)资金需求

资金需求所形成的进入障碍,是指在行业中新加入者要在持有大量资金、冒很大风险的情况下才能进入。形成需要大量资金的原因是多方面的,如购买生产设备需要资金、提供用户信贷、存货经营等。

(4)转换成本

这是指购买者将购买一个供应商的产品转到购买另一个供应商的产品所支付的一次性成本。它包括重新训练业务人员,增加新设备,检测新资源的费用以及产品的再设计等。

(5)销售渠道

一个行业的正常销售渠道,已经为原有企业服务,新加入者必须通过广告合作、广告津贴等来说服这些销售渠道接受他的产品,这样就会减少新加入者的利润。

(6)与规模经济无关的成本优势

原有的企业常常在其他方面还具有独立于规模经济以外的成本优势,新加入者无论取得什么样的规模经济,都不可能与之相比,包括专利产品技术、独占最优惠的资源、占据市场的有利位置、政府补贴、具有学习或经验曲线以及政府的某些政策等。

2. 现有竞争者之间的竞争程度

现有竞争者之间采用的竞争手段主要有价格战、引进产品以及增加对消费者的服务等。竞争的产生是由于一个或多个竞争者感受到了竞争的压力或看到了改善其地位的机会。在以下情况中，现有企业之间的竞争会变得很激烈：有众多或势均力敌的竞争者；行业增长缓慢；行业具有非常高的固定成本或库存成本；行业的产品没有差别或没有行业转换成本；行业中的总体生产规模和能力大幅度提高；退出行业的障碍很大。

3. 替代产品的威胁

替代产品是指那些与本行业的产品有同样功能的其他产品。替代产品的价格如果比较低，它投入市场就会使本行业产品的价格上限只能处在较低的水平，这就限制了本行业的收益。替代产品的价格越是有吸引力，这种限制作用也就越牢固，对本行业构成的压力也就越大。鉴于此，本行业与生产替代产品的其他行业进行的竞争，常常需要本行业所有企业采取共同措施和集体行动。

4. 购买商讨价还价的能力

购买商可能要求降低购买价格，要求高质量产品和更多的优质服务，其结果是行业竞争者们互相竞争残杀，导致行业利润下降。在下列情况中，购买商们有较强的讨价还价能力：购买商相对集中并且购买量大；购买的产品占购买商全部费用或全部购买量中很大的比重；从该行业购买的产品属标准化或无差别的产品；购买商的行业转换成本低；购买商的利润很低；购买商们有采用后向一体化的倾向；销售者的产品对购买商的产品质量或服务无关紧要；购买商掌握供应商的充分信息。

5. 供应商讨价还价的能力

供应商的威胁手段有：一是提高供应价格；二是降低供应产品或服务的质量，从而使下游行业利润下降。在下列情况中，供应商有较强的讨价还价能力：供应行业由几家公司控制，其集中化程度高于购买商行业的集中程度；供应商无需与替代产品进行竞争；对供应商们来说，所供应的行业无关紧要；对买主们来说，供应商的产品是很重要的生产投入要素；供应商们的产品是有差别的，并且使购买者建立起很高的转换成本；供应商对买主行业构成前向一体化有很大威胁。

五、多品种战略评价与分析

1. 增长率 - 市场占有率矩阵法

该方法首先由波士顿咨询公司提出，因此亦称 BCG 矩阵法。增长率 - 市场占有率矩阵法假定，最小的和最简单的公司除外，所有的公司都是由两个以上的经营单位所组成的。在一个公司范围内的这些经营单位合称为企业的经营组合。BCG 矩阵法提出，企业必须为经营组合中的每一独立单位分别制定战略。

波士顿咨询公司主张，一个经营单位的相对竞争地位和市场增长率是决定整个经营组合中每一经营单位应当采取什么战略的两个基本参数。以这两个参数为坐标，波士顿咨询公司设计出一个具有四象限的网格图，如图 2 - 6 所示。

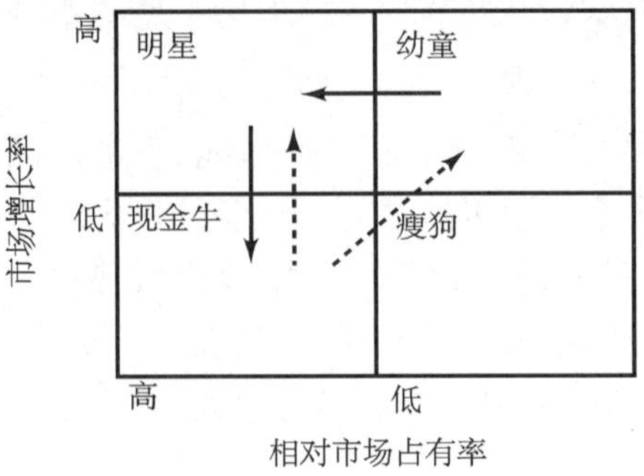

图 2-6　增长率－市场占有率矩阵

横轴代表经营单位的相对竞争地位，它以经营单位相对于其主要竞争对手的相对市场占有率来表示。相对竞争地位决定了该经营单位获取现金的速度。在这里，以相对市场占有率而非绝对市场占有率来代表竞争地位，是由于以相对市场占有率来表示竞争地位更具合理性。相对市场占有率计算公式为：

相对市场占有率＝经营单位的销售额或量（当年）/主要竞争者的销售额或量

在 BCG 矩阵图中，纵轴表示市场增长率。市场增长率代表着对一个经营单位来说市场的吸引力大小，也就是说它决定着投资机会的大小。波士顿咨询公司认为，一个企业的所有经营单位都可列入任一象限中，并依据它所处的地位（相对市场占有率以及市场增长率）采取不同的战略。

（1）"现金牛"有较低的市场增长率和较高的相对市场占有率

较高的相对市场占有率带来高额利润和现金，而较低的市场增长率说明业务已进入成熟期，只需要少量的现金投入。因此，"现金牛"通常产生出大量的现金余额。这样，"现金牛"就可提供现金去满足整个公司的需要，支持其他需要现金的经营单位。对"现金牛"类经营单位应采取维护现有市场占有率，保持经营单位地位的维持战略；或采取抽资转向战略，获得更多的现金收入。

（2）"瘦狗"是指那些相对市场占有率和市场增长率都较低的经营单位

较低的相对市场占有率一般意味着少量的利润。此外，由于增长率低，用追加投资来扩大市场占有率的办法往往不可取。因此，一般采用的战略是清算战略或放弃战略。

（3）"幼童"是那些相对市场占有率较低而市场增长率却较高的经营单位

高速的市场增长需要大量投资，而相对市场占有率低却只能产生少量的现金。对"幼童"而言，因增长率高，一个战略是对其进行必要的投资，以扩大市场占有率使其转变成"明星"。当市场增长率降低以后，这颗"明星"就转变为"现金牛"。如果认为某些"幼童"不可能转变成"明星"，那就应当采取放弃战略。

（4）"明星"的市场增长率和相对市场占有率都较高，因而所需要的和所产生的现金流量都很大

"明星"通常代表着最优的利润增长率和最佳的投资机会。显而易见，最佳战略是对"明星"进行必要的投资，从而维护或提高其有利的竞争地位。

2. 行业吸引力 - 竞争能力分析法

行业吸引力 - 竞争能力分析法是由美国通用电器公司与麦肯锡咨询公司共同发展起来的。根据行业吸引力和经营单位的竞争能力,它采用矩阵来定出各经营单位在总体经营组合中的位置,据此来制定不同的战略,如图 2 - 7 所示。

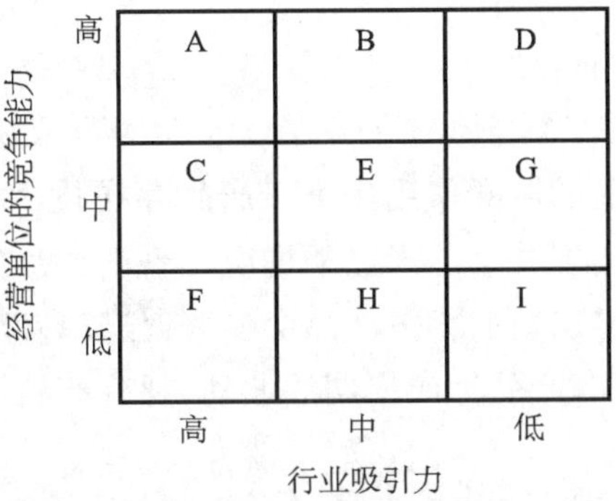

图 2-7　行业吸引力 - 竞争能力矩阵

经营单位所处行业的吸引力按强度分成高、中、低三等,所评价的因素一般包括行业规模、市场增长速度、产品价格的稳定性、市场的分散程度、行业内的竞争结构、行业利润、行业技术环境、社会因素、环境因素、法律因素、人文因素等。

经营单位所具备的竞争能力按大小也分为高、中、低三等,所评价的因素包括生产规模、增长情况、市场占有率、盈利性、技术地位、产品线宽度、产品质量及可靠性、单位形象、造成污染的情况、人员情况等。

行业吸引力的三个等级与经营单位竞争能力的三个等级构成一个具有九象限的矩阵,公司中的每一经营单位都可放置于矩阵中的每一位置。但总体来说,公司内的所有经营单位可归结为三类,对不同类型的经营单位应采取不同的战略:

①发展类。这类包括处于 A、B 和 C 象限的经营单位。对于这类经营单位,公司要采取发展战略,即要多投资以促进其快速发展。

②选择性投资类。这类包括处于 D、E 和 F 象限的经营单位。对这类经营单位,公司的投资要有选择性,选择其中条件较好的单位进行投资,对余者采取抽资转向或放弃战略。

③抽资转向或放弃类。这类包括处于 G、H 和 I 象限的经营单位。这类单位的行业吸引力和经营单位竞争能力都较低,应采取不发展战略。

第三节　企业发展战略

在激烈的竞争环境条件下,企业只有不断发展,才能生存下去。企业发展壮大的方式多种多样,但基本的发展战略有多元化战略、一体化战略和竞争战略。

一、多元化战略

多元化战略是企业不满足于现有产业链的经营,或对现有产业链的前景不抱乐观的预期,基于分散风险的考虑,开展其他多元业务。多元化战略按与现有业务相关的程度,从强到弱依次分为集中多元化、横向多元化和混合多元化。

1. 集中多元化

集中多元化指企业进入一个与原有业务在技术、市场上都相关的新业务领域,这一战略发挥现有业务在技术上、市场上的协同作用。由于产品存在技术相关性,因此,这些不同的业务可以在技术上、内部资源上实现共享。当以下情况出现时,可考虑采用集中多元化战略:所属行业处于零增长或慢增长;增加新的相关产品会显著促进现有产品的销售;新的相关产品所具有的季节性波动正好弥补现有产品生产周期的波动;现有产品处于衰退期;企业拥有强有力的队伍。

2. 横向多元化

横向多元化指市场相关但技术不相关的业务领域,即企业向现有客户提供新的不相关的产品,这一战略发挥的是现有业务市场的协同作用。横向多元化在下列情况中可以考虑使用:增加新的不相关产品可以从现有产品中获得显著的收益;现有产业属于高竞争或低增长的行业;可利用现有销售渠道营销新产品;新产品的销售波动周期与企业现有产品的波动周期可以互补。

3. 混合多元化

混合多元化指进入一个与现有业务完全不相关的产品领域。这种战略主要基于对现有业务增长的极限的应对、分散业务风险、吸收企业富余资金三个方面的考虑。

二、一体化战略

一体化战略基于两个方面的考虑:一是看好某一产业的长期发展,期望在这一产业链上获取更多的利润;二是通过一体化战略来提升竞争能力,降低经营风险。一体化战略大体分为横向一体化和纵向一体化两大类,其中纵向一体化又分为前向一体化和后向一体化两种类型。

1. 前向一体化

一体化指向产业链的下游延伸,即将业务延伸到企业的客户端,如显像管企业向电视机业务延伸、空调压缩机企业进入空调器生产领域等。前向一体化的适用准则为:销售商成本高昂、不可靠、不能满足企业发展的需要;产业快速增长或将会快速增长;前向产业收益水平较高;企业具备进入前向产业的条件和企业需要稳定的生产。

2. 后向一体化

后向一体化指向产业链的上游延伸,即将业务扩展到自己的供应商的领域内,如金光纸业(APP)在造纸业务扩大后,大规模地建设自己的林业基地,为造纸业务提供原材料的保障。后向一体化的适用范围有:供应商成本过高、不可靠或不能满足企业对供应品的需求;供应商数量少而需方竞争对手多;产业快速增长;企业具备自己生产原材料的能力;原材料的成本稳定;

供应商利润丰厚。

3. 横向一体化

横向一体化指同业间的兼并(合并)。惠普公司与康柏公司的合并是两个同一业务类型的公司的合并,这种合并活动近年来在商界越来越活跃。横向一体化战略的适用准则有:为获取垄断;企业处于成长型的产业中;规模具有部分优势;企业具有扩大经营规模的能力;竞争对手停滞不前。

三、企业竞争战略

竞争战略所涉及的问题是在给定的一个业务或行业内,企业如何竞争取胜的问题,即在什么基础上取得竞争优势。在企业的战略选择方面,有三种可供采用的一般竞争战略,它们分别是成本领先战略、差异化战略和集中化战略。

1. 成本领先战略

成本领先战略又称低成本战略,即使企业的全部成本低于竞争对手的成本,甚至是在同行业中最低的成本,目的是使企业获得同行业平均水平以上的利润。

(1)成本领先战略的实施条件

成本领先战略的理论基石是规模效益和经验效益。它要求企业的产品必须具有较高的市场占有率。如果产品的市场占有率很低,则大量生产毫无意义;而不大量生产也就不能使产品成本降低。实现成本领先战略需要一整套具体政策:企业要有高效率的设备,积极降低经验成本,紧缩成本开支和控制间接费用,降低研究与开发、服务、销售力量、广告等方面的成本。要达到这些目的,必须在成本控制上进行大量的管理工作。

(2)成本领先战略的益处及风险

成本领先战略的益处在于:

①企业处于低成本地位上,可以抵挡住现有竞争对手的对抗,即在竞争对手在竞争中不能获得利润、只能保本的情况下,企业仍能获利。

②面对强有力的购买商要求降低产品价格的压力,处于低成本地位的企业在进行交易时握有更大的主动权,可以抵御购买商讨价还价的能力。

③当强有力的供应商抬高企业所需资源的价格时,处于低成本地位的企业可以有更多的灵活性来解决困境。

④企业已经建立起的巨大的生产规模和成本优势,使欲加入该行业的新进入者望而却步,形成进入障碍。

⑤在与代用品竞争时,低成本的企业往往比本行业中的其他企业处于更有利的地位。

如前所述,保持成本领先地位要求企业购买现代化的设备,及时淘汰陈旧的资产,防止产品线的无限扩充以及对新技术的发展保持高度的警觉。这些正是成本领先战略的危险根源,这一战略的风险包括:

①生产技术的变化或新技术的出现可能使得过去的设备投资或产品学习经验变得无效,变成无效用的资源。

②行业中新加入者通过模仿、总结前人经验或购买更先进的生产设备,使得他们的成本更

低，以更低的成本起点参与竞争，后来居上。

③采用成本领先战略的企业，其力量集中于降低产品成本，丧失了预见产品市场变化的能力。企业可能发现所生产的产品即使价格低廉，却不为顾客所欣赏和需要。这是成本领先战略的最危险之处。

2. 差异化战略

差异化战略是企业使自己的产品或服务区别于竞争对手的产品或服务，创造出与众不同的东西。一般来说，企业可在下列几个方面实行差异化战略：产品设计或商标形象的差异化；产品技术的差异化；顾客服务上的差异化；销售分配渠道上的差异化等。

（1）差异化战略的实施条件

企业要实行差异化战略，有时可能要放弃获得较高市场占有率的目标，因为它的排他性与高市场占有率是不融合的。实施差异化战略，企业需具备下列条件：

①具有很强的研究与开发能力，研究人员要有创造性的眼光。

②企业具有产品质量或技术领先的声望。

③企业在这一行业有悠久的历史或吸取其他企业的技能并自成一体。

④企业具有很强的市场营销能力。

⑤研究与开发、产品开发以及市场营销等职能部门之间要具有很强的协调性。

（2）差异化战略的益处及风险

企业通过差异化战略可建立起稳固的竞争地位，从而使得企业获得高于行业平均水平的收益。差异化战略的益处主要表现在以下几个方面：

①建立起顾客对产品或服务的认识和信赖，当产品或服务的价格发生变化时，顾客的敏感程度就会降低。

②顾客对商标的信赖和忠实形成了强有力的行业进入障碍。

③差异化战略产生的高边际收益增强了企业对付供应商讨价还价的能力。

④企业通过产品差异化使购买商具有较高的转换成本，使其依赖于企业，这些都可削弱购买商的讨价还价能力。

⑤企业通过差异化战略建立起顾客对本产品的信赖，使得替代产品无法在性能上与之竞争。

与其他竞争战略一样，实施差异化战略也有一定的风险，主要表现在以下方面：

①实行差异化战略的企业，其生产成本可能很高，如果采取差异化战略的产品成本与追求成本领先战略的竞争者的产品成本差距过大，可能会使得购买者宁愿牺牲差异化产品的性能、质量、服务和形象，而去追求降低采购成本。

②购买者变得更加精明，他们降低了对产品或服务差异化的要求。

③随着企业所处行业的发展进入成熟期，差异产品的优点很可能为竞争对手所模仿，从而削弱产品的优势。

3. 集中化战略

集中化战略是指企业的经营活动集中于特定的购买者集团、产品线的某一部分或某一地域特定的市场。如同差异化战略一样，集中化战略也可呈现多种形式。虽然成本领先战略和差异化战略都是在整个行业范围内达到目的，但集中化战略的目的是很好地服务于特定的目标，它的关键在于能够比竞争对手提供更为有效和效率更高的服务。

同其他战略一样，集中化战略也能使企业在本行业中获得高于一般水平的收益，主要表现在：

①集中化战略便于企业集中使用整个企业的力量和资源，更好地服务于某一特定的目标。

②目标集中于特定的部分市场，企业可以更好地调查研究与产品有关的技术、市场、顾客以及竞争对手等各方面的情况，做到“知彼”。

③战略目标集中明确，经济成果易于评价，战略管理过程也容易控制，从而带来管理上的简便。集中化战略对中、小型企业来说是比较适宜的战略。

集中化战略的风险主要表现在：

①由于企业全部力量和资源都投入了一种产品或服务或一个特定的市场，当顾客偏好发生变化，技术出现创新或有新的替代品出现时，企业就会受到很大的冲击。

②竞争者打入了企业选定的部分市场，并且采取了优于企业的更集中化的战略。

③产品销量可能变少，产品要求不断更新，造成生产费用的增加，使得采取集中化战略企业的成本优势削弱。

第二章　企业决策

在日常活动中，人们经常要面临许多决策。有些则比较简单，如选择穿休闲装还是职业装赴约；有些比较复杂，如确定个人的职业生涯发展规划。企业与个人一样，每天都要面临各种决策问题，例如，是否要研发新产品，是否要选择新的供应商，是否要改良生产线等。可以说，决策贯穿于任何组织和个人的一切活动。

第一节　经营决策概述

诺贝尔经济学奖获得者赫伯特·西蒙（Herbert Simon）教授认为，管理就是决策，决策是贯穿于管理过程始终的活动，可见决策对管理的重要性是不言而喻的。据世界最负盛名的兰德咨询公司（Rand）分析，世界上每100家破产倒闭的大企业中，85%的破产原因是企业管理者的决策不慎。因此，决策的正确与否直接关系到组织和个人事业的兴衰成败。

一、决策和经营决策的定义

1. 决策的定义

在管理学中，"决策"一词早在20世纪30年代就出现在美国的管理文献中，被称为"Decision - Making"。但关于决策的定义，国内外学者众说纷纭，在国内比较有影响力的定义有：

①从两个以上的备选方案中选择一个的过程就是决策（杨洪兰，1996）。

②决策是指组织或个人为了实现某种目标而对未来一定时期内有关活动的方向、内容及方式的选择或调整过程（周三多等，1999）。

③决策就是管理者识别并解决问题以及利用机会的过程（路易斯，1998）。

本书综合管理学的研究结果认为，决策是指组织或个人为了实现某种目标，采用科学的理论和方法，从若干个备选方案中选择或综合出优化合理方案，并加以实施的活动过程。

正确理解这一定义，必须注意以下几个要点：

①决策应有明确的目标。任何决策都是为了实现某种目标而制定的，即做出决策时必须明确要解决的问题是什么。因此，目标要明确清晰，可以进行量化比较，从而遵照这种标准来评价和选择方案。

②决策应有可供选择的可行方案。首先，决策必须具备两个以上的备选方案，并通过衡量

做出选择，即没有选择就没有决策。其次，可供选择的备选方案必须是切实可行的，也就是说，在制定决策备选方案时要注意实施条件的限制情况。

③决策应具有科学性。决策是有一定的规律可循的，只要掌握足够可靠的信息，分析出决策的影响因素，采取科学的程序和方法，就可以使主观判断最大限度地符合客观事物发展规律，表现出一定的科学性。

④决策具有过程性。决策的本质是一个过程。首先，组织决策涉及各方面的内容，因而是一系列决策的综合。只有当这一系列决策制定完善，相互协调，并与组织目标保持一致的时候，才能认为组织的决策已经形成，这往往需要经历多个阶段，表现出一定的过程性。其次，构成组织决策的每个个体决策本身也是一个过程，需要经历目标的确定、备选方案的拟订、评价和筛选、方案的执行与反馈等多个步骤。

2. 经营决策的定义

所谓经营决策，是指企业为了实现一定的经营目标，在对其外部环境和内部条件进行综合分析的基础上，制定出多种计划和行动方案，然后选择出最为满意的方案，并加以实施的过程。

二、决策的有效性标准

对于决策的有效性标准，在管理学界有四种代表性的观点。

1. “最优”标准

“最优”标准是由科学管理理论创始人泰勒首先提出的，该理论认为，决策者是完全理性的，决策者能够作出“最优”选择，追求组织的效用最大化。

在“最优”标准下，理性决策必须具备的条件是：管理者面对的是简单的问题，在这些问题中，目标是清楚的，方案的数量是有限的，时间的压力不大，寻找和评估方案的成本较低。在这类决策问题中，结果相对来说是具体的和可度量的。但是管理者在现实世界中所面临的绝大多数决策并不完全符合这些条件。

2. “满意”标准

基于“有限理性”的假设，西蒙提出决策的“满意”标准。西蒙认为，人的理性是介于完全理性和完全非理性之间的，在高度不确定和极其复杂的决策环境中，人的判断力受到知识、想象力和计算能力的控制，因此很难做到“最优”决策，只能找到相对满意的结果。“满意”标准是一个比较现实的决策模型。

3. “直觉”标准

依据“直觉”标准的决策是基于决策者的经验以及积累的判断进行的一种潜意识的决策过程。一个对特定情况或熟悉的事件有经验的管理者，当遇到某种类型的问题或情况时，即使他所获得的信息十分有限，也通常会迅速地做出决策。一项对公司管理层的调查研究发现，50%以上的管理者更多的是依靠直觉而不是正规分析来管理他们的公司。

4. “合理”标准

美国著名管理学家哈罗德·孔茨针对“最优”标准和“满意”标准首先提出“合理性”决策标准。孔茨认为，主管人员必须确定的是有一定限度的合理性，是“有界合理性”，其实质是强调决策过程各阶段的工作质量，最终决定了决策的正确性和有效性，而不仅仅在于进行方案抉择时采用“最优”还是“满意”的标准。

虽然在管理工作中由于未来因素的不可预见性，备选方案的不完全性及备选方案的不可分析性等原因，决策很少能够做到完全合理，但这个观点还是很有指导意义的。

三、决策的影响因素

在众多的决策影响因素中，面对的是一个怎样的问题，处于怎样的决策环境之中，以及通过怎样的组织文化模式，由谁来决策，耗费多长时间来决策，在很大程度上决定了最终会做出什么质量的决策。

1. 环境

首先，环境的特点影响着组织决策的内容和频率。比如，在一个相对稳定的市场环境中，企业决策相对简单，经常将决策重点放在内部生产条件的改善、生产规模的扩大以及生产成本的降低等方面，并且决策频率较低，不会对经营活动做经常性的重大调整。如果市场环境复杂，变化频繁，那么企业决策重点则偏向于与对手竞争的经营活动方面，如推出新产品，改善服务质量，健全销售网络等，并且这种决策是经常性的，决策频率较高。

此外，对环境的习惯性反应模式也影响着组织活动的选择。即使在相同环境背景下，不同的组织也可能做出不同的反应。这种组织与环境之间关系的模式一旦形成，就会趋向固定，影响人们对行动方案的选择。

2. 过去的决策

在大多数情况下，组织决策都是过去决策的延续，是对初始决策的完善、调整或者改革。一方面，这种决策比较容易使组织成员接受；另一方面，过去的决策是现在决策的一个重要出发点或参照系，回顾过去决策中的经验和教训有利于做出更科学的决策。

过去决策对目前决策的制约程度，主要由现任决策者与过去决策者的关系决定。例如，过去的决策是由目前的决策者所做出的，那么决策者在现在的决策中更多地会倾向于延续过去的决策，以证明自己的一贯正确性；相反，如果现在的主要决策者与组织过去的重大决策没有很深的渊源关系，则会易于接受重大改变。

3. 决策者的风险态度

由于人们对未来的认识能力有限，目前预测的未来状况与未来的实际情况不可能完全相符，因此任何决策都存在一定的风险。人们对待风险的态度是不同的，有人喜欢冒险，在多种选择中趋向于选择风险大的方案；而另一些人则不太愿意冒险，在多种选择中趋向于选择风险小的方案，并常常倾向于沿用过去的决策。因此决策者的偏好对决策的选择就会产生直接的影响。另外，同一个人在不同状态下，或者面对不同的利害关系时，其对待风险的态度也会有所不同，进而对决策的影响也不尽相同。

4. 组织文化

组织在长期的经营活动中所形成的组织文化，在很大程度上决定着组织及组织成员的行为方式，因而是影响决策的重要因素之一。当制定与实施任何决策时，受组织文化影响，组织成员会表现出抵制或欢迎两种截然不同的态度。如果产生抵御心理会给任何新决策，特别是创新决策的实施带来灾难性的后果；相反，如果组织成员以发展的眼光来分析决策的合理性而支持决策,则有利于新决策的实施。因此,组织成员对组织文化的态度对决策的影响是较大的。

5. 时间

美国学者威廉·R. 金和大卫·I. 克里兰把决策划分为时间敏感型决策和知识敏感型决策。时间敏感型决策需要迅速做出决策,战争中军事指挥官的决策多属于此类,这种决策对速度的要求远甚于质量。例如,当一个人站在马路当中,一辆疾驶的汽车向他冲来时,关键是要迅速跑开,至于跑向马路的左边近些还是右边近些,相对于及时行动来说则显得比较次要。知识敏感型决策通常有较充裕的时间来决策,执行效果主要取决于其质量。制定这类决策时,要求人们充分利用知识,做出尽可能正确的选择。

第二节　经营决策的类型

从不同角度研究决策,可将决策问题归结为不同的类型。根据常见的划分标准,可以将决策大致分为以下几种类型。

一、战略决策、战术决策和业务决策

按照决策问题的性质和重要程度,可以将决策分为战略决策、战术决策和业务决策。

1. 战略决策

战略决策是有关组织全局利益和长远利益的决策。这类决策是组织最重要的决策,对组织的生存与发展将产生决定性影响,并作用于一段较长的时期,通常包括组织目标、方针的确定,组织机构的调整,企业产品的更新换代,技术改造,企业的并购与上市,拓展海外市场,扩大生产能力等。由于战略决策需要考虑外界的动态环境与组织活动保持平衡,因此,一般由组织的高层管理者做出。

2. 战术决策

战术决策又称为管理决策、策略决策,是有关实现战略目标的方式、途径、措施等的决策,是组织内各职能部门为支持本组织的战略决策而具体开展的行动。它比战略决策更为具体,作用范围比较小,影响的时间也要短一些。例如,机构重组、人事调整、资金筹措与使用、制定销售与生产计划、设备的更新、新产品的定价等都是战术决策的范畴,一般由中层管理人员制定。

3. 业务决策

业务决策又称为作业决策、日常管理决策,是日常组织活动中有关提高效率和效益、合理组织业务活动等方面进行的决策。这类决策涉及的范围较窄,只对组织产生局部的影响,具有琐碎性、常规性与短期性的特点。业务决策通常包括工作任务的日常分配与检查、工作日程安排与监督、岗位责任制的制定与执行、广告策划、培训计划、采购计划、库存控制等,一般由基层管理者进行。

二、确定型决策、风险型决策和不确定型决策

按照决策制定条件的完备程度和环境的可控程度，可以将决策分为确定型决策、风险型决策和不确定型决策。

1. 确定型决策

确定型决策是指在可供选择的方案中只有一种自然状态时的决策，即决策的条件是确定的，可供选择的方案之间的优劣比较和预期结果是明确的，决策选择是显而易见的。这种决策比较容易确定，只要比较各方案所能达到的结果，从中择优选取即可。

2. 风险型决策

风险型决策是指决策事件未来的各种自然状态的出现概率是可以测出的，在这种情况下作出的决策具有一定的风险性，即可供选择的方案中，存在两种或两种以上的自然状态，但每种自然状态所发生的概率大小是可以估计的。例如，某企业打算生产某产品，现有两个备选方案：改进生产线和外包生产。根据市场预测分析，在每一个备选方案下，产品销路都会有三种市场状态：销路好、销路一般和销路差（三种市场状态出现的概率可以测出）。

3. 不确定型决策

不确定型决策是指在可供选择的方案中存在两种或两种以上的自然状态，而且这些自然状态所发生的概率是无法估计的，即决策事件未来各种自然状态完全是随机的，选中方案的执行结果是无法预知的。这类决策主要依靠决策者的经验和判断能力进行制定。例如，某企业打算生产某产品，现有两个备选方案：改进生产线和外包生产，根据市场预测分析，在每一个备选方案下，产品销路都会有三种市场状态：销路好、销路一般和销路差（三种市场状态出现的概率未知）。

三、程序化决策和非程序化决策

按照决策问题出现的重复程度，可以将决策分为程序化决策和非程序化决策。组织中面临的管理问题基本上可以分为两类：例行问题和例外问题。例行问题是一目了然的，决策者的目标是清楚的，问题是熟悉的，有关问题的信息容易定义和搜集。这类问题的例子包括消费者在百货商场的退货，供应商重要货物交付的延迟，新闻小组对突发事件的报道等。例外问题是新颖的、不经常发生的、信息模糊的和不完整的。例如，在海外设置组织的分支机构，开发吸引顾客眼光的新产品，扭转长期低劣的产品质量等都属于例外问题。

1. 程序化决策

程序化决策是指经常重复发生，能按原已规定的程序、处理方法和标准进行的决策——例行问题的决策。在一般组织中，约有 80% 的决策为程序化决策，可以通过计算机模拟和电子数据处理的方式来解决。

2. 非程序化决策

非程序化决策是指偶然发生的或首次出现而又较为重要的非重复性决策——例外问题的决策。这类决策活动具有极大的偶然性和随机性，又无先例可循，其方法和步骤也难以程序化、标准化，不能重复使用，更多地依赖于决策者个人的知识、经验、判断力和解决问题的创造

力等。

表 2 - 1 描述了程序化决策和非程序化决策之间的差别。需要注意的是，在现实中几乎没有管理决策是完全程序化的或完全非程序化的，绝大多数决策处于两个极端之间。几乎没有程序化的决策能够完全排除个人判断，在另一个极端上，即使是要求非程序化决策的独特情况，也可以得到程序化的常规思路的帮助。恰当的方式是将决策问题看作以程序化为主或非程序化为主。

表 2–1　程序化决策和非程序化决策的差别

特点	程序化决策	非程序化决策
问题类型	结构良好的问题	结构不良的问题
管理层级	较低层级	较高层级
频率	反复性的，常规的	新型的，不同寻常的
信息	易于获得的	模糊的，不全面的
目标	清晰的，具体的	含混的
解决问题的时间框架	短期	相对长期
解决问题依赖于	程序、规划、政策	主观判断、创造力

四、个体决策和群体决策

按照决策主体数目的不同，可以将决策分为个体决策和群体决策。个体决策和群体决策各有利弊，管理者要针对实际情况进行科学选择，扬长避短。

1. 个体决策

个体决策是指单个人做出的决策，故又称个人决策。例如，医生给病人做诊断并开药方的过程，就属于个体决策。个体决策效率较高，更能体现个人价值，决策者的责任也很明确。但由于个体拥有的知识、信息和经验有限，所以个体决策较群体决策的精确性要差些。

2. 群体决策

群体决策是指多个人一起作出的决策，故又称集体决策。这类决策的决策主体可以是几个人、一群人甚至是整个组织的所有成员。例如，“董事会制”下的决策就属于群体决策。群体决策以反复交换意见为特点，有助于发挥集体智慧，方案更具合理性，也更容易受到群众们的接受和执行。但相对于个体决策而言，群体决策更消耗时间，可能出现群体压力、责任不清、少数人统治等问题。

第三节　经营决策的程序

决策是贯穿管理过程始终的活动，是确定问题并在分析评价后找出解决问题的可选方案并加以实施的过程。就一般决策而言，其制定程序主要包括以下 6 个步骤，如图 2–8 所示。

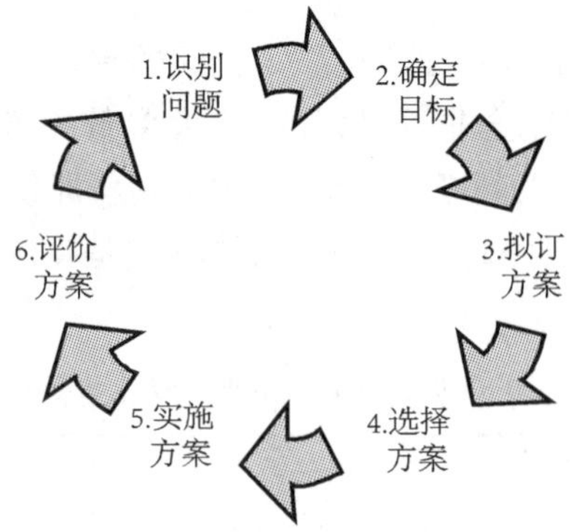

图2-8　决策制定的程序

一、识别问题

问题的识别并不那么简单，在这一阶段，决策者如果想要达到事半功倍的效果，就一定要理解识别问题的三个特征：①意识到问题；②迫于压力采取行动；③拥有行动所需资源。

首先，决策制定的程序开始于一个存在的问题，这里所说的问题是现实状态与希望状态之间的差距。如果事情没有处于管理者所希望的状态，即存在差距，那么问题就产生了。例如，顾客对产品的满意度下降，新产品的广告没有达到预期效果等。

其次，仅仅意识到问题的存在，而没有采取行动的压力，会使问题被拖延。因此，在这一阶段所识别出的问题必须足以向管理者施加某种压力，并使其采取相应的行动。这种压力往往来自于组织政策，时间限制，财务危机，竞争对手的行为，消费者或下属的抱怨，上级的期望，即将开始的绩效评估等。

最后，当管理者识别出某种问题，并处于某种行动压力下，但没有行动所需的资源时，如职权、预算、信息等，他们通常是不会采取任何行动的。

二、确定目标

确定目标就是确定组织最终要获得的结果。明确决策目标，即为决策方案的制定和选择提供依据，也为后期的实施和控制提供标准。决策目标的明确，需要注意以下几点：

（1）明确目标的最低水平和理想状态

这样会使决策既能保证实现最低限度的要求，又能争取达到最好状态。

（2）明确目标的多元化关系

组织的目标具有多元化的特点，目标体系中的目标间既相互关联又相互排斥，决策者只能选择一项作为决策的主要目标，避免在决策实施中将主要资源和精力投放到非主要目标的活动上。

（3）明确目标的有效性

目标需要符合四个特征：①可度量和定量化的；②有清楚的时间框架；③具有挑战性但却是可以达到的；④责任人明确。

三、拟订方案

决策质量的好与坏,很大程度上受到备选方案质量的制约。即便是最好的解决方案,如果没有被人发现,也不会被选择和实施。为了使在拟订方案基础上进行的选择具有实质意义,这些备选的不同方案必须是能够相互替代、相互排斥的,而不能是相互包容的。因此,拟订各种尽可能详尽、可行的备选方案是抉择最优方案的基础。

通常,成功的决策者通过以下四个标准对备选方案进行评价:合法性、合乎伦理性、经济可行性和实用性。备选方案必须是合法的,不违反国内及国际法律,遵守政府规定;备选方案必须是合乎伦理道德的,不会对利益相关者带来任何损失;备选方案在组织的既定目标下是能够完成的;备选方案必须能够在组织所拥有的资源和能力下被实施。

因此,在拟订备选方案阶段,组织要广泛发动群众,充分利用组织内外专家的智慧,大胆设想、精心设计,产生尽可能多的、高质量的备选方案。

四、选择方案

拟订备选方案之后,决策者应对每一个方案的应用性和有效性进行检验评价并选择其中最为优秀的方案作为决策结果。评价备选方案时可以采用下面的指标来进行对比:①要求的时间;②包括的成本;③涉及的风险;④收益或优点;⑤局限性。评价备选方案的过程一般包括两个步骤:一是对备选方案的可行性和可能结果进行深入细致的分析;二是在分析的基础上,基于决策确定的目标对各备选方案的优劣程度作出评判。

对备选方案经过谨慎细致的评价比较之后,决策者就开始进行备选方案的选优过程。在备选方案选优过程中,决策者应坚持以下标准:一是能够实现决策目标,达到总体最优;二是付出的代价尽可能小,获得的效益尽可能大;三是承担的风险尽可能小;四是实施后产生的副作用尽可能小;五是要注意把握好方案的利弊得失。选优只能是相对的,任何一种方案都存在利和弊,无非是利大弊小、利弊各中、利小弊大这三种情况,总之,应是两害相权取其轻,两利相权取其重。

如果所有的备选方案都不令人满意,决策者还必须进一步寻找新的备选方案。

五、实施方案

如果不付诸实施,多么正确的决策都是没有意义的。某大型企业因为经营不善导致破产,后来被另一家企业收购。员工们都在期盼新领导能带来什么先进的管理方法,带领企业走出困境。出乎意料的是,除了财务、管理、技术等关键部门的高级管理人员变动,其他机构的人员并没有变动。制度没变,人没变,机器设备没变。新领导只有一个要求:把先前制定的制度坚定不移地、无条件地实施下去。结果,不到一年,企业就扭亏为盈了。从这个案例中我们可以看到,再好的决策也要落到实处;否则,一切都是空谈。

决策目标只是企业的行动方向,是一种主观愿望,而如何采取一些恰当的方式来落实决策才是策略规划。为此,决策者要在以下几个方面有具体行动:

①明确决策实施负责人及实施时间期限。

②向决策的执行者和有关员工说明决策。

③管理者必须重视培养员工的执行力。

④对决策实施的情况及时进行监督检查。

【案例】

1962年,英法航空公司开始合作研制"协和"式超音速民航客机,其特点是快速、豪华、舒适。经过10多年的研制,耗资上亿英镑,终于在1975年研制成功。十几年时间的流逝,情况发生了很大变化。能源危机、生态危机威胁着西方世界,乘客和许多航空公司都因此而改变了对在航客机的要求。乘客的要求是票价不要太贵;航空公司的要求是节省能源,多载乘客,噪声小。但"协和"式飞机却不能满足消费者的这些要求。首先是噪声大,飞行时会产生极大的声响,有时甚至会震碎建筑物上的玻璃;其次就是由于燃料价格增长快,运行费用也相应大大提高。这些情况表明,消费者对这种飞机需求量不会很大。因此,不应大批量投入生产。但是,由于公司没有决策运行控制计划,也没有重新进行评审,而且飞机是由两国合作研制的,雇佣了大量人员参加这项工作,如果中途下马,就要大量解雇人员。上述情况使得飞机的研制生产决策不易中断,后来两国对是否继续合作研制生产这种飞机发生了争论,但由于缺乏决策运行控制机制,只能勉强将决策继续实施下去。结果,飞机生产出来后卖不出去,原来的宠儿变成了弃儿。

六、评价方案

决策是一个动态过程,由于现代决策的复杂性,决策者个人认识能力的局限性,使得已经作出的决策不符合或不完全符合客观实际的情况经常发生,这就要求决策者在进入决策实施阶段之后,必须注意追踪和监测实施的情况,根据反馈的情况对决策不断地进行改变和调节。

决策具体包括三方面的内容:一是制定规章制度;二是分析评价方案的执行情况;三是实施控制,纠正偏差。

需要注意的是,在分析评价方案的过程中,一旦发现原有决策方案在实施过程中已脱离实际,甚至危及决策目标的达成时,就必须对原决策方案进行修正或进行再决策,因此决策的过程实质上是一个动态的循环过程。

第四节　经营决策的方法

随着组织决策理论与实践的不断发展,人们在决策中所采用的方法也在不断地充实和完善,但没有一种决策方法是万能的。这就需要决策者根据决策问题的性质以及掌握的信息灵活地选择合适的决策方法。一般来说,决策方法可以分为定性决策方法和定量决策方法两大类。前者注重决策者的直觉、经验和主观意愿,后者则注重决策问题各因素之间客观的数量关系。

一、定性决策方法

定性决策方法又被称为决策的软技术,是指建立在心理学、社会学、创造学等社会科学基础上,凭借个人经验,充分发挥人的创造力对问题进行分析、作出决策的方法。该方法简单易行、经济方便,是日常生活中大量采用的决策方法。定性决策方法主要有以下几种类型。

1. 头脑风暴法

头脑风暴法(Brain Storming)是由美国创造学家 A. F. 奥斯本于1939 年首次提出的一种激发性思维的方法。其基本思路是,集中有关专家,最好是不同专业或不同岗位者,在融洽轻松、不受约束的会议气氛下,针对决策问题畅所欲言,从而最大限度地发挥创造性思维能力,为解决决策问题提供更多的可能性。头脑风暴法的实施步骤如图 2 -9 所示。

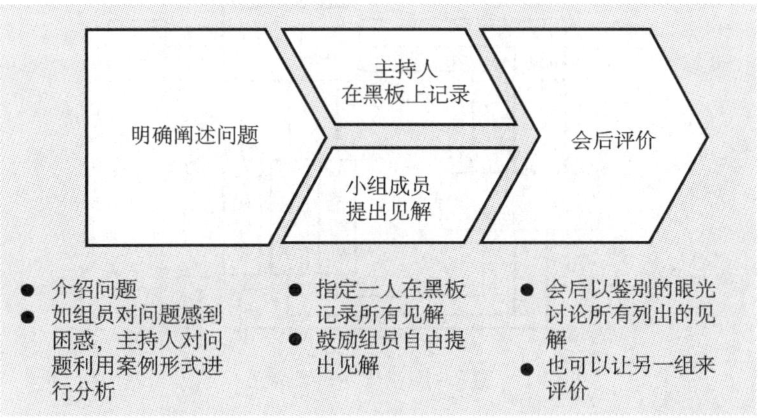

图 2-9　头脑风暴法实施三阶段

为使与会者互相启发和激励,达到较高效率,必须严格遵守下列原则:

①庭外判决原则。对各种意见、方案的评判必须放到最后阶段,此前不能对别人的意见提出批评和评价。认真对待任何一种设想,而不管其是否适当和可行。

②欢迎各抒己见,自由鸣放。创造一种自由的气氛,激发参加者提出各种荒诞的想法。

③追求数量。意见越多,产生好意见的可能性越大。

④可以补充和发表相同的意见,使某种意见更具说服力。

头脑风暴法是探索和取长补短的办法。除提出自己的意见外,鼓励参加者对他人已经提出的设想进行补充、改进和综合。

经过长时间的实践证明,头脑风暴法确实是激发人们创造性思维的一种行之有效的方法,经常用于决策方案的设计阶段,以获得广泛的、具有创意的新设想。

2. 名义小组技术

名义小组技术(Nominal Group Technique,NGT)的基本思路是,在决策过程中对群体成员的讨论或人际沟通加以限制,营造群体成员独立思考的氛围环境。其具体做法如下:

①管理者先选择一些对要解决的问题有研究或者有经验的人作为小组成员,并向他们提供与决策问题相关的信息。

②小组成员各自先不通气,请他们独立思考,要求每个人尽可能把自己的备选方案和意见写下来。

③按次序让他们一个接一个地陈述自己的方案和意见。

④由小组成员对提出的全部备选方案进行投票,根据投票结果,赞成人数最多的备选方案即为所要的方案。当然,管理者最后仍有权决定是接受还是拒绝这一方案。

在决策过程中,当对问题的性质不完全了解且意见分歧严重时,则可采用名义小组技术方法。这种名义上的小组可以有效地激发个人的创造力和想象力。

3. 德尔菲法

德尔菲法(Delphi Method)是在20世纪40年代由O. 赫尔姆和N. 达尔克首创,经过T. J. 戈尔登和兰德公司进一步发展而成的。德尔菲这一名称起源于古希腊有关太阳神阿波罗的神话,传说中阿波罗具有预见未来的能力。因此,这种预测方法被命名为德尔菲法。1946年,兰德公司首次用这种方法进行预测,后来该方法迅速被广泛采用(图2-10)。

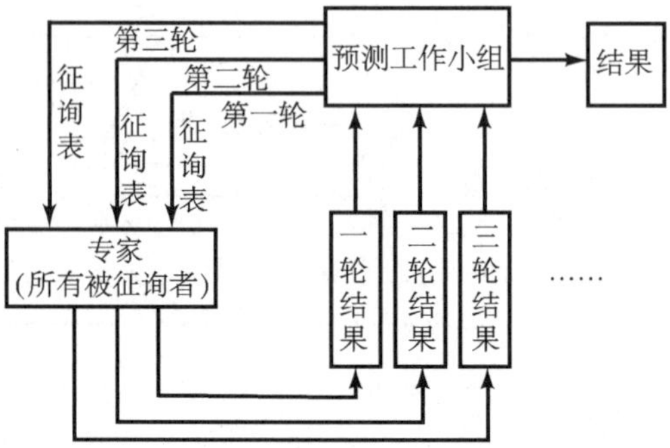

图2-10 德尔菲法流程

德尔菲法又名专家调查法,是一种采用通信方式分别将所需解决的问题单独发送到各个专家手中,征询意见,然后回收汇总全部专家的意见,并整理出综合意见,随后将该综合意见和预测问题再分别反馈给专家,再次征询意见,各专家依据综合意见修改自己原有的意见,然后再汇总,这样多次反复,逐步取得比较一致的预测结果的决策方法。这种方法具有广泛的代表性,较为可靠,大致过程如下:

①组成专家小组。按照课题需要的知识范围,确定专家一般不超过20人。

②专家书面回答问题。向所有专家提出需要预测的问题及有关要求,并附上所有背景材料,同时请专家提出还需要什么材料。然后,由专家做书面答复。各个专家根据他们所收到的材料,提出自己的预测意见,同时说明自己是怎样利用这些材料并算出预测值的。

③第一次专家意见汇总和反馈。将各位专家第一次判断意见汇总,列成图表,进行对比,再分发给各位专家,让专家比较自己同他人的不同意见,修改自己的意见和判断。也可以把各位专家的意见加以整理,或请身份更高的其他专家加以评论,然后把这些意见再分送给各位专家,以便他们参考后修改自己的意见。

④第二次专家意见汇总和反馈。将所有专家的修改意见收集起来,汇总,再次分发给各位专家,以便做第二次修改。

⑤逐轮收集意见并反馈。收集意见和信息反馈一般要经过三、四轮。在向专家进行反馈的时候,只给出各种意见,但并不说明发表各种意见的专家的具体姓名。这一过程重复进行,直到每一个专家不再改变自己的意见为止。

⑥对专家的意见进行综合处理。

各种定性决策方法的比较分析见表2-2。

表2-2　各种定性决策方法的比较

评估效果的标准	定性决策方法		
	头脑风暴法	名义小组技术	德尔菲法
方案的数量	中	高	高
方案的质量	中	高	高
社会压力	低	中	低
时间及金钱成本	低	低	高
工作责任导向	高	高	高
人际冲突	低	中	低
成就感	高	高	中
对决策的承诺	无	中	低
集体凝聚力	高	中	低

二、定量决策方法

定量决策法是利用比较完备的历史资料，运用数学模型和计量方法来预测未来的市场需求。具体方法有三大类：确定型决策方法、不确定型决策方法和风险型决策方法。定量决策方法的关键是建立数学模型，即把变量之间及变量与目标之间的关系用数学关系及数学模型表示出来，并且用计算机处理数学模型。定量决策方法主要有以下几种：

1. 确定型决策

由于确定型决策存在着两种或两种以上可供选择的方案，而且每种方案的最终结果是确定的，因此决策者可以凭个人的判断做出精确的决策。确定型决策方法很多，主要有差量分析法、量本利分析法和线性规划法等。

(1)差量分析法

差量分析是一种进行短期决策的常用方法，它是在充分了解决策方案同收入与不同成本之间存在差异的基础上，进行方案选优的一种决策方法。

为了顺利地运用差量分析法，必须在计算中引入两个基本概念：固定成本和变动成本。固定成本是指在一定的生产规模下，成本总额中不随产量变动的那一部分成本，如折旧费、管理人员工资、办公费及其他一般性开支等。这部分成本因为不管产量增加与否都是要支出的，所以在差量成本中可视为无关的成本，在计算成本的差量中可不予考虑。变动成本是指在成本总额中随产品产量变化而成比例变动的成本，如原料和主要材料、基本生产工人工资等。在采用差量分析法进行决策时，主要是考虑这部分成本之间的差额。

【案例】　某服装企业生产能力有余，订货量不足。单位服装产品销售价格为48元，单位服装产品的完全成本为42元(其中单位服装产品变动成本为33元)。买方愿意订货的价格是39元/件，订量为6000件，而且生产该服装产品的工艺有特殊要求，需添置2400元的专用工具。企业能否接受此项订货？

从完全成本看，企业接受订货将会遭受损失，其损失金额如下：

$$损失金额 = 6000 \times (42-39) + 2400 = 20\,400(元)$$

但是，仔细分析，接受订货还是有利的。因为固定成本无论产量增加与否都是要支付的，这笔费用在订货中可不必考虑，只要考虑用户所出定价高于本企业生产所需的变动成本加上需添置专用工具的费用就可以了。

本例若接受该项订货(在不考虑固定成本的情况下)，其收益为：

$$收入 = 6000 \times 39 = 234\ 000(元)$$

$$成本 = 6000 \times 33 + 2400 = 200\ 400(元)$$

$$收益 = 234\ 000 - 200\ 400 = 33\ 600(元)$$

通过差量分析法表明，企业接受此项订货可多盈利33 600元，所以，在生产能力有余的情况下，应该接受此项订货。

(2)量本利分析法

量本利分析法是产量－成本－利润分析法的简称，它是依据与决策方案相关的产品产(销)量、成本与盈利之间的相互关系，来分析决策方案对企业经营盈亏所产生的影响，从而评价和选择方案的一种决策方法。

量本利分析法的基本原理：企业的成本按其性质可划分为固定成本和变动成本两类。虽然固定成本与产量的关系不变，如图2－11所示，但摊入单位成本的固定成本是随着产量的变化而变化的。即产量增大，摊入单位产品成本的固定费用减少；产量减少，摊入单位成本的固定费用增加。

因为变动成本是指随产量变化而成正比例变化的那部分费用，所以单位产品的变动成本是不变的。产品成本中的原材料费、燃料动力费、计件工资等，均属于变动成本。变动成本与产量的关系如图2－12所示。

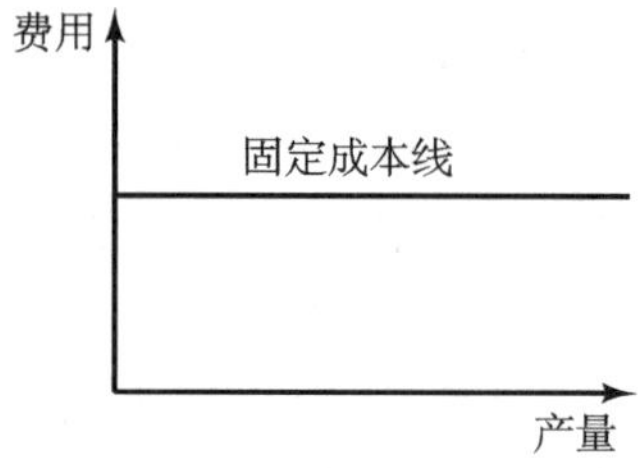

图2–11　固定成本与产量关系图

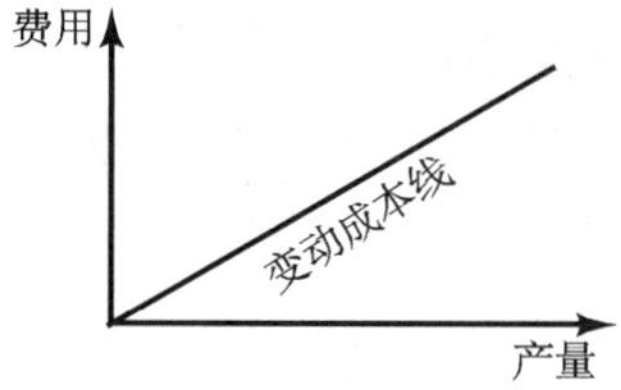

图2–12　变动成本与产量关系图

一般而言，企业的产品销售收入与产品销售量成正比关系。那么，销售收入、固定成本、变动成本、总成本(固定成本与变动成本之和)的关系可用图2－13表示。

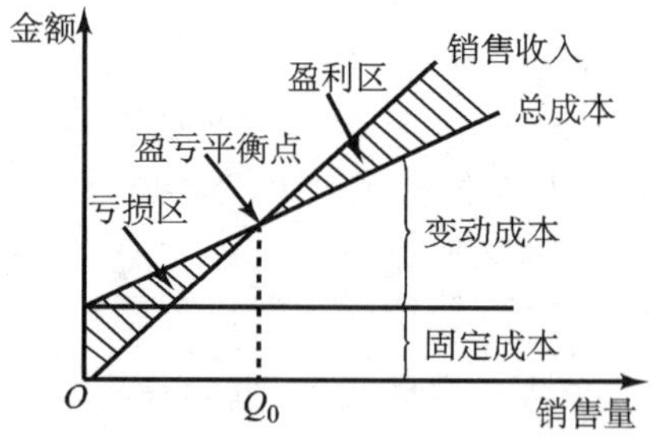

图2－13　量－本－利关系图

从图 2－13 可以看出，销售收入线和总成本线有一个交点，在该交点上，销售收入与总成本相等，即此点利润为零。所以将此点称为盈亏平衡点，或称保本点。

设总成本为 Y，固定成本为 F，变动成本为 V，单位产品变动成本为 C_V，销售量为 Q，销售收入为 S，单位产品价格为 P，利润为 I，那么，则有下面关系式成立：

$$Y = F + V = F + C_V Q$$

$$S = PQ$$

根据利润公式可知：利润＝收入－成本，则有

$$I = S - Y$$

$$I = PQ - (F + C_V Q)$$

得到量－本－利关系式为

$$Q = \frac{F + I}{P - C_V}$$

当利润为零时，就得到盈亏平衡公式为

$$Q_0 = \frac{F}{(P - C_V)}$$

当企业销售量 $> Q_0$ 时，企业有盈利；当企业销售量 $< Q_0$ 时，企业则亏损。

运用量－本－利分析法可以从以下几方面进行企业的经营决策：

①判明销量一定时的盈亏情况。

【案例】 某服装企业欲新上一种成衣，年固定成本需 10 万元，单位产品变动成本为 40 元，产品单价预计为 80 元。该产品市场需求量很大，企业生产多少就可以销售多少，但该成衣的产量较低，仅为年产 2000 件，若按此方案建新生产线，企业是盈利还是亏损？方案是否可取？请决策。

解：首先计算盈亏平衡点产量 Q_0

$$Q_0 = \frac{F}{(P - C_V)} = \frac{100\ 000}{(80 - 40)} = 2500(\text{件})$$

然后分析判断，由计算可知，企业生产 2500 件才能保本，因该服装企业生产能力只有 2000 件/年，小于盈亏平衡产量。显然，如按此方案投产新成衣，企业是要亏损的，所以此方案不可取。达到设计能力 2000 件时，企业的亏损额为

$$\text{销售收入} - \text{总成本} = 80 \times 2000 - (100\ 000 + 40 \times 20\ 000) = -20\ 000(\text{元})$$

②确定实现某一目标利润时的产销量。

【案例】 一服装企业生产某成衣，年固定成本为 20 万元，单位产品变动成本为 30 元，单位产品价格为 50 元，企业欲实现年利润 5 万元，试计算该产品应达到的产量。

解：$Q = \dfrac{I + F}{P - C_V} = \dfrac{50\ 000 + 200\ 000}{50 - 30} = 12\ 500(\text{件})$

经计算，企业欲实现 5 万元的目标利润，需生产该产品 12 500 件。

③确定实现目标利润时的最低单价，进行定价决策。在销售量和成本已经确定的条件下，

应用量本利分析法，可以求得实现某目标利润时的最低产品单价。

【案例】 一服装企业通过市场调查和预测，一年预计可销售某产品8000件，生产该产品年固定成本为10 000元，单位产品变动成本为10元，企业欲实现年利润10 000元，试决策该产品的最低销售单价。

解：$P = \frac{C_V Q + F + I}{Q} = \frac{10 \times 8000 + 10\,000 + 10\,000}{8000} = 12.5$（元）

经计算可知，该企业要实现年利润10 000元时，产品的最低单价应确定为12.5元。

④判明企业的经营安全状态。一些决策方案虽然可以为企业带来利润，但由于盈利额不大，加之企业外部环境不断变化，企业的经营可能仍然不够安全。因此，在对同样盈利的若干方案进行比较时，需查明各方案的经营安全状态，以决定取舍。经营安全率指标可以判明方案所处的经营安全状态。所谓经营安全率，是指现实方案（或新方案）的销售量（Q_1）减去盈亏平衡点销售量（Q_2）的剩余部分销售量与现实方案（或新方案）的销售量之比值，如图2-14所示。

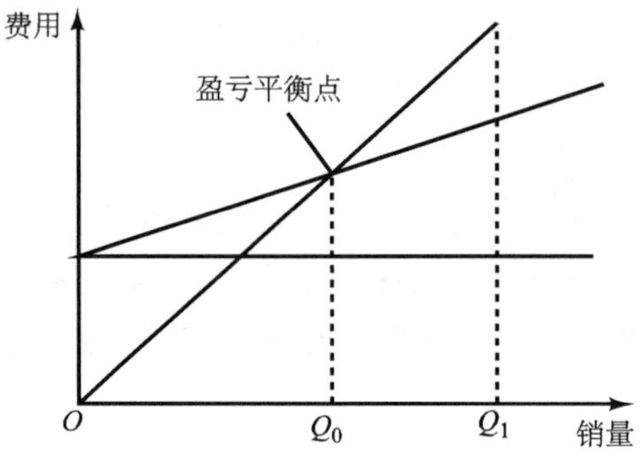

图2-14 经营安全率示意图

经营安全率的计算公式为：

$$经营安全率 = \frac{Q_1 - Q_0}{Q_1}$$

式中：Q_0为盈亏平衡点产销量；Q_1为现实或新方案产销量。

经营安全率还可作为反映企业经营状况的综合性指标，它可以说明企业经营的安全程度；经营安全率越接近1，企业经营越安全；而越接近零，企业经营越不安全。一般可用表2-3所列数据来判明企业的经营安全状态。

表2-3 企业经营安全状态判定数据表

经营安全率	>0.30	0.30~0.25	0.25~0.15	0.15~0.10	<0.10
安全状况	安全	较安全	不太好	要警惕	危险

【案例】 一服装企业生产某产品，年固定成本为20万元，单位变动成本为10元，产品销售单价为20元，2004年该服装企业销售产品25 000件，2005年预计销售产品30 000件，试判

断该企业这两年的经营安全状况。

解：先计算企业产品的盈亏平衡点销售量

$$Q_0 = \frac{F}{P - C_V} = \frac{200\ 000}{20 - 10} = 20\ 000(\text{件})$$

再计算2004年与2005年的经营安全率

$$2004\text{ 年的经营安全率} = \frac{Q_1 - Q_0}{Q_1} = \frac{25\ 000 - 20\ 000}{25\ 000} = 0.2$$

$$2005\text{ 年的经营安全率} = \frac{Q_1 - Q_0}{Q_1} = \frac{30\ 000 - 20\ 000}{30\ 000} = 0.33$$

最后，将计算所得两年的经营安全率与企业经营安全状况数据判断表所列数值进行比较得知：该企业2004年经营安全状况不太好，要警惕；2005年如果能实现预计的销量，则经营状况是安全的。

2. 非确定型决策

非确定型决策是指方案实施可能会出现的自然状态或者所带来的后果不能作出预计的决策。它主要是凭决策者的主观意志和经验来作决策，因而，不同的决策者对同一问题可能有完全不同的方案选择。对此方法仅作了解，本书不作赘述。

3. 风险型决策

风险型决策也叫概率型决策或随机型决策。在风险型决策中，决策者虽不能准确地知道每种决策的后果如何，但可以估计出每一种方案出现的概率。知道了概率及各种条件值，就可以确定每种方案的期望值。概率是指方案成功的可能性，条件值是该方案成功时公司可能获得的利润，期望值是条件值与概率的乘积。决策者可以根据各个方案的最终期望值的大小来决定其方案的选择。它主要用于远期目标的战略决策或随机因素较多的非程序化决策，如技术改造、新产品研制和投资决策等方面。

风险型决策的方法很多，如表格法、矩阵决策法和决策树法等。这里主要介绍决策树法。

【案例】 某公司产品供不应求，需增加产量，拟订了三种可行方案：一是新建一大厂，需投资360万元；二是新建一小厂，需投资180万元；三是先建小厂，先投资180万元，试运营3年，若前3年产品畅销则再扩建，扩建需追加投资200万元，其收益与新建大厂相同。三者的使用期均为10年，并假定前3年畅销，后7年也畅销，前3年滞销，后7年也滞销。各方案的损益值及自然状态的概率如表2－4所列。

表2－4　决策方案资料表

各方案的损益 / 自然状态	方案及收益(万年/年)				概率
	建小厂	建大厂	先小后大		
			前3年	后7年	
畅销	60	140	60	140	0.7
滞销	30	－35	30	－35	0.3

问：公司如何决策才能获得最大的经济效益？

解:(1)先画决策树。

如图2-15所示。图中□表示决策点,由决策点引出的若干线条称为方案分枝,每一条线代表一个方案;○叫自由状态点,画在方案分枝末端,由自由状态点引出的线段称为概率分枝。

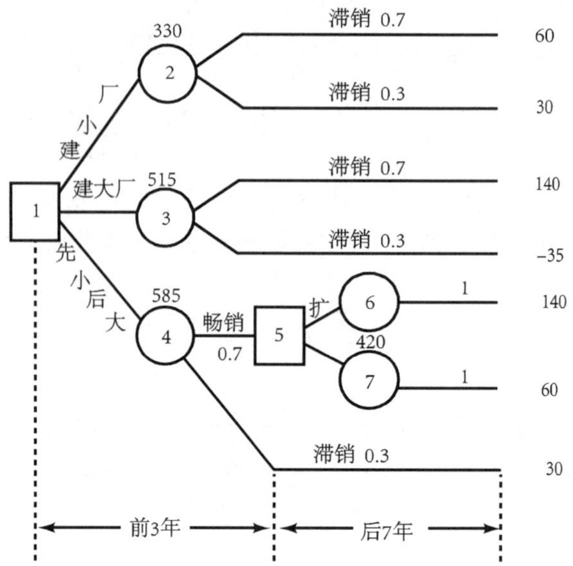

图2-15　风险型决策示意图

(2)计算各点期望值

点2:[(60×0.7)+(30×0.3)]×10-180=330(万元)

点3:[(140×0.7) +(-35×0.3)]×10-360=515(万元)

点4:0.7×(3×60+780)+0.3×30×10-180=582(万元)

点6:140×7×1-200=780(万元)

点7:60 ×7×1=420(万元)

通过上述计算可知:建大厂比建小厂好,但先小后大比不进行试验而直接建大厂更好,故应选先小后大的方案为决策方案。

(3)方案的灵敏度分析

在风险型决策中,概率值与期望值的准确性如何,对决策的影响是很大的。但是,对于一次性行动的决策,尤其是时间较长的决策,由于客观状态的概率及损益值难以准确估算,而且在决策过程中,客观情况经常变化,这些数值也会随之变化,所以必须分析概率与损益值的变化对决策的影响程度,这种分析就叫方案的灵敏度分析。进行灵敏度分析的方法是将概率值、损益值在可能产生误差的范围内变化几次,看期望值误差大小。若他们稍加变动,期望值变动很大,原型的最优方案为另一方案所替代,则该数据就称为敏感性数据,该方案称为不稳定方案。否则,就是稳定方案。

应该指出,由于风险型决策主要用于一次性行动和较长时间的战略决策,决策执行之后,将会对企业的生产经营活动产生极大的影响,因而在利用该法作决策时,必须注意的是:

①要有一个强有力的参谋机构,集中一批专家帮助出谋划策,而且专家的面要广,要有经

验,要有敏锐的洞察力和机智的判断力。

②要结合企业的具体情况,发动企业普通员工参与决策。

③由于决策问题不仅受到如概率、损益值等定量因素的影响,而且还受到政治、社会、心理等因素的影响,因此,必须将定量决策与定性决策很好地结合起来,以提高决策的准确性。

总之,定量决策方法的发展提高了决策的准确性、时效性和可靠性,使管理者可以从大量繁杂的常规决策中解放出来;同时,有利于培养决策者严密的逻辑论证习惯,克服主观随意性。但是,定量决策法也有一定的局限性:定量决策方法适用于处理常规性决策,而对相当一部分重要的、战略性的非常规性决策来说,还没有恰当的数学方法可供使用;建立数学模型和使用计算机分析的过程往往要耗费大量的时间和人力费用,因此,采用定量决策方法要要考虑所获得的效益与所付出的代价相比是否值得;对于一般管理决策者来说,有的数学方法过于深奥,掌握起来有一定的难度;某些决策问题中的变量涉及社会、心理等难以量化的因素和诸多不确定的变化因素,加大建立数学模型的难度,也会降低决策的可靠性。因此,通常将定量方法与定性决策方法相结合,会取得更为理想的决策效果。

3

第三编

服装生产管理

第一章　服装生产管理概论

第一节　服装生产概述

距今十万年前，人类祖先使用古针、筋线将兽皮、树叶缝合成片包裹身体，从而形成了服装生产的雏形。随着时代的变迁，缝纫技术也随之迅速发展，几次工业革命对社会产生了根本性的改变，服装工业随之产生并发展起来，社会分工促使很多新行业新岗位的出现，对服装企业的生产管理也产生了革命性的影响，极大地提高了服装企业的生产效率，规模化、标准化的机器大工业适应了大众市场的需要，同时个性化的定制也迎合了部分高端及特殊需求的小众市场。

一、服装生产工业化的起步

服装工业化的过程是一个漫长的过程，它经历了很多阶段。

1829 年，法国人 Barthelemy Thimonier 将经过四年研究设计成功的一台具有实用价值的缝纫机向法国政府申请专利权，获得批准后，于 1831 年生产了世界上最早成批生产的 80 台缝纫机。

1832 年，美国人 Walter Hunt 兄弟从织布机梭子织布的原理中得到启发，发明了锁式缝纫机，其成缝原理类似于纺织厂的织布机。

1843 年，美国工人 Ellius Howe 设计的一台手摇锁式缝纫机其速度达到 300 针/分钟，缝纫速度超过了 5 名技艺熟练的缝纫工，并由此取得了政府的专利权。

1862 年，美国的布鲁克斯兄弟(Brucks Brothers)创造了裁剪纸样成衣技术，为现代服装的批量化、规格化生产奠定了基础。

1875 年发明电动机后，于 1890 年开始出现由电动机驱动的缝纫机，从此开创了服装工业的新纪元。

我国的服装工业起源于 20 世纪六七十年代的手工作坊，以家用缝纫机和工业缝纫机并举，逐步实施了半机械化、机械化生产。从 20 世纪 80 年代至 90 年代，中国本土服装业经历了两次革命。第一次洗牌初步完成，由产品品牌、品种、花色严重短缺，质量低劣转向百花齐放；第二次革命的主题是如何打造中国本土服装品牌和服装企业。无差异营销的洗牌已经基本完成。

二、中国服装业经历的阶段

中国服装业经历的3个阶段：

第一阶段：以生产为中心，是典型的卖方市场。

第二阶段：以需求为中心，产品供过于求，为买方市场。

第三阶段：以品牌为中心，由于市场转向买方市场，市场形态由独占、寡占发展到多占，名牌观念越来越强。企业间由产品销量的竞争转向市场份额的竞争。

三、服装工业生产的特点

服装行业是为人们提供最基本的穿着需要，又能引导消费者的行业。随着时代的发展，社会文化的进步，生活水平的不断提高，从基本穿着向新颖多款式的中高档时装发展，服装消费成为广大消费者和各阶层人士的最迫切需要。

现在，服装行业在不断地更新人们的观念，推动服装行业的发展，时装设计师的创意一旦被消费者、社会认可和接受，都会产生巨大的社会效应。这样为数众多、款式新颖的服装汇入到服装发展的大潮中，加快了服装行业的发展进程。

服装行业从生产到销售，有规模性服装集团的服装生产，如时装设计、制衣生产、服装辅料生产、水洗或漂染生产、服饰生产、时装展与时装表演，甚至印刷包装于一体的产业集团，也有专业服装生产从服装设计到制衣服装销售，更有的按时装销售商提供的款式原样生产服装。因此，服装行业随着款式品种与需求的不同而组织服装生产。

离散式服装生产，大都按制衣专业划分成生产组的生产布局，从面料裁剪成单片，又从单片缝制各类不同部位的衣片，如衣领、袖窿、前片与后片、袋口、门襟等散件生产。

流程式服装生产，既从裁剪到制成衣件的流水线生产，又将多片衣件缝制成整件服装、整烫、折叠、包装等服装流水线生产。

混合式服装生产，是从面料投入离散式缝制成衣片的生产，又将多片衣片按需组成流水线缝制成套件服装、整烫、折叠、包装等过程的混合式服装生产。

四、服装生产企业特点

服装生产企业是劳动密集型企业，在有限的厂房面积内，可安排许多劳动力就业。如年产150万元的衬衫服装厂可安排500人就业；年产15万套西服的工厂，可安排约500人就业。一般来说，在成衣总生产成本中，人工成本占了相当高的比重，在大多数情况下，人工成本是决定企业竞争能力的一个重要因素。因此，一些投资者将工厂设在能提供廉价劳动力的发展中国家。

服装生产企业有如下特点：

①服装企业是劳动密集型企业。

②相对于其他行业，投资少，见效快，投资回收期短。

③产品品种多，更新快。

④服装企业生产的产品是技艺结合的半手工产品。

我国工业已处于变革时代，生产类型由大批量、少品种、长周期向小批量、多品种、短周期发展；服装生产采用的面料、辅料多样化，新技术、新材料广泛地应用；重视服装品牌发展，企业向集团化规模经营过渡；生产中机械化、专业化作业程度逐步提高；生产管理主要靠经验，生产工序多，工艺编排较为复杂；逐步建立服装信息网，采集国际服装流行信息。

随着社会的发展，人们满足审美、追求时尚的愿望越来越强，使服装产品的款式、面料、色彩、图案变化万千，流行周期不断缩短，这就使得服装产品必须多品种、更新快，以适应社会发展的需要。

五、服装生产方式

服装生产方式就是产品的加工制造过程，即从原料投入生产到形成成衣的全过程。不同的消费群体对衣着有不同层次的要求，服装生产方式通常有以下几种：

1. 成衣化

成衣化服装生产是分工序批量生产，所以能充分地发挥人力、物力，最大限度地提高生产效率和工人的工作效率；能通过有效的管理，使工业化生产达到连续、均衡、高效；能做到生产速度快、成本低，质量优良稳定。

(1)我国成衣化的特点

①服装工业已处于变革时期，生产类型由大批量、少品种、长周期向小批量、多品种、短周期方向发展。

②开始重视服装品牌发展战略，企业向集团化经营过渡。

③服装生产采用的面料、辅料多样化。

④生产中机械化、自动化程度不是很高，设备比较陈旧。

⑤服装生产管理不科学。

⑥服装信息网不健全，产销时常脱节。

(2)成衣化服装生产特点

①能利用专业的科学知识。

②可有效地利用人、物、机器(确定工艺标准和生产管理技术)。

③寻求完善的机械化和自动化(以计算机应用为主，推行自动化、机械化)。

④能进行工业化连续生产。

⑤质量好且价格合适。

2. 半成衣化

以工业标准化生产为基础，由客户对某些部位提出特殊要求，结合工业化生产的方法，投入生产线进行生产。

3. 定做

以个人体型为标准，量体裁衣，单件制作。定做服装的特点：

①凭设计师的灵感和经验；②主要用手工制作；③在工作室进行制作；④做工精良，价格高。

4. 家庭制作

选择面料在家缝制服装。

第二节　服装生产的演变

一、服装工业发展简史

工业化制衣前，传统的制衣方式是由一个人负责制成整件衣服，裁缝师傅只需占用家中或店铺内的一个小房间工作。那个时代，衣服都是定制的，应顾客不同的要求而缝制，顾客主要是富有人家，例如地主、商人和贵族。较穷困的人家如农民和工人等多穿富有人家所丢弃的旧衣，他们有时也许凑集一些物料自己缝衣甚至自己织布，因此我们可以明白为什么那时劳工阶级的衣着大多是简单粗糙的。富有人家雇用裁缝师傅为他们自己及佣人缝制衣服，管家和车夫等人的制服款式一般都是按照主人的喜好而设计的。这些衣服全都是由裁缝一个人完成的。

19 世纪初期，衣车问世，并且欧美等地不断改良传统的制衣方式，制衣的过程开始出现分工的情况。例如，操作衣车的工人需要特别的技术，所以雇用专职操作衣车的工人以及负责手工的工人，这样分工较为有效率及有助减低成本。

早期的制衣厂就是从那个时代逐渐发展起来的。当时一般制衣厂采用现称全件起的做法，运作的方式是一件衣服的大部分工序都由一人来完成，剩下一些不需要很多技巧的工序由另一个人（如学徒）来负责，每件衣服都是根据顾客个别的要求来缝制的。工作的地方通常有一个 120 厘米 ×60 厘米的车台，零乱地放置所有的缝纫工具，但没有特别用途的衣车附件。做手工的工人盘腿坐在地上或桌上，以膝盖作为工作台。小型制衣工场条件一般较差，灯光照明不足。

1830 年之后，法国和英国相继开设了有机器设备的制衣工场，机器由专门的技工操作，需要人手做的工序也在厂内完成，或是外发给别人在家中完成。

上述工厂的东主，不久就了解到可以将生产过程分工为机缝、手缝和压熨、打纽门和做手工等特别的工序。每个特别的工序完成后，衣服都会再交回前述的主要“缝制者”。这种方式适用于缝制订制的衣服和衣服样板。这类衣服都是按照个别要求裁制的，上述的方式至今仍是制衣的基本方式，从衣车未发明以前的做法演变而来，而发展至今天，较基本的是将车缝工序再细分成精细的工序，经过较严谨的生产安排，适当地分配给每名车缝工人，而每名车缝工人一般只负责单一的专门工序，从而再将生产效率提高。

1. 缝纫技术的发展

1790 年，英国人 Thomas Saint（托马斯・赛特）发明了单针单线链式缝纫机。之前，人们是用双手一针针地缝制衣服的。

1850 年，美国人 Isace. N. Singer（伊萨・胜家）成立了缝纫机公司。1851 年，胜家公司开始出售缝纫机，取代手工缝纫。

1890 年开始应用电动机驱动缝纫机，进入实际应用阶段（开始有缝纫工厂出现，但主要用于少数人量身定做）。

2. 服装工业化生产的发展

在缝纫技术发展的同时，服装工业由手工作业逐步向成批生产和专业化生产发展，从而形成了有专门分工的工业化生产方式，并相应地出现了与工业化生产相对应的专门的服装设计师、样板师、裁剪工、缝纫工、熨烫工、检验工、包装工等，不同于单件制作。服装加工技术的要求更高，需要相互之间的密切配合，并相应地出现了设计、制板、裁剪、缝纫等加工工序，工作更趋向于规范化、标准化。即服装加工技术由原来的简单的单件制作发展到了今天复杂的、高级的、工业化批量、标准化、规范化生产。

3. 服装生产方式的发展

过去，服装制作依靠衣匠和个人灵巧的双手，量体裁衣缝制衣装，繁华街市上的衣铺只是一种家庭作坊。19 世纪，英国商人将缝制成形的裤子和衬衫出售给港口船员，这是早期的服装市场交易。到了 19 世纪末下半叶，缝纫机的发明推动了成衣生产的发展。1880 年，男式标准尺寸规格的成衣已经确立，成衣业的发展为妇女走出家庭提供了大量的就业机会，但是这种成衣在当时条件下仍属家庭作坊生产方式，工作条件差、时间长，劳动者工资收入微薄。

第二次世界大战后，科学技术有了突飞猛进的发展，服装生产的主要设备由脚踏缝纫机改为电动缝纫机，现已发展到广泛使用电脑缝纫机。服装计算机辅助设计（CAD）、服装计算机（CAM）已在许多服装企业中应用。在不久的将来，智能型服装生产线将会诞生并实用化。这些技术将进一步改变服装成衣劳动密集型的作业状态。

生产技术的发展必然导致劳动生产率的提高。例如，男式西服若由名牌店铺定做，实际缝制至少花费 3 天时间，若由服装企业按标准尺寸规格、标准生产工艺分工序生产，工人平均一天 8 小时能生产 1.5 ~2 套西服。也许定做服装更能吻合个人体型，缝制技巧上有独到之处，但成衣化服装由于集中了众多科学技术成果，如标准人体尺寸规格、先进的加工技术、市场信息与预测、商品策划、计算机辅助设计以及计算机辅助生产等，因此成衣化服装不仅能体现色、款、料的时代感，而且质量稳定，价格适宜。物质文化生活越发达，成衣化服装就越能适应绝大多数人衣着方面的生理和心理需求。

4. 中国服装生产方式的历程

我国在解放前无成衣化工业可言。解放后一直到改革开放之前，服装产业虽有一定的发展，但进展缓慢，市场商品供不应求，国家实行计划经济，服装凭票供应。实行改革开放后，进入 20 世纪 80 年代，服装生产与出口发展迅速。1985 年我国生产成衣化服装 16 亿件，2016 年我国规模以上企业累计完成服装产量为 314.52 亿件，累计完成服装及衣着附件出口 1594.47 亿美元，在服装生产量与出口方面居世界首位。在服装商品策划、设计、生产、批发和零售领域，企业管理和技术人员不断改革创新，不同体制的企业互补余缺，使得国内服装市场与国际市场在流行、销售、质量等方面迅速接近。

5. 世界纺织服装产业的历程

从技术角度来看，世界纺织服装产业大致经历了四个阶段；从比较优势上看，世界纺织服装业经历了三次产业转移。

（1）四个阶段

①手工纺织阶段。纺织服装产业最早可追溯到农业社会的手工纺织，那时的纺织业基本上是自给自足的家庭纺织作坊，在亚洲、非洲、南美洲及欧洲都有纺纱、织布和加工制衣业。具有悠久历史的纺织品生产国——中国和印度，它们的丝绸、棉布等纺织品曾远销世界各地，这些国家也因此成为当时的世界纺织品生产中心，在世界市场上占据重要地位。

②机械纺织阶段。第一次工业革命使纺织业进入机械纺织阶段，飞梭和一系列纺纱机的发明迅速提高了纺织效率，纺织工厂的建立使纺织生产从手工作坊过渡到工业化生产阶段。英国是世界上最早开始纺织工业化生产的国家。那时英国纺织业在世界市场上的地位和作用已使它成为当时的"世界工厂"和"世界贸易中心"。

③现代纺织阶段。二战以后至20世纪90年代，纺织设备不断创新，纺织技术不断改进。现代环锭纺纱机和自动织布机的发明以及非织造技术的问世，使纺织生产有了质的突破，特别是化学纤维的出现和发展改变了过去那种完全依靠农业的天然原料的限制。这一时期，美国、德国以及日本等发达国家成为了世界纺织大国。

④智能纺织阶段。20世纪90年代以来，纺织结构不断升级，产品应用范围不断扩展，发达国家的纺织产业已经从劳动密集型转向资本密集型，并逐步向知识智力型产业转变。电子商务系统、快速反应系统和各类纺织产业的专用软件得到大量应用，企业经营方式也从传统的以生产制品为中心转向以满足消费者需求为中心，这一时期，中国、东南亚等发展中国家和地区成为世界纺织品生产的主要地区。

(2)三次转移

在纺织业发展的初期，纺织服装企业囊括了从研发到生产、再到营销的整个流程。随着纺织服装技术的成熟和劳动力成本的变化，世界纺织服装产业经历了三次转移：第一次产业革命时期，世界纺织产业的生产中心从以我国为首的东方国家转移到以英国为首的西方国家；第二次发生在20世纪60年代，纺织产业工业中心从美国、日本和西欧转移到了亚洲新型工业化国家和地区，如韩国、中国台湾、中国香港等地；第三次是从20世纪60年代开始至今，由韩国、中国台湾、中国香港等地向亚洲的其他发展中国家转移，如我国大陆、印度、巴基斯坦和东南亚等。

通过这三次转移，各国企业根据自身比较优势专业于价值链某一个或某几个环节，形成了以发达国家跨国公司为主导的全球化合作生产、产品内世界分工的产业模式。欧美和日本企业牢牢控制着纺织服装产业的高端，它们或者拥有品牌、或者控制庞大的批发和零售网络，从事着附加值最高的品牌营销、服装设计和新面料开发等环节。在纺织服装产业的第三次转移中，绝大部分中国香港和台湾地区及韩国的企业将生产基地转移到劳动力成本更低的中国大陆和东南亚国家以及一些具有配额优势的拉美国家，自身主要从事一些设计开发、品牌营销及生产协调的工作。同时，广大发展中国家凭借廉价的劳动力承接这一产业转移，专门从事附加值最低的缝合制作环节，从而形成从欧美和日本企业到韩国、中国香港和台湾地区等新兴工业化国家或地区企业，再到广大发展中国家企业的收入依次递减的梯形分配格局。

二、服装工业生产发展趋势

智能型服装生产线将会诞生并实用化。这些技术进步将改变服装成衣劳动密集型的作业状态。

1.服装生产方式从传统的劳动密集型逐步转向资本密集型和知识密集型

如今服装工业发展有如下几个特点：

(1)情报网系统的建立

利用计算机网络，随时收集世界各地的时装情报、流行趋势、市场信息等，同时企业产品出厂后的销售情况及时输入电脑进行统计处理等。

(2)服装 CAD 广泛应用

CAD 的应用缩短了新产品的开发周期,从而提高了劳动生产效率。新产品的开发周期包括新产品的设计周期和生产周期。服装 CAD 系统中有服装款式设计、图案配色功能,设计人员可以利用该系统功能进行款式设计,也可以调出原有的资料进行修改,服装款式、色彩、图案、面料可以随意搭配,快捷方便,这样设计师可从繁重的绘画中解放出来,充分发挥自己的想象力,提高设计质量和设计速度。服装产品的生产周期主要取决于技术准备工作的周期,对于多品种小批量的服装生产更是如此,利用服装 CAD 系统中制板、放码、排料功能,可以大大提高劳动生产率,放码排料原来需要几小时的工作,现在只需要几秒钟就可以完成,而且准确无误。

根据资料统计,利用服装 CAD,产品设计周期可以缩短十几倍到几十倍,而产品生产周期可以缩短 30% ~80% 。这样一来,产品的开发周期大幅度缩短,劳动生产效率得到大幅度提高,企业更有余力进行产品的更新换代以适应快速多变的市场,从而提高了企业的自身活力和竞争能力,同时也满足了现代服装流行快、周期短的消费特点。

(3)综合自动化裁剪车间

利用全自动铺布机完成辅布工作,利用全自动裁剪机与 CAD 联机,由其自身的电脑中心控制,按照磁盘上的排料图元件,自动进行样板或衣片裁剪,最后,由裁衣标签机完成打号任务。

(4)灵活生产系统(FMS)

缝制车间用柔性材料传送装置,改变以往将衣片成捆传递带来的车间成品堆放混乱,解捆、扎捆时间长,衣片易皱,整烫工作量大等弊病。

此外,自动开袋机、自动绱袖机、自动纳驳头机、省缝机等技术含量较高的缝纫机在生产线上的应用,使服装缝纫机加工质量更易得到保证,生产速度加大。

(5)烫整手段提高

具有各种形状烫模的熨烫机令服装立体造型更加容易,免去了以往传统的工序如推、归、拔、烫的手工操作,处理质量易保证。

此外,立体人形架熨烫机的使用,外观效果更好、更贴体,不会破坏织物表面状态。

(6)立体真空包装、吊挂储运

能消除折叠包装运输而造成的折皱,进一步提高服装档次。

2. 未来服装工业展望

未来服装工业将综合运用自动化技术、服装企业的各生产要素有机地集成并优化,

(1)服装 CAD 发展方向

网络信息化。日益发展的计算机技术和远程通信技术,不断地将服装行业推进网络信息化的时代。服装的流行趋势和服装市场的动向等信息可以在全球范围内得以共享;同时多媒体领域中的图像压缩技术和海量存贮介质也得以应用,使以图形,图像为主的服装设计信息以数字化的形式存储在计算机内,为各种服装信息数据库的研制和发展提供了理论基础。同时,网络上提供的充满个性的服装部件库、款式库、面料库,可以让消费者足不出户即可参与到个性化服装的设计中来,根据自己的喜好选择不同的面料、部件进行服装的组合,再输入自己的人体数据,通过服装 CAD 系统的网络化、虚拟化功能看到自己的着装效果,更好地满足人们的

个性化着装要求。

标准化。建立科学可行的服装CAD技术标准体系，使产品信息、数据转化为标准，以及技术术语的标准化是服装CAD发展的必然趋势。标准的服装CAD体系可以使得各种软件之间的数据接口兼容，实现数据之间的相互转换，为不同企业之间的样板数据的传输和生产技术合作提供便利，增强企业之间的业务交流。因此，服装CAD技术标准化将会成为服装CAD技术研究和发展的一大趋势。

立体化。随着人们对服装的质量和合体性的要求的不断提高，设计师希望能够将设计好的二维样板通过服装CAD技术看到服装穿在顾客身上的效果，因此CAD技术迫切需要由平面设计、静态设计向三维设计、动静态相结合的虚拟设计转化。建立三维人体模型，研究三维服装CAD技术，成为服装CAD技术发展的又一趋势。

集成化。服装CAD的运用已经成为服装企业设计水平和产品质量的重要标志，是企业在激烈市场竞争中占据有利地位的关键。因此，要提高企业自身的影响力，增强市场竞争力，服装企业就应采用先进的信息技术、计算机技术、自动化技术对设计生产、工艺、设备、管理等诸多方面进行调整和整合，即计算机集成制造技术（Computer Integrated Manufacturing System，CIMS）。集成化的发展将给企业带来强有力的竞争性，使得服装一体化理念更加深刻，因此，服装生产的全面自动化也将成为当今服装业发展的趋势。

（2）CIMS软件的兴起

随着自动化技术、电子计算机技术、信息技术和人工智能等高科技的迅速发展，计算机集成制造（Computer Integrated Manufacturing，CIM）被看作是未来企业发展的必由之路。服装行业对市场的变化反应最为强烈，服装流行周期越来越短，花色越来越多。因此，CIM思想很快被服装行业所接受，许多先进国家都在研究和实施服装CIM，相应的技术和设备也在不断推出，传统的服装企业面临着新的抉择。

CIMS是在CIM的基础上，通过计算机硬件、软件、自动化技术和系统工程技术，将企业生产全过程中有关人、技术、经营管理、生产等要素及其信息流和物流有机集成并优化运行的大系统。CIMS首先起源于机械制造业，但其基本思想和原理很快向其他行业传播、辐射。服装业以其对市场变化的特殊敏感性，首先接受了CIM思想。于是，从20世纪80年代末开始，许多先进国家的企业致力于服装CIMS的开发，不断推出集成化的产品和系统，把服装CIMS的发展推向前进，对传统服装业的改造和革新起到了很大的促进作用。

在服装CIMS的开发项目中，最有影响的是英国的CIMTEX。此外，日本、德国、法国、西班牙等推出了各自的CIM产品，新加坡、中国香港等地区也建立了服装制造示范中心。经过短短的几年时间，服装CIM与CIMS在世界范围内兴起，在服装业产生了很大的影响。

服装CIMS的特点：

①从系统结构看，服装CIMS以FMS（柔性制造系统）为核心，以管理信息系统268和计算机辅助工艺设计CAPP为FMS服务，与FMS紧密集成为一体。

②柔性装配线的编排、设计和重组技术是关键，是实现多品种混流式平衡生产的重要保证。

③物流系统的重点是实现多品种混流式生产中衣片和在制品的跟踪以及路径的管理与控制。

④CAPP的装配以工艺设计为重点，同时解决各工序操作的标准时间的估算问题。

⑤CIMS 以库存管理、成本工资管理、计划统计管理与订单管理为主。

按照上述特点实现的服装 CIMS 才能体现出特色。

(3)整烫自动化

高温压烫机技术特性。这种气动电子熨烫机器的运行可以手动控制或自动控制,蒸汽加热型模具,上模可以运动,固定下压,下模固定不动,可以吸风,可以调节压力和上下模之间的距离,有电子护手安全装置。如果需要编程器,机器需要有连接编程器 PLC9.20 或 TSM16.20 的接口。

(4)自动裁床(服装 CAM) 系统大多由电脑控制中心和特制的裁床组成

电脑控制中心由小型电脑、主控面板、刀架刀具变速控制及定位伺服装置、电源设备等组成,共同完成下列功能:

①读入磁盘上的排料资料。在服装 CAD 系统中将排料图资料存入磁盘,供服装 CAM 系统的电脑控制中心读入。服装 CAD 也可与服装 CAM 联机使用,缩短资料存储磁盘的过程。

②按照工作指令或排料图资料自动计算刀架及刀座位移并控制定位。

③按裁片轮廓复杂程度,自动计算刀具下刀角度并控制速度。

④伺服机构可依刀侧所受阻力,自动计算并控制刀具补偿,使裁刀始终保持垂直状态。

⑤裁床主要包括裁剪台、刀座、刀架、操作面板和真空吸气装置:

a. 裁剪台:台面上铺有鬃毛垫,其作用是托住布料,并保证刀具运动时不会与台面相碰,防止刀具和台面损伤。

b. 刀架:刀架设在裁剪台上,作台面 x 轴方向移动。

c. 刀座:安装在刀架上,作台面 y 轴方向移动。

d. 操作面板:此面板上有裁剪速度,磨刀间距,刀架、刀座启动或暂时终止裁剪等工作指令键。

e. 真空吸气装置:此装置通过导管与裁剪台下的吸气口相连接,启动后可将台面与另外覆盖在布料上不透气的塑料薄膜之间的空气抽出,利用大气压力将面料压缩,使之紧紧吸附在裁剪台上。这样,面料层之间在裁剪时就不会因裁刀的移动而产生滑动,从而保证裁片的精确度。

3. 中国服装的发展趋势

①专用设备的功能更趋集成化,即一个操作工可同时操作几台设备。

②电脑控制技术进一步向纵深发展。

③特种服装的门类越来越多。

④服装的设计研究趋于个性化。

⑤时装款式更趋向于个性化。

⑥先进黏合技术不断发展。

⑦电子商务技术在服装界广泛应用。

第三节　服装工业生产内容

一、服装生产的类型

我国服装生产的类型主要有如下三种：

第一，离散式服装生产。大都按制衣专业划分成生产组的生产布局，从面料裁剪成单片又从单片缝制各类不同部位的衣片，如衣领、袖窿、前片与后片、袋口、门襟等散件生产。

第二，流程式服装生产。既指从裁剪到制成衣件的流水线生产，又指将多片衣件缝制成整件服装、整烫、折叠、包装等服装流水线生产。

第三，混合式服装生产。既指从面料投入离散式缝制成衣片的生产，又指将服装行业工业生产特点等过程混合的服装生产。

二、服装工业生产流程

服装的生产过程是一个对材料进行再创造的过程，早已不再是以个体裁缝的单件缝制作为唯一的形式，工业化批量生产是以流水作业的方式加工完成的。服装各基本衣片和辅料经过预先确定的工序，最终加工为成衣。工业化服装是按照一定的工艺标准，通过规定的工序流程，将成批的面料生产为消费者买后即可穿用的服装成品。

不同的服装企业由不同的组织结构产品以及工艺流程构成，但其基本的生产过程是大体一致的。首先，企业接到订单并对订单作接受与否的决策，若接受订单，则将订单交给计划部门，由计划部门制定生产计划，包括产品的开工期和完工期、物料清单的制定等，然后由物料管理部门准备所用面料和辅料，最后交由生产部门组织生产。生产过程主要包括裁剪、缝制和熨烫等环节，最后检验、包装、储运。服装生产大体上由以下八道主要生产单元和环节组成，如图3－1所示。

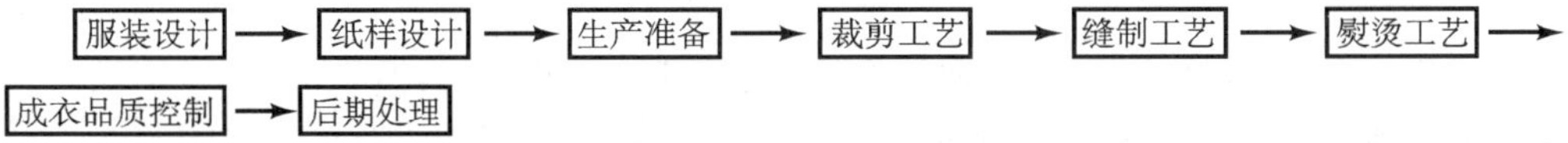

图3－1　服装生产环节示意图

1. 服装设计

一般来说，大部分大中型服装厂都有自己的设计师设计服装款式系列。服装企业的服装设计大致分为两类。一类是成衣设计，根据大多数人的号型比例制定一套有规律性的尺码，进行大规模生产。设计时不仅要选择面料、辅料，还要了解服装厂的设备和工人的技术。第二类是时装设计，根据市场流行趋势和时装潮流设计各款服装。

2. 纸样设计

当服装的设计样品为客户确认后，下一步就是按照客户的要求绘制不同尺码的纸样。将标准纸样进行放大或缩小的绘图，称为纸样“放码”，又称“推档”。目前，大型服装厂多采用电脑来完成纸样的放码工作，并在不同尺码纸样的基础上制作生产用纸样，画出排料图。

3. 生产准备

生产前的准备工作很多，例如对生产所需的面料、辅料、缝纫线等材料进行必要的检验与测试，材料的预缩和整理，样品、样衣的缝制加工等，并进行产品的试制，保证工业生产的可行性。

4. 裁剪工艺

一般来说，裁剪是服装生产的第一道工序，其内容是把面料、里料及其他材料按排料、划样要求剪切成衣片，还包括排料、铺料、算料、坯布疵点的借裁、套裁、裁剪、验片、编号、捆扎等。裁剪前要先根据样板绘制出排料图，“完整、合理、节约”是排料的基本原则。在裁剪工序中主要工艺要求如下：

①拖料时点清数量，注意避开疵点。

②对于不同批染色或砂洗的面料，要分批裁剪，防止同件服装上出现色差现象。对于一匹面料中存在色差现象的，要进行色差排料。

③排料时注意面料的丝缕顺直以及衣片的丝缕方向是否符合工艺要求，对于起绒面料（例如丝绒、天鹅绒、灯芯绒等）不可倒顺排料，否则会影响服装颜色的深浅。

④对于条格纹的面料，拖料时要注意各层中条格对准并定位，以保证服装上条格的连贯和对称。

⑤裁剪要求下刀准确，线条顺直流畅。铺垫不得过厚，面料上下层不偏移。

⑥根据样板对位标记剪切刀口。

⑦采用锥孔标记时应注意不要影响成衣的外观。裁剪后要进行清点数量和验片工作，并根据服装规格分堆捆扎，附上票签注明款号、部位、规格等。

5. 缝制工艺

缝制是服装加工的中心工序，是整个服装加工过程中技术性较强、也较为重要的成衣加工工序。按不同的款式要求，根据款式、工艺风格，服装的缝制可分为机器缝制和手工缝制两种。缝制加工过程实行流水作业。所以，如何合理地组织缝制工序，选择缝迹、缝型、机器设备和工具等都十分重要。

6. 熨烫工艺

成衣制成后，经过熨烫处理，达到理想的外形，使其造型美观。熨烫一般可分为生产中的熨烫（中烫）和成衣熨烫（大烫）两类。人们常用“三分缝制七分整烫”来强调整烫是服装加工中的一个重要工序。

熨烫工艺需要避免以下现象的发生：

①因熨烫温度过高、时间过长造成服装表面的极光和烫焦现象。

②服装表面留下细小的波纹、皱折等整烫疵点。

③存在漏烫部位。

7. 成衣品质控制

成衣品质控制是使产品质量在整个加工过程中得到保证的一项十分必要的措施，研究产品在加工过程中产生和可能产生的质量问题，并且制定必要的质量检验标准和法规。成衣的检验应贯穿于裁剪、缝制、锁眼钉扣、整烫等整个加工过程之中。在包装入库前还应对成品进行全面的检验，以保证产品的质量。

成品检验的主要内容有：

①款式是否同确认样相同。

②尺寸规格是否符合工艺单和样衣的要求。

③缝合是否正确，缝制是否规整、平服。

④条格面料的服装对格对条是否正确。

⑤面料丝缕是否正确，面料上有无疵点、油污存在。

⑥同件服装中是否存在色差问题。

⑦整烫是否良好。

⑧黏合衬是否牢固，有无渗胶现象。

⑨线头是否已修净。

⑩服装辅件是否完整。

⑪服装上的尺寸唛、洗水唛、商标等与实际货物内容是否一致，位置是否正确。

⑫服装整体形态是否良好。

⑬包装是否符合要求。

8. 后期处理

服装生产工艺过程示意图如图3－2所示。

后期处理包括包装、储运等内容，是整个生产过程中的最后一道工序。操作工按包装工艺要求将每一件制成并整烫好的服装整理、折叠好，放在胶袋里，然后按装箱单上的数量分配装箱。有时成衣也会吊装发运，将服装吊装在货架上，送到交货地点。为了使工厂按时交货，赶上销售季节，在分析服装产品的造型结构、工艺加工等特点后，对纸样、样板设计、工艺规格、裁剪工艺、缝纫加工、整烫、包装等各个生产环节制定出标准技术文件，才能生产出保质、保量、成本低并满足消费者、客户需求的服装。

三、服装工业生产的特点

服装工业技术管理工作即在现代企业中对发生的一切技术活动，按照行业本身的特点和规律，并参照政府发布的各项技术政策，有计划、有组织、有目的地进行指挥和协调及检查和督促等活动。为此，服装工业生产特点对加强服装工业技术的进步的同时也给生产管理带来了新课题，那就是生产过程广泛的协作性，即如何加强部门之间、工序之间的衔接与协调建立起良好的协作关系。

1. 生产部门、工序之间的协作性

服装生产的形式因科技进步和先进专用设备配备的使用起了很大变化，批量性的成衣生产代替了一家一户的个体生产方式，从而使生产技术进步及产品质量的提高都是个体手工业生产无法比拟的。同时，生产技术的进步也给生产管理带来了新课题，那就是生产过程广泛的协作性，即如何加强部门之间、工序之间的衔接与协调建立起良好的协作关系。定做工作服实践证明，现代化的服装生产流水作业，没有管理就不能维护正常的生产秩序。现代服装生产已

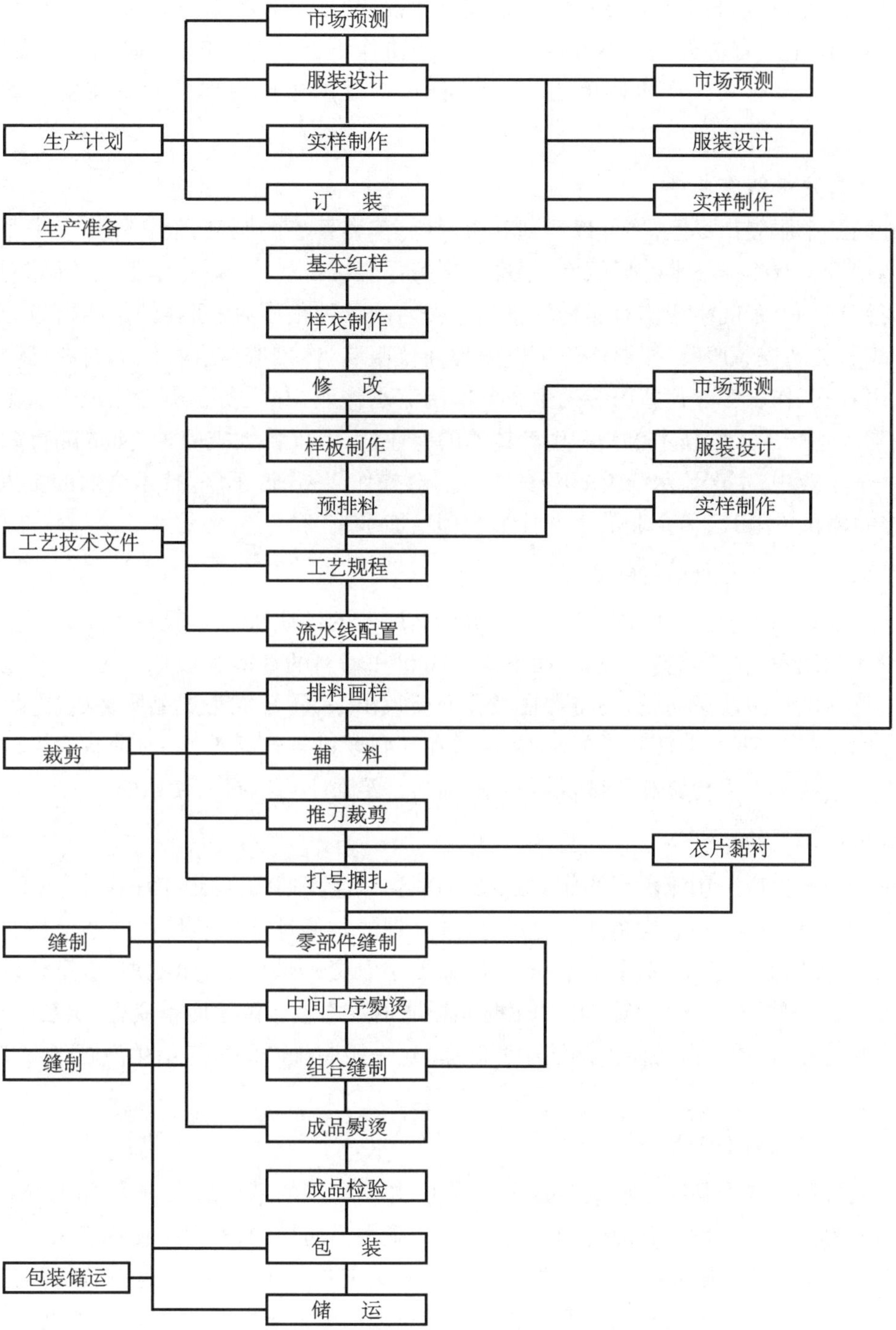

图3-2　服装生产工艺过程示意图

形成了一项系统工程，每道工序有其独立性，各工序之间又有严密的相关性，使工序之间形成有机的结合。由众多的技术工人合作生产一件产品，如果没有合理的工艺流程及严格的流程管理，没有严谨有效的生产技术的组织者和指挥者，没有部门之间、工序之间的相互协调、检查和督促，要使生产有序进行是不可能的。广泛的协作不仅是企业内部，而且还会延伸到原料、辅料的供应以及有关生产协作单位。由此可见，广泛的生产协作性是服装生产管理的内容之一。

2. 生产技术的专业性

在同一个服装市场上，你可以看到五颜六色、千姿百态的服装，但是作为一个企业由于受生产专用设备及生产技术的局限性，很难做到每样服装都生产，即使是很大的服装集团公司，也不可能在一个车间生产所有品种的服装。服装的品种很多，按面料的结构可以分为梭织服装、针织服装及皮革服装，按照用途可以分为礼仪服装、休闲服装、时装、男衬衫、睡衣睡袍、防寒服、雨衣、工作服等。这些服装的生产要采用流水作业，并配备各类专用设备。由于分工比较细，形成生产工人的技术单一和生产技术的专业性，不仅各大类品种之间“隔行如隔山”，就是在一个企业中，生产流水线上80%的工人只会操作2～3道工序，技术全面的工人很少。这种生产技术的专业性，为企业的生产技术管理增加了难度。

3. 服装生产对材料的依赖性

服装是纺织工业生产的深加工产品，由于其加工的性质决定了服装生产只改变面料和辅料的形状和用途，转移辅料的位置，而不改变面料和辅料的性能和质地。为此，凡是在面料和辅料上存在的所有质量问题，终将会在服装上反映出来，转嫁成为成品服装的质量问题，所以在服装的生产管理中，对面料上的疵点、色差和纬斜要进行严格控制，对辅料存在的质量缺陷也要严格把关。未经检验和测试合格的原、辅料是绝对不可以投入使用的。

4. 服装生产的季节性

现代服装生产采用流水线的作业方式，为使生产流程通畅，每道工序作业节拍必须以分秒计算才能保持生产计划的均衡性。但是，生产计划的均衡性与服装使用的季节性有明显的矛盾，服装功能因春、夏、秋、冬季节不同而异，如夏季只穿一件单衣，而冬季，里里外外要穿一整套服装，这“一件”与“一套”服装的加工时间形成倍数之差。由于四季变更，服装的使用、销售呈季节性变化，形成了服装生产的淡季和旺季，这一服装生产的特点给生产管理带来了很大的难度。

5. 服装产品因人而异

一般日用工业产品能适应大多数人的使用，如书写用的笔和纸张、吃饭用的碗和筷等可以向任何人提供，是一种通用商品。而服装产品却是因人而异的，对服装使用者来说要买一件称心如意的服装，至少要从六个方面进行衡量才能决定买与不买，那就是服装的颜色、面料、款式、质量、规格、价格等，对这六方面均认为是满意的时候才会掏钱购买。所以，服装生产要做到适销对路、产品无积压是有相当难度的。

6. 成衣生产标准化

成衣批量性的流水作业不同于个体手工业生产方式。个体生产定制服装，无论是材料的选择、工艺方法的设计以及产品的规格，只要满足个人需要就可以了。但是，工业生产的成衣要满足一批人的需要、反映这一批人的共性，这就要由国家或企业制定技术标准来统一，技术标准涉及从原料进厂到裁剪、缝纫直至成品出厂诸多工序。

四、服装生产技术管理的基本任务与内容

组织、计划、指导、控制及协调生产过程中的各种活动和资源，能够发现问题、分析原因，采取有效措施确保生产正常运转。建立完善各项生产流程，提高生产效率，改进现场管理，引进先进的管理理念，确保各部门和各类人员职责、权限规范化。贯彻、执行公司的成本控制目标，确保在提高产量、保证质量的前提下不断降低生产成本。

1.服装生产技术管理的基本任务

根据服装生产的特点，技术管理方面的主要任务如下：

①正确贯彻执行国家和上级有关的技术政策和规定。

②制定与贯彻各种技术工艺文件。

③了解国内外市场情况，做好市场调研和技术工作。

④加强科技研究，积极采用和推广先进的科学技术成就。

⑤努力增强企业的新产品和改进原有产品。

⑥合理组织企业的一切技术工作，建立良好的生产技术工作秩序。

⑦开展技术培训和质量教育，努力提高本企业职工的技术水平和思想水平，充分发挥技术人员的积极性。

⑧引进现代科学的管理方法，控制影响产品质量的各种因素，推行全面质量管理。

⑨以最低的消耗、最短的生产周期，生产出最好的产品，全面提高企业的经济效益。

2.服装技术管理的基本内容

根据服装生产技术管理的基本任务，服装生产技术管理的基本内容如下：

①技术标准的修订、制定及贯彻执行工作。

②技术情报的收集、传递、采纳工作。

③新产品的设计、试制鉴定与总结工作。

④工艺文件的制定、贯彻执行与检查督促工作。

⑤做好投产前的材料准备和技术准备工作。

⑥积极推行全面质量管理。

⑦工具设备推广应用与管理工作。

⑧技术考核与技术培训。

⑨文明生产和安全技术。

⑩革新、改造、挖潜和技术引进工作。

⑪科学技术研究和制定科技发展规划。

⑫计量和测试工作。

⑬做好生产技术档案工作。

⑭做好用料定额管理工作。

⑮协助劳动部门做好劳动工时定额工作。

⑯建立岗位技术责任制。

五、服装生产工艺单

服装生产工艺单是服装生产中的指导性文件，它对服装的规格、缝制、整烫、包装等都提出了详细的要求，对服装辅料搭配、缝迹密度等细节问题也加以明确。服装加工中的各道工序都应严格参照工艺单的要求进行，是检验员对该批货物做出合格与否判断的重要依据之一。因此生产工艺单应该具备如下内容：商品名称、款号、规格、数量、生产日期、检验执行的标准、工艺的具体要求、产品设计图形、包装要求、设计和复核人员签字并加盖生产企业公章等。服装生产工艺单——男衬衫，如图 3 - 3 所示。

1. 款式结构图（正、反面）

穿着效果：一种白领的职业形象，作为陪衬的衬衫会表现出一种内在的魅力，一种挺拔清洁的形象。

配色：衬衫的颜色要与西服、领带的颜色搭配。

面料：一般内衣用料多为素色、小条格、小点的纯棉织物；时装化的外用衬衫，除棉、麻、丝等天然织物外，也可以选择变化多样的混纺及化纤面料。

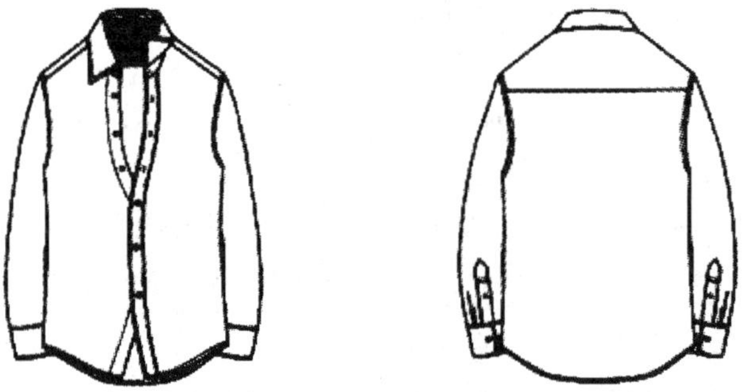

(a) 正面　　(b) 背面

图 3–3　服装生产工艺单——男衬衫

品名：普通男士衬衫　批号：MT1221　样板号：BJ100221　供货单位：自销

编制员：张 XX　审核员：谢 XX　日期：2011 年 10 月 12 日

2. 成品规格尺寸表（表 3 - 1）

表 3–1　成品尺寸规格表　　单位：厘米

部位 \ 规格	160/84A	165/88A	170/92A	175/96A	180/100A
衣长	64	68	70	72	74
胸围	84	88	92	96	100
腰围	68	70	72	74	76
肩宽	36	38	40	42	44
袖长	56	60	62	64	66
袖口	21	24	26	28	30

3. 原辅料的规格及使用部位(表3-2)

表3-2 原辅料规格及使用部位

原辅料名称	规格	数量	使用部位
毛涤精纺	布料	2米	上衣
尼龙绸	布料	2米	前身、后身、袖子
缝线	丝线	300米	明线部位
衬料	有纺	1码	领子、袖开衩、袖口
商标	小号	2个	上衣
纽扣	大(2.3厘米) 小(2.0厘米)	4个 2个	上衣

4. 裁剪工艺要求

①核实样板数是否与裁剪通知单相符。

②各部位纱向按样板所示。

③各部位钉眼、剪口,按样板所示。

④推刀不允许走刀,不可偏斜。

⑤钉眼位置准确,上、下层不得超过0.2厘米。

⑥打号清晰,位置适宜,成品不得漏号。

5. 缝纫工艺要求

①各部位缝制线路整齐、牢固、平服。

②上下线松紧适宜,无跳线、断线,起落针处应有回针。

③领子平服,领面、里、衬松紧适宜,领尖不反翘。

④绱袖圆顺,吃势均匀,两袖前后基本一致。

⑤袖头及口袋和衣片的缝合部位均匀、平整、无歪斜。

⑥锁眼定位准确,大小适宜,两头封口,开眼无绽线。

⑦商标位置端正。号型标志、成分含量标志、洗涤标志准确清晰,位置端正。

⑧成品中不得含有金属针。

6. 整烫工艺要求

①各部位熨烫平服、整洁,无烫黄、水渍及极光。

②领型左右基本一致,折叠端正。

③一批产品的整烫折叠规格应保持一致。

7. 成品检测与包装

①领窝圆顺对称,领面平服。

②领尖对称,长短一致。

③商标、标志清晰端正。

④成衣折叠端正平服。

⑤各部位熨烫平挺。

⑥各部位保持清洁，无脏污，无线头。

⑦水洗后效果优良，有柔软感，无黄斑、水渍印等。

⑧成品内外、各部位整烫平服，无烫黄、极光、水渍、变色等。面料与黏合衬不脱胶、不渗脱，不引起面料皱缩。

⑨标志、包装、运输和贮存按 FZ/T 80002 的规定执行。

第二章　服装生产质量管理

质量是产品和品牌的生命，是企业生存和发展的基础，是优质企业的主要标志，也是企业综合实力乃至国家综合实力的一大标志。质量竞争是企业竞争的一大战略手段。因此，如何加强质量管理是企业、行业组织、学者专家乃至政府所共同关注的课题。

第一节　质量管理概述

一、质量管理发展简史

质量管理由来已久，但随着生产、科技以及经营理念的不断创新和发展，质量管理的理论和方法也在不断地创新和发展。质量管理的发展大体上可划分为四个阶段，即成品质量管理阶段、统计质量控制阶段、全面质量管理阶段、综合质量管理阶段。

1. 第一阶段——成品质量管理阶段

成品质量管理阶段又称为事后检验阶段，是质量管理的初级阶段。这个阶段的质量管理是以检验为基本内容，对终端产品是否符合规定要求做出判定。这种管理方式属事后把关，它虽然无法起到预防控制的作用，但在工业化初期对生产水平的提高起到了促进作用。它又可以分为三个阶段。

18 世纪末 19 世纪初，工业生产进入了批量生产阶段，即采用机械化方式生产同一品质的产品。要达到这个目的，必须对产品质量进行控制，确保零部件之间的互换性，并设定必要的检验制度。当时，把这个责任交给了操作者，故称为“操作者质量控制阶段”。

后来受泰勒“科学管理思想”的影响，工作标准化问题引起了重视。从事同类工作的工人由领班或工段长监督，产品质量由工段长负责，故称为“工段长质量控制阶段”。

第一次世界大战后，随着生产规模的不断扩大与专业分工的日益细化，一些专门负责产品质量检验的人员逐渐从生产人员中分离出来，专职负责在出货之前对产品进行检验。这个阶段被称为“检验员质量控制阶段”。

2. 第二阶段——统计质量控制阶段

统计质量控制阶段是将数理统计方法与质量管理相结合。对生产过程中影响质量的各个因素进行控制，以达到控制质量指标的目的。20 世纪上半叶，随着生产力的进一步发展，大规模生产逐步形成，如何控制大批量生产的产品质量成为一个突出问题。1924 年，美国贝尔研究所工程师休哈特提出用数理统计方法进行质量管理，并发表了著名的“控制图法”，为统计质量管理奠定了理论和方法基础。这一阶段因为利用统计学原理，并注重制造过程中的质量控制，起到了预测、预防的效能。

3. 第三阶段——全面质量管理阶段

全面质量管理这个名称，先是在20世纪60年代初由美国通用电气公司质量经理菲根堡姆提出的。它是在传统的质量管理基础上，随着科学技术的发展和经营管理的需要而发展起来的现代化质量管理理念和方法，现已成为一门系统性很强的科学。1961年，菲根堡姆的著作《全面质量管理》出版。该书强调执行质量职能是公司全体人员的责任，应该使企业全体人员都具有质量意识和承担质量的责任。他指出，全面质量管理是为了能够在最经济的水平上并考虑到充分满足用户要求的条件下进行市场研究、设计、生产和服务，把企业各部门的研制质量、维持质量和提高质量的活动构成为一体的有效体系。其内容和特征可以概括为三全，即管理对象是全面的、全过程的、全员的。

4. 第四阶段——综合质量管理阶段

在综合质量管理阶段同样是以顾客满意为中心，但同时重视与企业职工、社会、交易伙伴、股东等顾客以外的利益相关者的关系，重视中长期预测与规划，重视管理层的领导能力，重视人及信息等经营资源，使组织充满自律、学习、速度、柔韧性和创造性。

回顾质量管理的发展历史，可以清楚地看到质量管理理念的变化；质量管理者对待制造过程由一种不信任的态度到信任的态度，工作重心由检查、纠正转到了以预防为主；人们在解决质量问题中所运用的方法和手段在不断发展和完善，而这一过程又是同社会科学技术的进步和生产力水平的不断提高密切相关的。图3－4描述了这个过程。同样可以预料，随着高新技术的蓬勃兴起，以及由此而提出的挑战，人们解决质量问题的方法和手段必然会更加丰富和完善。

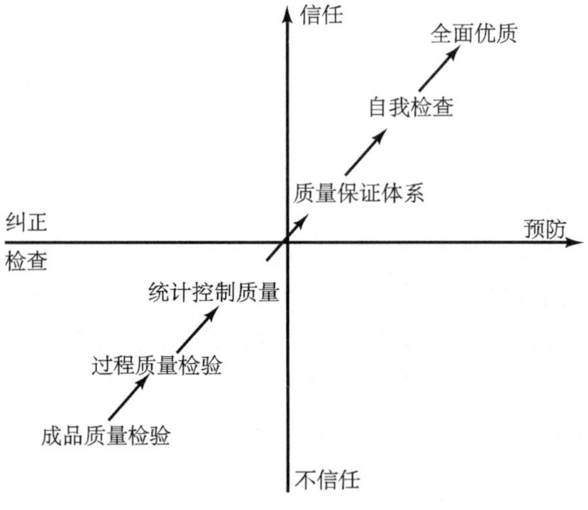

图3-4　质量管理哲学理念的变迁

二、质量与质量管理

狭义的质量是指产品的质量，而广义的质量是指生产、设计、采购、维修、人事、会计、行政等方面的质量。就服装而言，其质量主要体现在产品趋向休闲化、多样化、个性化、时装化和品牌化，符合各个年龄段的审美要求，款式与面料充分结合，裁剪合体，穿着舒适卫生，展示出服装的功能。服装厂家只有真正掌握消费者所期望的质量要求，才能开发出适合消费者用途和目的的产品。质量管理则是一个企业为了更经济地生产满足用户需要的产品质量而采取的各种措施，是整个生产过程中的必要手段，其目的是不断提高产品质量和经济效益。

现阶段，我国服装生产企业的质量管理有以下特点：

①质量管理的波动性比较大。服装产品由于其生产周期短、变化快，其生产稳定性比较差，质量管理难以控制，常处于一种被动状态。

②工人的文化水平较低。近10年来，服装产业发展很快，但与其他行业相比，其整体的管理水平偏低。服装企业仍然是人员密集型企业，职工的文化水平普遍偏低，质量意识薄弱，因此，需要提高从业人员的整体素质，以适应新环境的变化。

③不管是内销还是外销，商品的生产周期通常都比较紧，因此必须严格制定每一阶段的服装生产计划，以适应市场的需要。另外，在服装生产前期的样板修改、样衣修改等工序中也要注意质量的提高。要切记，为了交货期而降低质量要求是万万不可取的，必须在生产周期中同时把握好进度和质量。

三、质量标准

1. 服装的质量特性

在服装正式投产之前，必须先确定其质量标准，也称为技术标准，明确在生产该种服装时具体的质量要求。产品的质量要求最终体现在产品的质量特性上，服装的质量特性有如下几个方面：

①物理性能，如水洗尺寸变化、起毛起球现象、保暖率等。

②使用性能，如水洗、干洗、穿脱、储藏、色牢度等。

③结构性能，如板型是否合适、面料的可缝性等。

④外观性能，如款式、用料、颜色等。

⑤安全性能，如对人体无损害等。

⑥经济性能，如成本控制等。

质量特性可以归结为适宜性、可靠性、经济性和安全性等四个方面，对于不同档次的服装，其质量特性的要求和指标是不同的。这些标准往往是生产者和消费者之间签订合同的依据，同时也是服装厂检验产品的依据。

2. 服装技术标准

服装技术标推可以分为国际标准、国家标准、专业标准、企业标准和内控标准。

①国际标准，是由国际化团体制定的标准制度，如ISO、IWS，其在国际贸易中起着重要的作用。

②国家标准，是由国家标准化机构批准，在全国范围内统一使用的标准。国家服装标准是

中华人民共和国国家标准——服装(GB/T 14272—2000)。

③专业标准,是指由专业标准化主管机构或标准化组织颁布的在指定行业内统一使用的标准。如纺织部1993年颁布的行业标准FZ/T 62006—1993。

④企业标准是由企业或相关机构颁布的标准。

⑤内控标准,是一个企业为了满足客户的要求、适应不断变化的市场环境、提高产品质量而制定的内部产品质量标准。

上述各类标准都是人为制定的,都是为了更好地规范生产,提高产品质量。但是,质量优劣的真正标准不一定是技术标准,而是客户的满意程度。因此,在整个质量管理过程中,要不断地修正质量标准,以符合时代的要求。

第二节 质量管理理论

质量管理在其产生和发展的历程中,不断吸收和借鉴现代科学技术、管理科学等内容,其理论日趋完善,实践日益丰富,已形成比较完整的基本理论体系,具体包括质量检验理论、质量控制理论、质量保证理论、质量监督理论、质量经济分析理论及生态质量理论等。

一、质量检验理论

1. 质量检验的含义

质量检验是产品形成过程中不可缺少的一个组成部分。质量检验就是通过对产品的一个或多个质量特性进行观察、试验、测量,并将结果与规定的质量要求进行比较,以确定各个质量特性符合性的技术检查活动。质量检验包括调试、比较、判定与处理四个环节。符合规定要求的称为"合格",不符合要求的称为"不合格"。

质量检验人员所必须进行的下列工作构成了质量检验的要素:

①定标,明确技术要求,制定质量标准。

②抽样,随机抽取样本。

③测试,采取试验、测量、化验、分析与感官检验的方法测定质量特性。

④比较,将测定结果与质量标准进行比较。

⑤判定,根据比较结果,判定产品检验项目是否符合质量标准。

⑥处理,对不合格品做出处理,其中包括适用性判定。

⑦记录,记录数据并依反馈信息评价产品、改进工作。

2. 质量检验的职能

质量检验具有以下职能:

(1)保证职能

即保证不合格的原材料不投产,不合格的半成品不转入下道工序,不合格的产品不出厂。

(2)预防职能

通过首件检验或工序中按规定频次的抽检,及时发现质量问题,及时采取纠正措施,以防止同类问题再发生。

(3)报告职能

将在检验中收集的信息数据做记录，进行分析和评价并及时向有关部门汇报，为改进设计、提高产品质量提供依据。

(4)监督职能

质量检验有助于管理者对产品形成和实现的全过程有一个综合了解，并实施监督。

3. 质量检验的分类

(1)按检验的手段分类

理化检验，即以机械、电子或化学量为依据和手段，对产品的物理和化学特性进行检验，以确定其是否符合规定要求的检验结果。

感官检验，即对于无法测量的产品质量特性，或者在缺乏技术测量仪器的情况下，人们用自己的感觉器官作为测量工具调试这些质量特性。不过感官检验在某些情况下不太准确，而且易受人本身的判断水平限制。

(2)按检验的对象分类

免检，即如果得到由有资格的单位进行过检验的可靠性资料，就可以不需要检验。

全数检验，即对一批产品进行全部检验的方法。

抽样检验，即从一批产品中随机抽取一定量的样本，然后根据一定的标准来判断。

(3)按检验的方式分类

自检，是指由工作的完成者自己按规定的标准所进行的检验。

互捡，就是操作者之间对产品、零部件等进行的相互检验，可起到相互监督的作用。

4. 质量检验的过程

质量检验的功能是通过质量检验过程所形成的。质量检验的过程包括定位(Define)、测量(Mesure)、比较(Compare)、判断(Determine)、处置(Act)和改进(Improve)。

(1)定位(D)

质量检验是多目标、多层次的系统，质量特性也因对象及产品的作用不同而呈现多元化特点，因此质量检验的手段及相关资源的配备均与拟检验的目标有关，必须依据质量特性确定质量检验的类型及实施的方法。

(2)测量(M)

测量包括监视、试验和验证，即对产品质量特性进行具体的观察，并得到观测的结果。

(3)比较(C)

比较是指将所测量的结果与检验的依据进行对照。

(4)判断(D)

判断，即判断受检的质量特性是否符合要求，做出合格与否的结论。

(5)处置(A)

处置是指对于合格品予以放行、转序、出厂以及接受等，对于不合格品做出返修、返工、让步接受或报废处置，并及时反馈质量信息。

(6)改进(I)

改进是指分折检验结果的信息，评价产品实现的过程，提出改进的方向和途径。实际上它已超出了传统的质量检验的范畴，属于质量管理的内容。

质量检验的上述过程构成了一个完整的运行体系，即质量检验体系是质量管理体系的有机组成部分，从而实现检验所具备的鉴别、把关、预防和报告的功能。质量检验的过程和职能随着产品质量概念的发展而变化，也随着生产技术发展的水平不断完善、改进和创新。

5. 质量检验的组织结构和制度

质量检验机构是组织中承担产品质量检验和监督任务的机构，是质量管理体系的重要组成部分，它直接向员岗管理者负责。从实践来看，企业中质量检验组织的设置主要有三种形式：分散组织形式、集中组织形式、集中与分散相结合的形式。

（1）分散组织形式

这是工厂制度形成早期大多数工厂采用的组织形式。在这种组织形式中，检验员分散在各车间，由车间负责质量检验工作，检验员接受车间主任的领导。这种组织形式弱化接受车间主任的领导。这种组织形式弱化了质量检验的职能。

（2）集中组织形式

企业所有的检验站与检验人员都由检验部统一领导，而检验部长直属于总经理领导。这样做的好处是体现了厂长（经理）对质量全面负责的精神，同时可以减少受控于车间生产部门造成的影响或干扰。

（3）集中与分散相结合的形式

集中与分散相结合的形式，就是企业中的原材料、外协件、外购件的进厂检验，零部件的完工检验，成品的出厂检验以及计量室等管理，可集中由检验部门统一领导；而车间内部一般工序的检验人员，在行政上属于车间领导，但在检验业务上受检验部门的指导。

6. 质量检验的展望

随着质量内涵的不断拓展和探化，从“符合性”“适用性”“相关方满意”到“卓越质量”，质量评价的主体在逐渐发生变化，评价的对象也在不断拓展，从传统的评价产品质量逐渐扩大为对过程、体系的评价。检验过程的集成化、检验标准的国际化、检验手段的现代化以及传统的检验体制与相关方评价体制相结合的检验体制，已成为一种趋势，质量检验理论必将越来越完善，以适应新时期对质量的要求。

（1）检验过程的集成化

随着生产过程的自动化、智能化的飞速发展，以及检验和测量技术的不断创新，检验过程的集成化程度明显加强。自动生产、自动检验、自动判断及自动反馈可以在很短的时间内一次完成，大大提高了生产效率。由于受检对象的广泛性，除了对产品进行技术性的检验活动外，还要对过程质量及体系质量等进行管理性的评价、审核活动。因此，检验、验证、监视、试验、审核及确认等活动的交差互补，将是一种必然的发展趋势。

（2）检验准则的国际化

经济的全球化、生产过程的跨国化，必然出现检验准则的国际化。广泛地采用国际标准及所涉及的法律法规，是提高国际竞争力的重要方面，因为标准水平决定产品的技术水平。

（3）检验手段的现代化

作为检验手段的测量、监视和试验设备是一个国家技术水平的重要标志，是产品创新和技术创新的物质基础。其发展趋势可归纳为“六高、一长、三化”，即高性能、高准确度、高灵敏度、高稳定度、高可靠度、环保，长寿命，微型化、智能化、网络化。同时也必须看到，现代化检验设备本身不仅是检验过程的重要资源，而且其科学的选型、正确的使用、合理的维护等所构成的检测管理过程，也必须处于受控状态。管理过程的科学化是其手段现代化的重要补充，二者缺一不可。

(4)检验功能从重点“把关”向“预防”和“报告”功能转移

其背景是一方面，组织开展的“合格供方”评价及“质量信得过”供方活动，可以使在采购过程中实施“少检”或“免检”。另一方面，从外协、外包等供方来说与组织建立“共生共荣”的命运共同体是“供应链”管理的重要内容，也是自身发展的客观需要。同时，由于先进的制造技术的广泛应用，制造过程正朝着“零缺陷”的方向发展。总体来讲，从趋势上看，检验中的“把关”功能将逐步弱化；由于产品的技术寿命日益缩短，技术创新对信息提出了更高的要求；信息的传递、反馈加速，自然也强化了报告和预防的功能。

(5)提高检验人员的综合素质，优化人员结构

检验功能的转变、检验手段的现代化对检验人员提出了更高的要求。检验过程能否科学、准确地实现预期的目标，关键在于检验人员的素质。从某种意义上讲，检验结果的观察和测量取决于检验人员的“感觉”。例如，用精密的千分尺测量一个零件，仪器的端面和零件接触的“密切程度”却要取“感觉”决定，“感觉”不同，读数也不一样。何况许多“高、精、尖”的监视、测量和试验设备，使用时对检验人员的技术及心理素质提出了与传统质量检验人员无法比拟的要求。

随着质量内涵的不断拓展和深化，从“符合性”“适用性”到“顾客及相关方满意”，质量评价的主体在逐渐地发生变化。“专检、互检、自检”(三检)体制与供方、顾客及相关方评价体制相结合，已成为一种趋势，以适应“供应链”的复合性检验体制以及“检验人员”的结构多元化的要求。

二、质量控制理论

1. 质量控制的含义

ISO 9000:2000 中对质量控制的定义是：质量管理的一部分，致力于满足质量要求。

我们可以从以下几个方面来理解这个定义：

第一，质量控制的目标是确保产品、体系、过程的固有特性达到规定的要求。

第二，质量控制是通过相关的“作业技术和活动”，即在产品质量形成的各个环节中对其影响因素“5M1E”(人、机、料、法、环、测)进行控制，实现其规定的要求。

第三，质量控制是质量管理的一部分，围绕着规定的质量标准使质量形成过程保持受控状态，质量控制职能核心在于预防。

第四，质量要求不断变化，因此质量控制的内容和方法也具有动态性，应不断完善并改进。

2. 质量控制的类型

质量控制的类型如表 3-3 所示。

表3-3 质量控制类型

控制类型	特 点
目标控制和过程控制	为了确保组织的目标以及为此而制定的计划能够得以实现，预先确定标准或目标，以此测量、监测和评价组织活动，并对偏差进行修正，最终实现组织的预期目标。现代质量管理理论中突出强调控制影响目标的过程因素的重要性，从对组织目标控制转向对组织实现目标的过程控制，即从控制结果到控制过程
反馈控制和前馈控制	反馈控制是质量控制的基本过程，实质上与物理系统、生物系统和社会系统中控制的基本过程是相同的，即系统将离标准的变异信息输出通过反馈输入进行自我控制，并引发纠正措施。前馈控制是根据被控系统在未来的运行过程中可能出现的状态偏差，提前采取相应的控制措施，调整被控系统的输入，以防止被控系统的运行偏离给定状态的一种控制方法
全面控制和重点控制	对组织系统的所有过程进行全面的控制。实际上在组织控制方面经常使用重点控制。在重点控制中，选择控制点是非常关键的，重点控制有助于扩大管理控制的幅度，达到节约成本和改善信息沟通的结果
统计控制、技术控制和管理控制	统计控制是基于统计理论的控制，技术、管理控制即采用技术与管理手段的控制，一个完整的控制过程往往是三者的有机结合
程序控制、跟踪控制和自适应控制	程序控制是根据预先设定的程序为标准对过程进行控制。跟踪控制是根据控制对象预先设置的先行变量为标准对过程进行控制。自适应控制是根据系统前期状态参数为系统当期控制依据的动态过程控制

3. 质量控制理论的基本要点

首先，质量控制理论的基本出发点是产品质量的统计观点。产品质量的波动是客观存在的，究其原因是由于过程的质量因素（5M1E）本身存在波动。可避免的异常因素造成产品质量的异常被动，不可避免的偶然因素造成质量的偶然波动。统计理论表明，产品质量的偶然波动是可用统计分布来描述的。因此通过研究和分析产品质量波动的统计规律，可以区分过程中存在着的这两类不同性质的质量因素，然后消除偶然因素，可以达到控制产品质量的目的。

其次，对质量的控制主要是通过控制过程质量来实现的。对过程质量的评价主要有以下两个方面：过程是否稳定，稳定就是过程中不存在异常因素；过程的能力是否充分，即过程所加工产品的质量特性值的被动是否被限定在规范或标准之内。

再次，过程质量控制的实施主要是借助控制图以及过程的标准化活动来实现的。

4. 质量控制理论面临的挑战与机遇

首先，市场需求多样化，大规模定制生产方式的出现，对于传统的统计控制理论的应用提出了新的课题。现在市场需求的日益多样化、个性化、单件小批的生产方式向传统的控制技术提出了挑战。目前的质量控制技术难以实现 PPM（Part Per Million，百万分之一）甚至 PPB（Part Per Billion，十亿分之一）的质量水平。但是，由于信息技术的广泛应用，又给统计控制方法带来了新的应用领域。例如，以往多元统计控制问题，其复杂的运算一般只停留在演示的水平上，而今已进入实用阶段。

其次，控制手段和方法更为多样，控制思想不断深化。我国的学者提出了质量诊断理论，并且在某些领域已经取得成效，这将质量控制理论提高到了一个新的阶段。

三、质量保证理论

1. 质量保证的含义

ISO 9000:2000 中认为质量保证是“质量管理的一部分,致力于提高质量要求会得到满足的信任”。质量保证虽然包括对顾客要求的产品质量的保证,但这仅是质量保证的基础,质量保证的核心是提供足够的信任。质量保证分为内部保证和外部保证:内部保证是对组织的管理者提供信任,使其确信组织的质量管理体系有效运行;外部质量保证是向其他相关方提供信任,展示组织具有持续满足其要求的能力。

2. 质量保证方法的演变及背景

最初的产品质量保证,就是对于实物产品的性能(质量)符合规定要求的承诺,即组织保证向顾客提供“合格产品”。判定合格与否的依据可以是厂商标准、行业标准或国家标准,标准将代表产品质量的性能指标分为几个等级,以判定实物产品所达到的相应的质量水平。其特点是产品质量以特定等级的质量标准衡量,只有合格与不合格两种状态。这是质量保证的初级形式,主要体现为“保证质量”的产品技术规范。即便如此,在市场经济发展初期产品短缺的卖方市场中,处于被动地位的消费者也不可能享受到真正意义上的质量保证,“货已售出,概不退换”就是这个时期质量保证的生动写照。

随着科学技术的发展,特别是现代信息技术的发展,使得现代产品发展成系统集成式的复杂产品系统,这时候产品性质和特征与传统产品相比发生了本质的变化,顾客不可能依据自身的知识和经验对产品的质量是否满足其要求做出充分准确的判断。而且,随着市场经济的发展,尤其是买方市场形成后,市场竞争越来越激烈。为了争夺消费者,人们开始认识到,即使产品能够全部达到技术规范的要求,也未必能满足顾客越来越高的质量要求,以赢得顾客的信任。所以,产品的概念逐步扩展到产品质量形成系统。产品质量形成系统包括从顾客需求识别到产品售后服务等一系列附加范围。相应地,质量的概念已经从产品性能达到要求的符合性质量,发展到产品的整个系统过程能够满足顾客需求的适用性质量,再到相关方满意质量、卓越质量,所以质量保证的范围也扩展到从产品质量的产生和形成一直到产品质量实现的全过程。因此,逐渐形成了由产品供方向市场及其利益相关方提供产品质量,满足顾客要求的质量保证的局面。

四、质量监督理论

1. 质量监督的含义

质量监督是指为了确保满足规定的要求,对产品、过程成体系的状况进行连续的监视和验证并对记录进行分析的行为。

首先,质量监督的对象是实体。实体包括产品、活动、过程、组织、体系或者它们的任何组合。

其次,质量监督的方式和手段。包括监督、验证,以及与其相关联的设施、活动和由制度、法规等形成的机制。

再次,由于受监督的对象随着环境或时间的变化而变化,所以质量监督应是连续的,即持续或以一定频次进行。

最后，质量监督的实施是顾客或以顾客的名义进行监督。

2. 质量监督的类型

质量监督可以从不同的角度进行分类，如表3－4所示。

表3－4　质量监督的分类

项目	分类
监督范围	内部监督、外部监督
监督主体	国家监督、社会监督
监督时间	事前监督、事后监督
监督方式	行政监督、技术监督、法律监督、舆论监督、社会组织监督、消费者监督

3. 质量监督的体系

质量监督包括宏观和微观两个方面，即政府监督、社会监督和企业的自我监督（约束），主要的监督方式如下：

（1）政府监督

政府监督的主要内容包括：①质量的法制监督，法制监督是质量监督体系建立和实施的基础，必须是依法授权、依法定责，建立市场公平竞争的机制；②规范化，各种标准实施的监督；③职随部门的行政监督。

（2）社会监督

社会监督的主要内容包括：①产品质量评价的社会化、公正化；②定牌、质量认证制度、生产许可制度等评优治劣的方式；②舆论监督。

（3）买方市场机制的监督和制约

"优胜劣汰"的竞争机制是对生产者和销售者的质量行为有力的监督，"买者有选择，卖者有竞争"是形成企业自我监督（约束）的前提。建立和完善买方的市场机制，是从根本上提高产品质量的有效途径。

消费者协会等社会组织的监督是世界上大多数国家普遍实行的一种质量监督方式。

总体上讲，就是要建立下列四个层次的质量监督体系：①质量监督人格化，即任何与产品生产、销售相关的人都有质量责任；②质量监督法人化，即任何产品的生产、销售企业都要对质量负责；③质量监督的职能化，即各类质量监督的政府与社会部门都应有质量监督的责任；④质量监督社会化，即各类民间机构和消费者都有权监督产品质量。

4. 质量监督的展望

经济全球化的潮流正在迅速发展，各国经济的依存度正在加强，这就使得21世纪的质量监督面临创新的要求。在这种背景下，质量监督至少有两个方面的发展趋势。

（1）建立市场准入制度体系

市场准入制度也叫市场准入管制，是指为了防止资源配置低效或过度竞争，确保规模经济效益、范围经济效益和提高经济效益，政府职能部门通过批准和注册对企业的市场准入进行管理。市场准入制度是关于市场主体和交易对象进入市场的有关准则和法规，是政府对市场管理和经济发展的一种制度安排。就产品质量的市场准入制度而言，通过建立技术法规、标准及合格评定程序等构筑"技术屏障"，保护消费者的利益，引导、激励和督促生产和销售者建立自律机制以不断提高产品质量。我国目前已在食品市场建立了市场准入制度。

WTO/TBT协议承认技术贸易措施存在的合理性和必要性，允许成员国在不给国际贸易造成不必要的障碍的前提下，可以基于维护国家安全、人类及动植物安全与健康、环境保护、防止欺诈行为等正当理由而采取技术性贸易措施，制定与别国不同的技术法规、标准和合格评定程序等。显然，每一个国家都面临着两个同样的问题，既要遵守协议的原则和规则，又要构筑本国的市场准入制度体系。由于世界各国经济发展水平及市场发育程度不同，WTO/TBT协议在普遍原则的基础上，已为各成员国留出上述活动的空间。

（2）建立和完善质量监督机制

质量监督机制是通过组织、法律法规、程序等客观制约，迫使生产和销售者在其生产经营活动中自我约束、自我完善及自我改进。机制是不以人为因素转移的客观因素，它是从根本上提高质量的有效途径。从机制的角度来看监督，重点不仅是消除违规的混乱现象，更重要的是根除产生混乱的原因，培育完善的市场运作机制。建立和完善质量监督机制可以从下述三个方面着手：

第一，建立技术监督机制。通过简单的"公平秤"原理，建立制约机制，维护市场的公平，孕育市场的信誉。

第二，建立信誉机制。诚信是市场经济之本，诚信的建立要靠全社会的诚信体系来激励和制约。

第三，建立信息公开机制。由于市场交易中的信息不对称，在交易中总有一方会因为获得信息不完整而处于弱势，最终出现"逆向选择"和"劣币驱良币"的现象，因此生产者和销售者的活动都应公开透明。

五、质量经济分析理论

1. 质量经济分析的含义

质量经济分析就是从质量与经济效益的角度，应用经济分析的方法，对不同的质量水平和不同的质量管理措施进行分析和评价，从中挑出能使质量和经济效益达到最佳结合的质量管理方案，并用以指导日常的质量管理工作。

2. 质量经济分析的任务和内容

质量经济分析的任务概括地说是力求做到最经济的改善和提高质量，而不是片面地追求不切实际的所谓"高水平质量"。质量经济分析的内容具体包括四个方面：

（1）产品设计过程的质量经济分析

产品设计是整个产品形成的关键环节，设计过程的质量分析就是要做到使设计出来的产品既能满足规定质量的要求，又能使产品的寿命周期成本最小，包括质量等级水平的经济分析、质量改进、工序能力和可靠性的经济分析等。

（2）制造过程的经济分析

产品制造过程的质量经济分析就是力求以最小的生产费用，生产出符合设计质量要求的产品。主要的分析内容有不合格品率的经济分析、返修的经济分析、质量检验和生产速度的经济分析等。

(3)产品销售及售后服务的质量分析

这里主要研究产品质量与产品销售数量和售后服务费用之间的关系,主要包括产品质量与市场占有率和销售利润的综合分析、交货期的经济分析、广告费与提高质量的对比分析等。

(4)质量成本分析

质量成本分析的涉及面比较广,对以上三个方面都有所涉及,是一个全面综合的质量经济分析问题。

3. 质量经济分析理论展望

目前这种质量经济分析理论是建立在狭义的质量概念的基础上的,仅仅是对一系列质量参数进行建模求解,并不能真正将质量与企业的经济效益全面联系起来,从而阻碍了质量管理理论的发展。20 世纪 90 年代以来,特别是进入 21 世纪,市场环境瞬息万变,市场竞争日益激烈,质量的内涵不断深化,质量管理的范围也不断扩大,整个价值链中影响质量的关键点和关键环节越来越多。在这种新的背景下,质量经济分析应深化其内涵,在原有的基础上,对企业过程的各项子过程进行经济分析和控制,通过对这些过程或子过程的经济分析,达到对产品质量实现全过程投入产出最优化的目的。

六、生态质量管理理论

1. 生态质量管理的背景及内涵

迄今为止,经济学、管理学的许多理论实际上都依赖于一个前提,即自然资源是取之不尽并且可以反复再生的。因此,人们以投入与产出的直接比较,以人们的需要被满足的程度来评价经济效益和管理绩效。近些年来,生态环境的日益恶化和自然灾害的频繁发生,验证了恩格斯早年的预言:“我们不要过分陶醉于我们人类对自然界的胜利。对于每一次这样的胜利,自然界都对我们进行报复。”基于对历史的反思,对现实严峻的挑战以及对未来的预测,可持续发展越来越被人们所推崇。生态经济、生态技术、生态工业等生态理论和实践研究纷纷问世。质量管理的理论和实践是在 20 世纪产生、发展并日臻完善的,经过了质量检验、统计质量管理、全面质量管理阶段和质量保证阶段。从生态理论的角度来审视质量管理理论,仍存在时代的局限性。“朱兰螺旋”或 ISO 9000 标准所提出的产品生命周期的 12 个阶段,都是致力于将自然资源经过生产最终满足人们的多方面的需求,而这种满足往往是以生态失衡、破坏环境质量为代价的。

现代质量管理理论是建立在质量产生、形成和实现的全过程基础之上,研究关于质量的策划、控制、保证和改进的理论与方法,其核心思想是以“顾客满意”作为衡量质量的标准。所以现代质量管理本质上是以市场为导向的工业时代的质量管理。

全面质量管理实际上是在上述工业生产模式中,将质量研究的理论范畴系统性地扩展到整个产品生命周期(从摇篮到坟墓)全过程的质量管理的理论体系中。但是,这种以市场需求为导向,以实现产品(交换)价值为目的传统工业生产模式,忽视了基本的生态环境准则,把自然资源看成是取之不尽、用之不竭的无穷资源,认为环境对于经济运行所产生的废弃物具有无限的承受和消纳能力。这种工业生产模式长期运行的结果必然造成日益严重的环境和生态问题。生态环境污染和破坏的根本原因就在于市场经济制度下的工业生产运行模式。因此,这种普遍认同的观念导致了在世界范围内出现将经济运行从产品经济的工业生产模式向生态型循环经济模式的重组和转型的大趋势。有学者将其与16世纪的文艺复兴运动相媲美,称之为划时代的历史更替。

生态质量管理就是在这样的大背景下提出来的。它是在经济与社会可持续发展战略的理论框架内,研究既满足消费者的需求,又满足生态环境可持续发展要求的质量管理理论和方法。在这里,称这种质量观念为“生态质量”(EQ);称这种质量管理的理论和方法为“生态质量管理”(EQM);称以这种质量管理思想指导下形成的质量管理体系为“生态质量管理体系”(EQMS)。生态质量管理是面向生态型循环经济,基于理想的生态工业模式(图3-5)的质量管理理论和方法的研究。

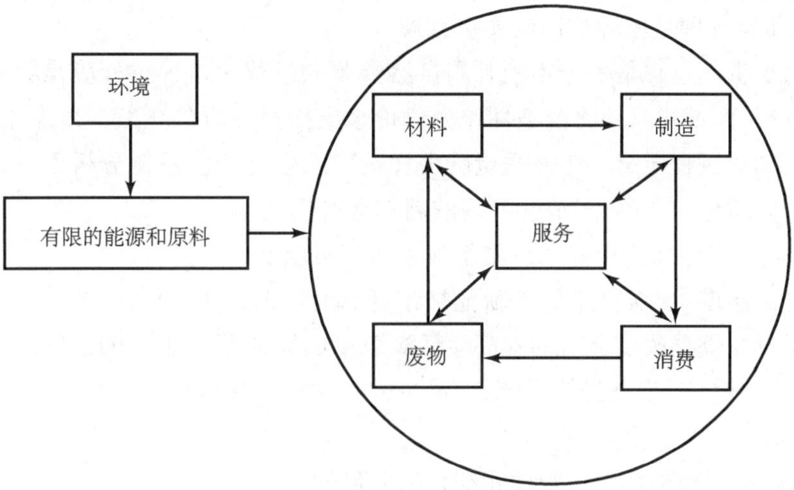

图3-5　理想的生态工业模式

生态型循环经济是遵循自然生态系统的物质循环和能量流动规律重构的经济系统。

一个理想的工业生态系统应该和谐地纳入自然生态系统的物质能量循环利用过程,是以产品清洁生产、区域循环经济和“废弃物”高效回收利用为特征的生态经济发展模式。生态工业运行模式道循“4R 原则”:①减量化(Reduce),以资源投入最小化为目标;②资源化(Reuse),以废弃物利用最大化为目标;③无害化(Recycle),以污染排放最低化为目标;④重组化(Reorganize),以生态经济系统最优化为目标。

2. 生态质量管理理论的要点

生态质量是一种“立体的”质量观。质量职能不仅要在产品整个生命周期的时序上展开,而且要在“自然-社会-经济”系统的三个维度上展开,以实现生态经济系统最大化功效为原则,综合规划质量产生、形成和实现的“过程网络”体系。所以,生态质量管理是基于“自然-社会-经济”的宏观、中观的生态经济系统模式,侧重研究系统中微观质量的产生、形成和实现过程机制的质量理论。生态质量管理理论的要点可以概括如下:

(1)生态质量管理是系统综合的质量管理

从生态质量管理的观点出发,在质量的全部职能中,质量策划过程尤其重要,它已经不仅仅对满足质量要求的手段、方式产生影响，而且是有计划、有组织地围绕产品质量和可靠性开展的分析和决策的活动，它更强调的是建立在对整个生态经济系统运行规律充分全面认识的“知识经济”基础上的全系统质量规划。生态质量是在“企业群落”或是生态产业集团中综合实现的。例如，A 产业的负产出被 B 产业当做原料利用，B 产业的负产出被 A 产业当做原料使用，如此循环形成生态型的产业链或生态产业集团。

(2)生态质量管理是全过程的质量控制

在产品生命周期内，产品质量的形成系统是从原材料的采掘或自然资源的获取到最终报废处置或回收。只有全过程的各个环节的质量都得以实现，才能获得最终成品质量。在质量正产出的同时伴随着某种负产出，生态质量观念应包括整个生命周期过程的质量，既包含正产出，同时也考虑负产出。这种集正、负产出为一体的生命周期全过程的综合质量观念是生态质量研究的基础。

(3)生态质量管理是循环控制的质量管理

人类的物质生产过程是一个不断利用自然资源的过程。这种过程应是相互补充、制约和共生的循环过程，而不能以一方的破坏作为代价来支持另一方的延续。生态质量是环境与生产过程循环互动的过程质量。生态质量管理理论引入生态经济系统分析手段，研究在生态型循环经济系统内质量的产生、形成和实现的新的运行模式。

(4)生态质量管理理论提倡产品质量服务功能实现模式的创新

在市场经济制度中，物质总是不断地被消耗，而消费者的要求却永远不可能获得绝对满足。生态质量理念倡导改变原有的提高生活满意度的物质至上主义的消费倾向，创造性地构造“自然－社会－经济”生态经济系统，以最少的物质投入获得最大满意的质量服务功能实现的模式。

(5)生态质量管理是技术与管理相结合的质量管理

在技术方面，生态质量管理借鉴清洁生产的思想，对生产全过程的各种方案进行审计、甄别和优选，寻找在生态经济系统内质量的服务功能实现的最佳方式。在管理方面，生态质量管理借鉴 ISO14000 环境管理体系的理论框架，形成标准化的生态质量管理和评价模式。生态质量管理过程的综合质量控制，应在质量过程审计和物料平衡分析的基础上，编制生态质量因素的管理控制大纲，依据生态质量管理标准模式以及生态经济系统中质量过程的运行规律，通过技术和管理等综合手段实现系统生态质量管理的目标。

3. 生态质量管理理论与传统质量管理理论的区别

生态质量管理与传统质量管理的对比如表 3－5 所示。

表 3-5　生态质量管理与传统质量管理的对比

对比项目	传统质量管理	生态质量管理
驱动力	产品驱动和用户驱动	用户和环境的共同驱动
目标	经济利益最大化	综合质量最大化
优先性	产品/服务质量	产品质量及其对环境的影响
成本关注	生产/服务成本	生命周期成本和外部成本
决策	短期行为	长期行为

4. 生态产业实践与生态质量管理

当今一些发达国家和发展中国家正在或将要在某些生产领域进行产业重组,探索构建一种高效有序的生态型循环经济体系,我国也已经开始这方面的实践。

广西贵港国家生态工业(制糖)示范园,通过产业系统内部中间产品和废弃物的相互交换和有机衔接,形成了一个较为完整的闭合式生态工业网络,使系统资源得到最佳配置,废弃物得到有效利用,从而将环境污染减少到最低程度。在生态产业园内,形成了:①甘蔗 - 制糖 - 蔗渣造纸生态链;②制糖 - 废糖蜜制酒精 - 酒精废液制复合肥(返回蔗田)生态链;③制糖 - 低聚果糖生态链。在此过程中,产业间的彼此耦合关系,资源性物流取代了废弃物物流,各个环节之间实现了充分的资源共享,将污染负效益转化成资源正效益。生态质量管理理论正是要研究类似这样的区域生态经济系统中质量产生、形成和实现全过程的基本规律和特性,以及与此相适应的质量管理模式和质量评价体系。

第三节 全面质量管理

全面质量管理(Total Quality Management,简称 TQM),是一种由顾客的需要和期望驱动的管理哲学。它于 20 世纪 60 年代产生于美国,后来在西欧和日本逐渐得到推广与发展,获得了很大的成功。但在我国起步较晚,直到 20 世纪 80 年代才开始。

一、全面质量管理的基本理念

ISO 8402 对 TQM 的定义:一个组织以质量为中心,以全员参与为基础,目的在于通过让顾客满意和本组织所有成员及社会受益而达到长期成功的管理途径。

菲根堡姆对 TQM 的定义:为了能够在最经济的水平上,并考虑到充分满足顾客要求的条件下进行市场研究、设计、制造和售后服务,把企业内各部门的研制质量、维持质量和提高质量的活动构成为一体的一种有效的体系。

全面质量管理认为质量管理不仅仅是质量管理人员的职责,而应是企业全体人员的责任,应当使企业的全体人员具有良好的质量意识并承担相应的质量责任。同时,控制产品质量也不能仅仅局限于产品的制作过程,而应贯穿于产品质量产生、形成、实现的全过程之中。简言之,就是“以整体工作质量保证产品质量”,即要求企业各个部门、各个环节、各个方面共同保证产品的质量。

如何推进 TQM——专家之言

1. 戴明(William Edwards Deming)的“十四要点”

①要有一个改善产品和服务的长期目标,而不是只顾眼前利益的短期观点。为此,要投入和挖掘各种资源。

②要有一个新的管理思想,不允许出现交货延迟或差错和有缺陷的产品。

③要有一个从一开始就把质量造进产品中的办法,而不要依靠检验去保证产品质量。

④要有一个最小成本的全面考虑,在原材料、标准件和零部件的采购上,不要只以价格高

低来决定对象。

⑤要有一个识别体系和非体系原因的措施。85% 的质量问题和浪费现象是由于体系的原因,15% 的是由于岗位上的原因。

⑥要有一个更全面、更有效的岗位培训,不只是培训现场操作者怎样干,还要告诉他们为什么要这样干。

⑦要有一个新的领导方式,不只是管,更重要的是帮,领导自己也要有个新风格。

⑧要在组织内有一个新风气,消除员工不敢提问题、提建议的恐惧心理。

⑨要在部门间有一个协作的态度,帮助从事研制开发、销售的人员多了解制造部门的问题。

⑩要有一个激励、教导员工质量和生产率的好办法,不能只对他们喊口号、下指标。

⑪要有一个随时检查工时定额和工作标准有效性的程序,并且要看它们是真正帮助员工干好工作,还是妨碍员工提高劳动生产率。

⑫要把重大的责任从数量上转到质量上,要使员工都能感到他们的技艺和本领受到尊重。

⑬要有一个强而有效的教育培训计划,以使员工能够跟上原材料、产品设计、加工工艺和机器设备的变化。

⑭要在领导层内建立一种结构,推动全体员工都来参加经营管理的改革。

2. 朱兰(Joseph M. Juran)的突破历程

朱兰博士是世界著名的质量管理专家,他所倡导的质量管理理念和方法始终深刻影响着世界企业界以及世界质量管理的发展。他的"质量计划,质量控制和质量改进"被称为"朱兰三部曲"。他最早把帕累特原理引入质量管理。《管理突破》(Management Breakthrough)及《质量计划》(Quality Planning)二书是他的经典之著。由朱兰博士主编的《质量控制手册》(Quality Control Handbook)被称为当今世界质量控制科学的名著,为奠定全面质量管理(TQM)的理论基础和基本方法做出了卓越的贡献。

(1)突破的状态

管理层必须证明突破的急切性,然后创造环境,使这个突破能实现。要去证明此需要,必须搜集资料说明问题的严重性,而最具说服力的资料莫如质量成本。为了获得充足资源去推行改革,必须把预期的效果用货币形式表达出来,以投资回报率的方式来展示。

(2)突出关键的少数项目

在纷纭的问题中,找出关键性的少数。利用帕累特原理法分析,突出关键的少数问题,再集中力量优先处理。

(3)寻找知识上的突破

成立两个不同的组织去领导和推动变革——其一可称之为"指导委员会",另一个可称为"诊断小组"。指导委员会由来自不同部门的高层人员组成,负责制定变革计划,指出问题原因所在,授权做试点改革,协助克服抗拒的阻力及贯彻执行解决方法。诊断小组则由质量管理专业人士及部门经理组成,负责寻根问底、分析问题。

(4)进行分析

诊断小组研究问题的表征,提出假设,以及通过试验来找出真正原因。另一个重要任务是决定不良产品的出现是操作人员的责任或者是管理人员的责任。(若说是操作人员的责任,必须是同时满足以下条件:操作人员清楚知道他们要做的是什么,有足够的资料数据明了他们所做的效果，以及有能力改变他们的工作表现。）

（5）决定如何克服变革的抗拒

变革中的关键任务必须明了变革对他们的重要性。单是靠逻辑性的论据是绝对不足够的，必须让他们参与决策及制定变革的内容。

（6）进行变革

所有要变革的部门必须通力合作，这是需要说服功夫的。每一个部门都要清楚知道问题的严重性、不同的解决方案、变革的成本、预期的效果，以及估计变革对员工的冲击及影响。必须给予足够时间去蕴酿及反省，并进行适当的训练。

（7）建立监督系统

在变革推行过程中，必须有适当的监督系统定期反映进度及有关的突发情况。正规的跟进工作异常重要，足以监察整个过程及解决突发问题。

附录：服装外贸跟单流程

做贸易跟单，一般程序如下：接受客户指示单，分析产品来料，采购来料，制作样品（主要下工厂了解样品的落实情况，生产工艺适合客户的产品要求，紧抓生产进度满足交货日期），发样品给客户认可，大量投产。制作过程繁琐易出错，加工工厂和客户会给你麻烦的，要做好心理准备。

二、工艺单

（1）先对工艺单进行文字处理，翻译成中文。

（2）参照和对照往年的工艺单进行核对（主要指老客户），研究是否有新的变化或者是有不对的地方，着重看一下有无特殊要求。工艺单指示不明的地方要及时和客户沟通，如客户有不明白的地方可按照订单常规操作要求处理。

（3）对新工艺单进行逐项检查：

①首先是主料，如面料的品种、纱线细度、结构、面密度、颜色（特别注意特殊色，如麻灰）；

②辅料，包括拉链（是否特指，如 YKK）、绳、扣、风眼、花边、松紧带、梭织布（应注意是否需要染色）、横机罗纹、主标、水洗标、吊牌、装饰牌等。

（4）对照工艺单认真研究印、绣花及其他处理方式，如面料丝光、水洗、扎染等（订单中对印、绣花方面没有详细的资料，甚至在最初打样时连印花颜色、印花尺寸也没有明确指示。客户只有一个要求：效果好就行。虽然客户把这个权利给了工厂，但也给工厂带来一定难度，要揣测客户的心态，自己要主动去创新设计一些东西。在这点上，应尽快适应客户的这种要求）。

三、核价

认真研究完工艺单后，安排进行核价，即填写核价单。在填写核价单时一定要清晰、认真，把关没把好的要负首要责任。建议跟单员最好整理一份工厂面料纱线细度、面密度、幅宽一览表，以便以后核价遇到相同的面料时，可按固定的工艺去填制核价单。印花、绣花价格最好也有价格一览表。

核实工艺单上客户要求的纱线细度、面密度、幅宽或有关面料生产的生产难易度，主要是与染整厂沟通，落实确定后，明确面料有关资料，以便工艺人员核算用料时与染整厂核对面料幅宽、克重资料，注意面料的纱线细度与面密度的对比，方便用料的核算。

工艺室人员进行有关工艺用量的计算时，要对辅料情况（特别是辅料一般都是指定厂家，要对辅料的价格进一步落实，以免大货投产后出现价格上的差异）进行详细解说，问明客户哪些辅料属于客供及印花的种类及绣花线的种类，避免遗漏；客户有特殊要求的，更需要特别说明。

4

第四编

服装企业人力资源管理

第一章　服装企业人力资源战略与规划

第一节　服装企业人力资源管理的特点

一、服装企业人力资源的特点

1. 人员数量庞大，岗位多

由于服装企业属于典型的劳动密集型制造型企业，生产环节自动化程度比较低，企业一般以增加劳动力数量来提高生产效率。同时，因为服装的生产过程中涉及专业化分工，一件产品的生产需要很多分工不同的人员共同完成，所以企业内各种岗位设置比较多。

2. 专业生产技术人员比重大

在服装企业中，占人数比重最大的就是技术生产人员。技术生产人员在工作中可以通过不断学习来更新自己的知识，提高技能，并且通过工作，可以积累更多的经验，从而提升服装企业人力资源的质量。

3. 人力资源素质不高

服装企业中人数占比率最多的就是一线生产工人。他们的学历一般集中在初中、高中、技校等水平，在理解力、接受能力以及一些基本素质方面参差不齐，使企业人员整体素质不高。

4. 工作岗位呈三大类

在服装企业中，岗位群体可以分为三大类：管理者、行政服务人员以及生产操作工人。这三大类员工在服装企业的运营生产中分别执行不同的工作职能，他们的岗位分别具有不同的性质以及差异化的工作内容，并且三类员工在分布上依次构成服装企业人力资源金字塔的塔尖、塔身和塔座。

5. 人员流动性大

服装企业是劳动密集型企业。随着社会劳动力资源相对紧缺及部分服装企业工作岗位劳动强度大、工资待遇较低和企业用工标准的提高，企业普遍出现了招工难、临时用工不稳定和不同程度地存在着用工缺口的现象，致使临时用工流动性较以前明显增强。

导致服装企业人员流动性大的原因主要有以下几方面：

①同行业之间用工竞争。相同行业企业之间相互争夺有经验、技术好的人才队伍，绝大多

数职工都渴望到收入高、待遇和环境好的企业上班，这是企业临时用工流动的主要原因。

②季节性影响。服装企业的临时用工多数是农村劳动力，农忙是企业临时用工出现回流的重要因素之一。

③服装业的劳动强度较大，在岗时间长。

④工资待遇比较低。

二、服装企业人力资源管理的特点

服装企业的固有属性和特征决定了服装企业的人力资源管理与其他行业企业具有完全不同的特征，主要表现在如下几个方面：

①服装企业大多规模较小。对于小型服装企业来说，其员工人数可能只有十几人或更少，企业职能部门的划分不像大型企业那样细，有的甚至没有设立正式的人力资源部门（这类企业的人力资源管理往往由办公室兼管）。有的服装企业虽然设立了独立的人事部门，但人数很少，分工粗糙，人力资源管理的所有工作几乎都由人事部门负责。同时由于中小服装企业受环境影响大，稳定性差，员工雇用和解雇比较频繁，员工缺乏就业的安全感，员工对企业的信任和依赖性较差，员工流动性强。

②服装企业整个运营流程比较长，而且随着新的组织创新形式在服装企业中的运用以及服装行业的不断分化和细化，服装企业的人力资源管理变得越来越复杂，企业人力资源管理部门要和许多不同的职能部门进行沟通协调。另一方面，由于服装企业的分工细化，使得企业岗位数量比较繁多，不同岗位上的人力资源特征不同（如管理人员、设计师和生产工人）。对于具有不同特征的工作人员，服装企业在实施人力资源管理时必须要有针对性。这两个方面都增大了服装企业人力资源管理的难度。

③在服装企业中，一般比较重视企业创始人的领导力，认为他们是企业人力资本的唯一资源，而对企业其他雇员的重要作用不够重视。服装企业很少考虑员工个人职业生涯发展，无论企业经营好坏，都很少考虑对员工进行培训开发。能够调动普通员工工作积极性的手段比较缺乏，唯一有效的手段就是经济效益。

④企业发展战略是与企业未来发展关系重大的决策，但在我国服装企业中许多决策者对此却重视不够，往往凭借自身的直觉、感觉和陈旧过时的经验，对企业的发展方向、管理举措及价值取向盲目地做出判断和决策，缺乏科学的定性和定量相结合的分析与研究，使得服装企业在短短的几年中快速成长、快速消亡。而服装企业的人力资源管理作为企业战略的支撑性职能，也因此缺乏明确的战略性规划，人力资源管理的各项内容随意性很大，缺乏一致性和连贯性。

⑤服装企业对企业文化构建不够重视。大多数服装企业在进行人力资源管理时，除了缺乏企业战略的指导外，还缺乏企业文化这种“软战略”的辅助，缺少一种贯穿整个企业人力资源管理系统和过程的核心思想。因此，造成员工和企业、员工和员工之间融合困难，对企业思想和行为缺乏清晰明确的理解和应有的支持，容易简单地站在雇佣的纯粹经济学的角度看待企业发生的事情。这样很容易引起对立和敌视的情绪，恶化企业经营的内部环境。另外，服装企业的管理层也在一定程度上缺乏对员工的理解和尊重，以人为本的管理理念薄弱。

⑥品牌影响力较弱。我国现阶段大多数的服装企业是中小服装企业，品牌意识不强，且由

于服装市场竞争激烈,品牌建设需要企业长期大量的人财物的投入,且见效较慢。在生存优先的客观情况下,企业只能选择生存优先,不得不为知名服装品牌做贴牌加工,以此赚取微薄的加工费。虽然贴牌加工也可以提升加工和管理水平,但并无助于企业做大做强,只能存在于产业链的最低端。

三、服装企业人力资源管理的内容

服装企业的人力资源管理是指服装企业为了实现既定的目标,对服装企业人力资源的取得、开发、保持和利用等方面所进行的计划、组织、指挥、控制、监督、激励等一系列活动的总称。服装企业的人力资源管理包括以下几个方面的内容。

1. 人力资源战略与规划

服装企业人力资源战略与规划是建立在服装企业的整体经营战略的基础之上的。通过对服装企业的人力资源现状及发展趋势进行评估,收集和分析人力资源供给和需求方面的信息和资料,利用科学的方法预测人力资源供给和需求的发展趋势,制定人力资源招聘、甄选、培训及发展计划等必要的政策和措施,以保持服装企业人力资源供求的平衡,保证企业经营目标的实现。

2. 工作分析和工作设计

工作设计是人力资源管理部门根据服装企业的结构制定各职位说明书与员工任职要求,并结合服装企业、员工及工作的特点,为员工设计激励性的工作。工作分析是企业人力资源管理中非常重要的工作。服装企业人力资源管理的各种计划和方案——人力资源规划、招聘、人员培训与开发、绩效评估以及薪酬管理等都是以工作分析为基础展开的。

3. 招聘与录用

企业员工的招聘与录用是根据企业人力资源的规划或供需计划而开展的招聘、选拔、录用与配置等工作。服装企业员工招聘与录用的目标就是保证企业人力资源得到充足的供应,使人力资源得到高效率的配置,从而提高人力资源的效率和产出。

4. 员工的培训和开发

企业员工的培训和开发是训练员工的过程。它主要是根据不同员工的技术水平和素质差异采用不同的训练方式和训练内容,根据他们完成任务所需要的知识、技术、能力和工作态度,进一步开发员工的潜能,帮助他们胜任工作和将来的职务。服装企业员工培训和开发的主要目的在于通过提高员工的知识技能和素质水平来提高企业的绩效。

5. 员工绩效管理

在服装企业中,为确保员工的工作活动以及生产成果能够与组织的目标一致,就必须对员工的绩效进行管理。企业员工绩效管理是指企业管理者对员工的工作表现、行为和工作业绩及效果进行评价和分析,从而改善员工的组织行为,充分发挥员工的潜能和积极性,更好地实现企业的各项目标,使员工的表现与企业的目标趋于一致的管理活动。

6. 薪酬管理

服装企业的薪酬管理就是为了能够发挥服装企业员工的积极性并促进其发展,将员工的薪酬与服装企业的目标有机地结合起来的一系列管理活动。服装企业的人力资源管理部门要从员工的知识、技能、资历、职级、岗位及实际表现和工作业绩等方面，来为员工制定相应的、具有吸引力的工资和福利标准。

7. 员工职业生涯开发

服装企业员工职业生涯开发是指服装企业人力资源管理部门帮助员工制定个人发展计划，并对其及时进行监督和考察。服装企业的员工职业生涯开发有力地促进了企业的发展，使员工有归属感，进而激发其工作积极性和创造性，提高服装企业的绩效。服装企业人力资源部门在帮助员工制定个人发展计划时，有必要考察其与服装企业发展计划的一致性。

四、服装企业各部门人力资源管理的职责

企业人力资源管理的实施不只是由人力资源部门来单独完成的，必须要在其他部门的配合下才能成功实施。特别是对于运营流程长，人力资源管理实施复杂，涉及部门多的服装企业来说更是如此。服装企业的人力资源管理主要是由直线管理部门和人力资源管理部门共同实施的。

1. 服装企业直线管理部门的职责

服装企业直线部门主要是就人力资源管理活动作出决策，并运用人力资源来完成企业的基本目标。其主要职责有如下几个方面：

①在服装企业内把合适的人配置到适当的工作岗位上去，即根据工作人员的不同才能安排适当的职位。

②引导服装企业内新雇员工尽快融入企业。帮助新职员了解和适应企业纪律、工作环境及要求，从而尽快进入工作角色。

③培训和开发。有计划地培训员工，提高员工的知识技能，改善员工的工作态度，激发其创新意识，使之能适应本职工作，并产生新突破。

④提高服装企业内员工的工作绩效，激励职工士气。建立有效的激励措施，如选拔机制、精神奖励和物质奖励计划等。

⑤协调、处理好各种工作关系。服装企业人力资源的最直接使用者就是直线管理部门，因而直线管理部门有责任帮助员工处理好各种工作关系，消除工作中潜在的障碍。

⑥解释企业的政策和工作程序。帮助员工了解服装企业内部的各项政策、制度，明确自身的工作程序，使员工提高素质，适应职位和岗位的要求。

⑦保护员工的健康，改善工作环境。员工的健康是服装企业长远发展的基础。因此，直线管理部门必须做好员工的健康管理，为员工提供一个良好的工作环境，使之保持最佳的工作状态。

⑧控制劳动力成本。降低成本是提高服装企业效益的关键之一。随着服装企业劳动力价格不断上涨，有效地控制劳动力成本，避免服装企业产品在市场上处于不利的地位变得越来越重要。劳动力成本的合理控制，一方面要求企业内员工和工作岗位的合理配置，做好定编、定员和定额工作，从而使得企业内员工的工作变得更加充实高效，另一方面由于产品成本得到有效的控制，增强了企业产品在市场上的竞争力，使企业的投入能够获得更多的回报。

2. 服装企业人力资源部门的职责

服装企业人力资源部门的职责主要是向服装企业直线管理部门提供专业的帮助，以协助和建议的方式支持直线管理部门实现企业的基本目标。服装企业人力资源部门的职责主要有以下几个方面：

①制定有效的服装企业人员招聘计划，与外界社会保持联系，经常性地搜索合格的求职者并展开招聘活动。

②搜寻并审查与服装企业工作职责有关的（如岗位与职务的内容、职责、工作特征、关键业绩目标、劳动条件及任职资格等）详细信息，为编写服装企业工作说明书做好准备。

③拟定薪资计划，管理、制定服装企业内不同员工的福利计划。

④开发各种适合于服装企业员工工作绩效评价的工具并对工作绩效考评的结果进行记录保存。

⑤负责服装企业内员工培训活动的计划、组织、指挥等工作，拟定培训文件，准备培训材料。

⑥制定服装企业内员工职业发展计划和晋升制度，并对员工的进步进行跟踪记录。

⑦就服装企业内劳资有关的所有问题向出资方提出建议。

第二节　人力资源战略与规划的相关概念

一、人力资源战略的内涵

所谓人力资源战略就是指企业根据内部和外部的环境分析，确定企业目标，从而制定出企业的人力资源管理目标，并通过各种人力资源管理职能活动来实现企业目标和人力资源目标以及维持或创造企业的可持续发展竞争优势的过程。它指导着企业各项人力资源管理活动，使人力资源的各项活动能够相互配合。人力资源战略是从企业战略引申出来的，如果考虑人力资源管理与企业战略之间的“关系”和相互“适应性”，人力资源战略是指在一定的战略目标和竞争环境下，对企业人力资源的长远需求、管理方式进行有效的、系统的管理过程。通俗地说，人力资源战略是企业关于人力资源在战略层次方面的长远规划。人力资源战略上接企业战略，下到人力资源方案的落实，由人力资源战略目标、战略规划组成。在战略视角下，员工被企业视为一种资源而不是一种成本；同时，人力资源管理的地位从传统的企业职能部门上升为企业的战略伙伴。

二、人力资源战略的影响因素

1. 环境因素

影响企业人力资源战略的最重要因素是外部环境和市场推动力。外部环境包括行业的成熟度，行业内竞争的性质和密度，行业内的资源限制，行业内技术变革的类型、程度以及可预测性，竞争的性质及程度，环境的限制性等。市场推动力包括劳动力市场和产品市场。组织面临的产品市场的全球化竞争程度越高，采用战略性人力资源措施的可能性越大。

2. 组织因素

组织的结构性质，如规模、资源的丰富程度和复杂性都会影响到组织采取战略性人力资源措施。

3. 制度和法律因素

根据制度理论，人力资源战略部分是出于组织合法性的需要，即组织和关键决策者认为，组织体现合法性的要求会影响企业采取战略性人力资源管理措施的速度。企业基于人力资源战略的所有人力资源政策和措施都必须是合法的。

4. 技术因素

此外，组织的技术因素会对组织产生两方面的影响：一是技术的进步会使企业更具备竞争力；二是技术的进步会改变工作的性质，进而对员工的素质和能力提出更高的要求。

三、人力资源战略管理

人力资源战略管理是对组织人力资源战略进行系统思考和科学管理的过程。我国企业在人力资源战略管理中面临的常见问题是缺乏系统思考，因此，了解人力资源战略管理的步骤和过程非常必要。作为企业领导者，除了明确人力资源战略管理过程之外，还需对关键步骤给予高度重视，才能使人力资源战略具备有效性。

人力资源战略管理有三个要点：一是明确人力资源战略的制定不是一套空洞的技术，而是保证人力资源管理与企业战略相一致的工具，同组织战略一样具有指导意义；二是在不同环境下制定人力资源战略要使用不同的规划工具；三是管理者对一般人才的数量预测将逐渐淡化，转而关注战略型人才的配置与培养。

人力资源战略管理过程包括人力资源战略评估阶段、制定阶段、整合阶段、实施阶段、评价阶段和控制阶段等步骤。

1. 评估阶段

评估阶段的主要任务是明确企业战略和分析内外部环境。首先，人力资源战略的制定必须和企业战略相一致，因此，企业战略的第一步是制定人力资源战略；同时，人力资源战略的制定要反映企业战略导向。比如，佳能公司以技术为核心优势，人力资源战略的主要措施便是知识共享、管理和技术人员内部流动制度等。其次，还需要仔细考察企业内部和外部环境，以获取可能对企业未来人力资源管理发生影响的信息。内部环境包括企业的研究与开发、制造、市场营销等对企业价值增值产生影响的环节。此外，企业文化、资本、技术、员工等也是企业内部环境的关键组成部分。企业的外部环境主要包括宏观外部环境和对企业产生影响的竞争者、顾客、供应商等市场主体。企业在对外部环境进行分析的时候，首先要全面了解如人口结构、社会、法律、政治和技术变化趋势等宏观经营环境；此外，企业还要注意对竞争环境进行分析，要能够通过对竞争环境的分析，鉴别竞争对手的行动对自身的影响等。

2. 制定阶段

在明确企业战略和进行环境扫描之后，我们就可以制定人力资源战略。企业战略作为企业整体的发展战略，包括人力资源战略、市场战略、财务战略等子系统战略，人力资源系统是企业众多子系统中的一部分。人力资源系统包括人员规划、人力资源配置、培训与开发、绩效管理与评估、薪酬制度、员工关系等子系统。人力资源战略本身也是通过这些子系统体现出来的。企业有不同的人力资源战略选择,每种战略都有不同的导向性,企业可以根据自身的情况选择不同的人力资源战略。

3. 整合阶段

人力资源战略的最终形成必须通过战略整合。战略整合包括纵向整合和横向整合,前者指人力资源管理与组织战略的整合,后者指人力资源管理实践与各项职能之间的整合。纵向整合强调组织战略形成时人力资源的参与。人力资源管理应成为战略方案制定和选择过程中一个最重要的因素。企业的竞争战略提出了企业所需要的员工技能、能力、数量等,从而要求人力资源战略必须支持竞争战略。横向整合强调人力资源的各项政策体系之间的一致性。例如,若企业调整薪酬发放方式,那么相应的员工招聘、培训、绩效考核等人力资源管理实践也应调整。

4. 实施阶段

实施阶段指企业根据人力资源战略进行人力资源战略配置,制定各项人力资源具体计划的过程。首先,企业要了解现有人力资源状况,尤其应当了解企业目前已有员工的数量和质量,相对于竞争对手而言,自身在人力资源方面的优势和劣势。其次,企业必须根据发展战略,对未来人力资源需求做出准确预测,找出现在与未来理想人力资源状况之间的差距。最后,企业必须根据劳动力市场状况和企业状况,对未来人力资源供给做出准确预测,确定未来的企业内外部劳动力市场是否能够给企业发展提供与之相适应的质量和数量的人力资源。企业在配置战略型核心人才时,尤其需要重视其文化和管理风格是否与企业相一致。研究发现,员工的满意度和绩效表现,取决于他们是否认同企业文化与管理风格。

5. 评价与控制阶段

在具体实施人力资源战略的过程中,由于人类预测的有限理性,以及内外部环境的不确定性,都有可能使最初制定的人力资源战略不能真正有效地达到企业预期的目标和要求。因此,企业必须建立一套科学的评价与控制体系,利用评价结果对最初的人力资源战略进行主动调整,以适应变化了的内外部环境,修正企业人力资源战略实施中的偏差,最终保证人力资源战略的顺利实施。所以,对企业人力资源战略进行系统化的反馈、评价与控制,就成为一项事关重大的工作。对人力资源战略的评价与控制的基本目标,就是保证企业最初制定的人力资源战略与其具体实施过程动态实时地相互适应。对人力资源战略的评价与控制的基本内容包括选择人力资源战略的关键环节进行监控和评估,确立评价与控制的基准和原则,监控评估关键控制点的实际变化及变化趋势,选择实施正确的控制方法,及时调整偏差。在此过程中的一个难点是找到关键成果领域,通过人力资源战略实施所能表现出的关键成果来评估战略达成率。比如,把人力资源战略的关键成果领域分为企业绩效、工作满意度、人才满足率等方面,并制定相应的量化目标,以便进行人力资源战略实施效果的跟踪与监控,确保战略顺利完成。

四、人力资源战略的新方向——雇主品牌

雇主品牌这一概念产生于20世纪90年代初,是继企业形象品牌、产品品牌之后的第三种

品牌。它是以雇主为主体，以核心员工为载体，以为雇员提供优质服务与特色服务为基础，旨在建立良好的雇主形象，提高雇主品牌在人才市场的美誉度与知名度，进而汇集优秀人才，提高企业核心竞争力的一种战略性品牌建设。近几年，随着人才竞争的加剧，雇主品牌日益受到关注，成为人力资源战略的新方向。雇主品牌的树立和推广是近年来企业关注的热点。

雇主品牌包括内部品牌和外部品牌两个部分。内部品牌是在现有的员工中树立品牌，它不仅仅是企业和雇员之间所建立的关系，还体现了企业为现有员工所提供的独特的职业发展途径。外部品牌则是在潜在员工中树立品牌，旨在使员工愿意来到本企业工作。良好的雇主品牌能够赢得企业内部员工的承认，提高外部人才加入的意愿，吸引优秀的离职员工重新加入企业，以及使企业在劳动力市场上建立良好的形象。

企业品牌包含产品品牌和雇主品牌，是一个更广的概念。产品品牌针对的是目标消费群，雇主品牌针对的是企业的目标人才，企业品牌则针对的是包括消费者、股东、雇员和社会公众等在内的广泛大众。其中，产品品牌和雇主品牌是两个既有联系又有区别的概念。产品品牌能够扩大企业的知名度和美誉度，帮助企业树立更好的雇主品牌；雇主品牌则可以提高雇主的满意度，使其生产出高质量的产品，从而增强企业的产品品牌。两者之间的关系如表4－1所示。

表4－1　企业产品品牌与雇主品牌的比较

项目	产品品牌	雇主品牌
针对主体	产品和服务的客户	企业的员工，尤其是特定人才
品牌目标	获得顾客对产品的忠诚度，保持并扩大产品和服务的市场占有份额	获得员工对企业的忠诚度，保持并建立员工与企业的良好关系和感情纽带，提高人才竞争力
品牌功能	1. 产品优质产品和服务的承诺 2. 吸引和留住企业的客户 3. 提升企业的内在价值 4. 用品牌价值整合多种资源，提高企业的核心竞争力	1. 传递良好管理和发展的承诺 2. 吸引或留住企业的人才 3. 通过员工帮助企业实现价值最大化 4. 用雇主品牌价值来整合员工绩效，赢得企业的核心竞争力
品牌回报	企业业绩、利润和市场占有率	企业持久的竞争优势和发展潜力

在战略同质化、知识资本化、工作人性化、人才竞争化的时代背景下，人才、工作、雇主三者之间的关系发生了巨大的变化，雇主品牌的价值得到了日益广泛的认可和重视。雇主品牌之所以重要，源于以下几个方面的原因：

1. 提升了企业的整体竞争优势

企业人力资源的质量、激励水平和绩效承诺对于企业在产品市场上的竞争优势具有重要的决定作用。雇主品牌是雇主与雇员之间感情关系的体现，决定了雇员在企业中的工作满意度、文化认同感和工作责任感，从而影响企业产品和服务的质量。因此，雇主品牌是企业竞争优势的基石。

2. 提升企业的人才吸引力

雇主品牌将会成为人力资源市场上的一面旗帜，吸引优秀人才前来应聘加盟，企业的人才库中英才济济，成为人才的蓄水池。

3. 减少雇佣双方的适配风险

企业在选择应聘者的时候，即使应聘者已经达到企业要求胜任的条件，对于双方而言，这种选择依然存在着双方适配的风险，因为影响雇佣双方适配的因素很多，而这些因素大多是隐形的，要等到人才进入企业一段时间之后才能察觉。通过雇主品牌，向潜在的应聘者传递企业的价值观、企业文化、雇佣关系等全方位的信息，能够吸引更为认同企业的人才，屏蔽一些价值观念不一致的人才，减少双方适配的风险。

4. 雇主品牌具有标杆作用，能够留住核心员工

在雇主品牌建设过程中，涉及品牌定位，与其他雇主品牌对比，品牌的标杆作用使得企业不断向市场上的最佳雇主学习、效仿，保持在人力资源市场上的品牌形象。这种标杆学习同时也推进了企业对核心员工的激励和保留措施的更新与完善。品牌建设的过程是由内而外的，但是品牌标杆却由外而内地促进了企业雇佣双方感情关系的加深。

5. 降低企业人力成本开支建设

雇主品牌需要企业投入一定的资源，但是这种投入能够在其他方面给企业带来成本优势。比如，人才队伍更加稳定，人才的重置成本降低，薪酬成本的压力减少，招聘成本支出减少。名声在外的雇主品牌可以作为求职人才选择的尺度，促使其在选择时心理上更加倾向于雇主品牌。

6. 对企业品牌产生重要影响

雇主品牌能够增强企业的无形资产。雇主品牌作为企业品牌的一部分，很多求职者往往也是雇主产品的消费者，雇主品牌效应在劳动力市场上都是宝贵的无形资产。

第三节　人力资源战略与企业战略

一、企业战略的定义及层次

企业战略是企业在预测和把握环境变化的基础上，为了求得长期生存与发展所做的整体性、全局性、长远性的谋划与相应的对策。企业战略可分为三个层次：公司战略、业务战略、职能战略。

公司战略是企业总体的、最高层次的战略。公司战略决定了公司所开展的、应该开展的或希望开展的业务，以及开展这些业务所要做的工作，它建立在组织的使命、目标和组织单元将发挥作用的基础之上。

业务战略也称竞争战略，注重组织应该怎样在每项业务上展开竞争。所涉及的决策问题是在选定的业务范围内或在选定的市场－产品区域内，事业部门应该在什么样的基础上进行竞争，以取得超过竞争对手的竞争优势。

职能战略是组织不同的职能部门，如生产、财务、市场营销等，用来支持其业务或竞争战略的战略，主要用以整合各职能单位的活动，使其发挥最大的效力，以协助竞争战略，达成企业的总体战略。职能战略是短期性的，一般是指一年内的计划，内容具体清晰。职能战略通常包括市场战略、生产战略、研究与开发战略、财务战略、人力资源战略等类型。

公司战略、业务战略以及职能战略构成了一个企业的战略体系，它们之间相互作用，紧密联系。如果企业想要获得成功，必须将三者有机地结合起来。

由于服装企业本身处于不断变化中，而又受到人力资源市场和人才格局变化的影响。因此，在制定人力资源管理战略时，需要综合考虑企业内在需求和外在人力资源市场的变化。充分估量可能发生的各种变化，并针对这些可能的变化因素，做出相应的预期对策和提出应急措施，使人力资源管理战略在整体上具有稳定性。同时，在某些方面、某些时点上还应具有灵活的应变能力，以适应随时变化的外部客观环境，为企业总体战略的制定与实施提供一个良好的人力资源管理战略依据。因此，结合服装企业的总体战略规划，服装企业的人力资源战略应包含以下三个层次。

1. 战略层次

此层次立足于企业的整体效益和长远利益，它在对企业内部和外部环境进行分析的基础上充分考虑员工的愿望。该层次的活动处于企业管理中的高层，人力资源主管应作为企业最高决策和管理层的一员而发挥作用。其相关活动主要包括制定人力资源战略的目标和总体规划。

2. 管理层次

该层次的工作重点从决策层转移到具体政策的制定上。在这一层次，人力资源战略的目标和总体规划被细分为一系列的实施措施，如设计招聘程序、绩效考核计划等，其中任何一项措施都应遵循战略层次制定的纲要和方针。

3. 操作层次

人力资源主管在这一层次直接与产品生产者和提供具体服务的基层人员接触，实施管理层次提出的管理任务。同时，应对人力资源战略的实施过程进行控制、监督、分析、评价，在反馈的基础上进行适当调整，以确保战略目标的实现。

二、人力资源战略与企业战略的关系

人力资源战略是企业战略至关重要的一部分，对经营成功至关重要。人力资源战略本身以企业战略为依据，同时又影响着战略的制定与执行。企业战略需要考虑外部环境的威胁和机会，也要考虑内部资源和能力的优势与劣势，人力资源是其中最重要的资源之一。如果一个企业只是考虑外部发展，不考虑内部因素，那么它就很难在复杂环境中长期生存。图 4 – 1 说明了人力资源战略在企业战略中的地位。

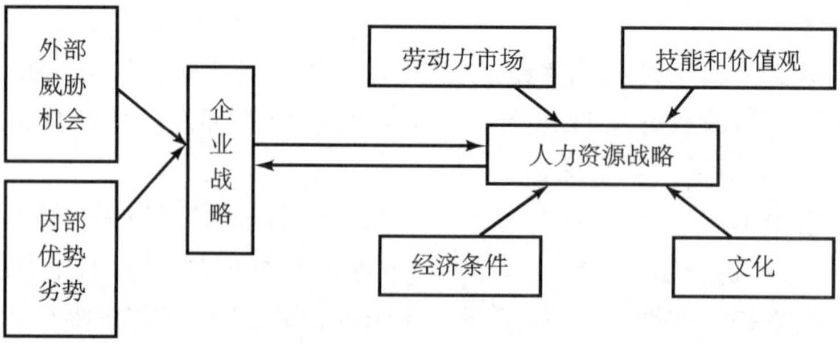

图 4 –1　人力资源战略在企业战略中的地位

从图 4 – 1 来看，人力资源战略是多种因素的综合产物，多方面的要求和多侧面的准备很重要，尤其必须将人力资源管理与企业战略紧密结合起来考虑。企业的长期发展要求管理者从战略角度思考问题，既要考虑外部环境和变化趋势，也要考虑内部条件和能力。企业人力资源战略与规划决定了企业内部人力资源的长远发展，无论现今还是未来，都成为企业最重要的内部因素，是获取和维持组织竞争优势的关键。

三、人力资源战略与企业战略的匹配

人力资源战略是根据企业战略来制定的，并支持企业战略的实现，是企业战略的重要组成部分。人力资源战略和企业战略之间的相互配合是实现企业目标、提高企业竞争力的关键所在。企业战略是一组企业活动的指导，企业战略目标的实现依赖于一系列职能性战略，而这一系列职能性战略中，人力资源战略最重要。

1. 与波特的竞争战略相协调的三种人力资源战略

勒温和米切尔（Lewin & Mitchell，1995）指出，人力资源战略与企业战略的协调，可以帮助企业利用市场机会，提升企业的内部组织优势，帮助企业实现战略目标。自20世纪60年代以来，有许多学者探索了人力资源战略与企业战略的结合途径。早先的结合途径有SWOT、价值链、五力分析模式等。到了20世纪90年代，随着学习型组织与业务流程再造等概念的提出，人们开始关注从企业内部通过提高所有员工的素质来实现两者的结合。其中，人力资源战略与波特的竞争战略的结合受到许多企业的重视，如表4－2所示。

表4-2　与波特的竞争战略相协调的人力资源战略

企业战略	一般组织特点	人力资源战略
成本领先战略	持续的资本投资 严格地监督员工 严格的成本控制，要求经常而详细的控制报告 低成本的配置系统 结构化的组织与责任 产品设计以制造上的便利为原则	有效地生产 明确的工作说明书 详细的工作规划 强调技能与技术资格 强调与工作有关的特定培训 强调以工作为基础的薪酬 将绩效当作控制机制
差异化战略	营销能力强 产品的策划与设计 基础研究能力强 公司以质量或者科技领先著称 公司的环境可吸引高技能的员工、高素质的科研人员或具有创造力的人	强调创新的弹性 工作种类多 松散的工作规划 外部招募 以团队为基础的培训 强调以个人为基础的薪酬 使用绩效评估作为发展的工具
集中化战略	结合了成本领先和差异化战略组织的特点	结合了上述人力资源战略

根据人力资源战略，企业可以进一步制定人力资源规划，这些规划对具体的人力资源实践活动具有指导和制约作用。

人力资源战略是用来帮助组织管理人力资源供给与需求的，它对如何开展和管理人力资源活动提供全面的指导。人力资源战略如同财务战略、市场营销战略一样都是职能战略，但是，人力资源战略不仅仅是一种职能战略，它还与其他各个战略紧密连成一体。人力资源战略的制定是与企业战略制定过程同时进行的。

2. 人力资源管理与企业战略的四种关系类型

人力资源是企业发展的基础,经营战略是企业发展的向导,两者对于企业来说都是十分重要的,都会影响到企业的可持续发展。企业要想在激烈的市场竞争中获得并且保持优势,企业的人力资源管理与经营战略需要彼此协调,而要实现两者之间的匹配,便需要两者之间进行必要的“沟通”。人力资源管理与企业战略关系如表 4 – 3 所示。因此,人力资源管理状况是制定企业战略的出发点。企业在制定经营战略时,既要评估企业人力资源现状,又要根据企业内外劳动力市场来预测未来企业的人力资源配置状况。企业所制定的经营战略应当具有一定的挑战性,这样才能够激起员工的奋斗激情。对企业而言,过低的经营战略指标往往失去了战略的导向功能,很难激发员工的潜能。

此外,人力资源管理实践是实现企业战略的途径。企业的人力资源管理实践要紧贴经营战略,通过专业化的手段与方法,为员工提供优质的人力资源产品与服务,以实现对企业战略经营的强有力支撑。

表 4–3　人力资源管理与企业战略之间的关系

	人力资源管理活动	人力资源管理部门的地位	人力资源管理部门对企业战略的参与	后果
行政关系	日常性行政管理工作	较低层次服从	无机会,不参与企业战略的形成与实施	停留在人事管理的水平,企业战略难以有效实施
单向关系	人力资源部门根据企业战略,制定和实施人力资源战略	中高层次服从为主	参与战略实施,不参与战略形成	由于没有参与企业战略制定,导致企业战略不能成功实施
双向关系	在形成企业战略过程中提出建议,将人力资源题包括在内,实施企业战略	较高层次服从和建议	既参与战略形成,也参与战略实施	彼此相互依赖,较好地保证战略制定,企业战略能成功实施
一体化关系	人力资源管理活动完全融入企业战略的制定、实施中	决策层决策、执行	持续、全面地参与企业战略的制定和实施	使企业在竞争中处于有利地位,保证企业战略的成功实施

四、人才资源规划内涵

人力资源规划也称人力资源计划,是指企业根据战略发展目标与任务要求,科学地预测、分析自己在变化环境中的人力资源的供给和需求状况,制定必要的人力资源开发与管理的纲领性的规划。它对人力资源开发和管理活动有重要的指导作用,是企业发展战略的重要组成部分,是企业战略实施的有效保障,是企业人力资源战略的主体构成部分,处于企业人力资源战略的中心地位。人力资源规划包括两个层次:总体规划与业务规划。人力资源总体规划是指在规划期内人力资源管理和开发的总目标、总政策、实施步骤以及总预算的安排。业务规划是人力资源总体规划的进一步展开和细化,包括人员补充计划、使用计划、晋升计划、教育培训计划、薪资计划、退休计划、劳动关系计划等,具体内容见表 4 – 4。

表 4-4 人力资源规划及其各项业务计划

计划类别	目标	政策	步骤	预算
总规划	改进绩效，改善人力资源总量和素质，提高员工满意度	如扩大、改革、稳定	如完善人力资源信息系统等	×××万元
人员补充计划	合理的人力资源数量与结构，较高的员工绩效	人员标准、人员来源、起点待遇等	拟订标准，广告宣传，考试与录用	招聘、选拔的费用：×××万元
人员使用计划	优化人力资源结构，改善绩效，实施职务轮换	任职条件，职务轮换的范围与时间		按使用规划、类别以及人员状况决定工资、福利
人员接替与晋升计划	保持后备人员数量，改善人员结构，提高绩效目标	选拔标准、资格、试用期、提升比例、未提升人员安置		职务变化引起的工资变化
教育培训计划	改善素质和绩效，确定培训类型与数量，提拔新人员，转变员工劳动态度	保证培训时间，保证培训效果		教育证培训总投入，脱产损失
评估与激励计划	降低离职率，提高士气，改善绩效	激励重点：工资政策、奖励政策、绩效反馈		增加工资、资金额
劳动关系计划	减少非期望离职率，改善雇佣关系，减少员工投诉与不满	参与管理，加强沟通		法律诉讼费
退休解聘计划	减少编制，降低劳务成本，提高劳动生产率	退休政策、解聘程序等		安置费、人员重置费

五、人力资源规划的过程

人力资源规划具体可以分为以下八个步骤：

1. 收集分析有关信息资料

收集分析有关信息资料是人力资源规划的基础，对人力资源规划工作影响很大。与人力资源规划有关的信息资料包括：

①企业的经营战略和目标。

②组织结构的检查与分析。

③职务说明书。

④现有人力资源的数量、质量、结构及分布状况。

2. 预测人力资源需求

它主要根据公司发展战略规划和本公司的内外条件选择预测技术，然后对人力需求的结构和数量进行预测。从逻辑上讲，人力资源的需求是产量、销售量、税收等因素的函数，但对不同的组织，每一个因素的影响并不相同。人力资源需求预测分为现实人力资源需求、未来人力资源需求和未来流失人力资源需求预测三部分，有以下几个具体步骤：

①根据职务分析的结果，来确定职务编制和人员配置。

②进行人力资源盘点，统计出人员的缺编、超编及是否符合职务资格要求。

③将上述统计结论与部门管理者进行讨论，修正统计结论。

④该统计结论为现实人力资源需求。

⑤根据企业发展规划，确定各部门的工作量。

⑥根据工作量的增长情况，确定各部门还需要增加的职务及人数，并进行汇总统计。

⑦该统计结论为未来人力资源需求。

⑧对预测期内退休的人员进行统计。

⑨根据历史数据，对未来可能发生的离职情况进行预测。

⑩对前两项进行汇总，得出未来流失人力资源需求。

⑪将现时人力资源需求、未来人力资源需求和未来流失人力资源需求汇总，即企业整体人力资源需求预测。

3. 预测人力资源供给

供给预测包括两方面：一方面是内部人员拥有量预测，即根据现有人力资源及未来变化情况，预测出规划期内各时间点上的人员拥有量；另一方面是外部供给预测量，即确定在规划期内各时间点上可以从企业外部获得的各类人员的数量。一般情况下，内部人员拥有量比较透明，预测的准确度较高，而外部人力资源的供给则有较高的不确定性。企业在进行人力资源供给预测时应把重点放在内部人员拥有量的预测上，外部供给量的预测应侧重于关键人员，如高级管理人等。

4. 确定人员净需求

人员需求和供给预测完成后，就可以将本企业人力资源需求的预测与在同期内企业内部可供给的人力资源数进行对比分析。从对比分析中可预测出各类人员的净需求数。这个需求数是正的，表明企业需要招聘新的员工或对现有的员工进行针对性的培训；这个需求数是负的，则表明企业这方面的人员是过剩的，需要精简或对员工进行调配。

5. 确定人力资源规划的目标

人力资源规划的目标随组织所处的环境、企业战略与战术规划、组织目前工作结构与员工工作行为的变化而不断变化。当组织的战略规划、年度计划已经确定，组织目前的人力资源需求与供给情况已经清楚，就可以制定人力资源目标了。目标可以用最终结果来阐述，例如，“到明年年底，每个员工的年培训时间达到40小时”“到明年年底，将人员精简三分之一”；也可以用工作行为的标准来表达，例如，“到培训的第三周，受训者应该会操作……”。企业的人力资源目标通常都不是单一的，每个目标可能是定量的、具体的，也可能是定性的、比较抽象的。

6. 人力资源方案的制定

人力资源方案的制定包括制定晋升计划、补充规划、培训开发规划、配备规划等。规划中既要有指导性、原则性的政策，又要有可操作的具体措施。供求预测不同结果，决定了应采用的政策和措施也不同。

7. 对人力资源计划的审核与评估

在实施人力资源规划的同时，要进行定期与不定期的评估与审核。在审核的方法上，可用原定目标为标准进行逐项评估审核;也可以用广泛搜集并分析研究有关数据的方法,如在某一时段内各种人员的流动情况、员工的生产积极性等。为确保评估结果的公正有效,进行评估审核的人员可以是规划执行者的上级或同级,但不能是规划执行者本人或者下级。

8. 人力资源规划的反馈与修正

该阶段是人力资源规划的最后阶段,也是容易被忽视的一个阶段。评估结果出来后,应进行及时的反馈,进而对原规划的内容进行适时的修正,以确保规划的可操作性和持续发展。

第四节　服装企业制定人力资源战略的流程与方法

一、服装企业制定人力资源战略的一般流程

人力资源战略的管理过程包括四个主要阶段:战略准备阶段、战略制定阶段、战略实施阶段和战略控制阶段。

1. 战略准备阶段

战略准备阶段主要是对影响人力资源战略的相关信息收集和分析的过程。人力资源战略的相关因素主要包括外部环境、企业战略、组织结构、员工需要和企业文化等。

SWOT 分析是战略管理中最常用的内外部环境综合分析技术。它主要针对企业内部资源和外部环境两个方面存在的优势、劣势、机会和威胁进行全面的比较分析,为战略的制定提供依据。

对人力资源战略相关因素进行 SWOT 分析,能找出其内在的长处、短处,外在的机会和威胁,从而在制定战略时,发挥其长处抓住机会,并将威胁和劣势减到最小。

2. 战略制定阶段

人力资源战略制定主要包括制定战略目标、人力资源规划和相关政策。

制定人力资源战略,首先要明确战略目标。人力资源战略目标是根据企业内、外部条件,企业战略和员工要求,对未来企业内人力资源要达到的数量、质量、结构,员工开发与管理,劳动效率与绩效等做出总的要求。人力资源战略目标的确定要注意四个方面:主题应该明确,目标应该可以衡量,目标的实现要有明确期限,目标既有挑战性又有可行性。

人力资源规划主要包括招聘录用计划、员工绩效考评计划和员工培训计划等。制定实施计划时应注意以下几个要点:

(1)相关性

各项实施计划时间要相互关联,综合考虑,不能分散地做个别单一计划。例如,当人力资源规划中提出对新员工的需求时,招聘录用计划要做出相应的招聘计划,员工绩效考核计划中需增加对新员工考评程序的设计,员工培训计划中要增添新员工的培训项目。

(2)可操作性

各项实施计划应是具体的任务,以便于操作和监控,如在制定员工绩效考评计划时,要对绩效考核的办法、反馈的方式、考核的标准做具体规定。

(3)可行性

各项实施计划应结合部门、员工的自身条件与能力，量力而行。

制定人事政策，是人力资源战略实施的制度保证。它以政策的形式，将人力资源的思想实施和要求落实到各项工作中，在一定程度上建立及提高整个战略工作的规范性、稳定性和关联性。

3. 战略实施阶段

人力资源战略实施阶段是借助于各项实施计划，实现人力资源战略目标的行动过程。有效的战略实施可以使适当的战略走向成功或者弥补战略的不足。要确保人力资源战略实施的有效性，首先，要将人力资源战略目标及计划落实到企业日常人力资源开发与管理工作中，并及时检查计划实施的情况，不断改进管理方法。其次，在战略实施的过程中，要处理好领导与员工、组织与个人、人力资源管理部门与其他部门的关系。当出现矛盾时，应充分沟通，在征求双方意见、考虑双方利益的基础上审慎处理。

4. 战略控制阶段

当企业的外部及内部环境发生变化时，原来行之有效的人力资源战略也有可能过时。战略控制就是将人力资源战略实施的实际成效与预定的战略目标进行比较，检测两者的偏离程度，并采取措施纠正，以实现战略目标。

(1) 确定衡量标准

在定性衡量标准方面，一般包括以下几个方面：

①战略内部各部分内容相互统一。

②战略过程中注重评估其风险性。

③战略次序上的相对稳定性。

④战略与资源之间的匹配性。

⑤战略客观上具有可行性和可操作性。

在定量评价标准方面，应根据评价的具体内容制定相应的指标，如劳动生产率、人均产量、工时利用率、培训费用、培训成绩、新员工的数量、工资总额等。

(2) 衡量人力资源战略实施成果

实施成果是人力资源战略在执行过程中实际达到目标的程度，必须按照预定的标准进行衡量。

(3) 评价工作绩效

将人力资源战略实施中的绩效与预期的目标进行比较。如果实际工作成绩在企业的预期范围内，就说明实现了预期的战略目标，应总结经验，必要时可以上升为人力资源管理的惯例或规则；如果出现偏差，就应追究其深层次的原因。

(4) 战略修订

战略评价中，如果实际结果与预定目标有明显差距应修改战略方案。

二、服装企业制定人力资源战略的方法

一般采取企业经营战略与人力资源战略相配合的方法。

对于大多数生产加工型服装企业来说，实施的是低成本战略。实施低成本战略服装企业的生产模式一般是大规模和稳定的生产技术，制造低价产品，着眼点在成本的节约和生产效率

的提高上。因此，员工的行为必须稳定可靠，必须能做重复有效率的工作。所以，人力资源管理的工作分析和岗位设计必须满足工作任务的简单重复性、个人工作的独立性等方面的要求，以减少工作中不必要的风险。

因此，人力资源战略的制定要尽可能地确保员工队伍的稳定性，使员工在其工作范围有稳定的工作表现，以防止员工由于经常缺勤或表现参差不齐而对生产过程的成本构成严重的影响，这种战略不提倡创造性。对员工的激励措施依靠奖惩制度的运用，如各种计划工资表、利润分享等。建立以行为为中心的绩效评估系统，采取内部晋升机制。薪酬系统要更关注企业内部的一致性，适当拉开管理人员与普通员工之间的工资差距。

设计师主导的企业，还有诸如时尚媒体等企业，都采取差异化的企业战略。差异化战略的特点在于通过创造产品和服务的独特性来获得企业的竞争优势，其生产技术也较复杂，因而人力资源战略需要培养员工具有高度的创造性与协作精神。

因此，组织层面的人力资源管理的任务在于创造一个鼓励创新的环境氛围。企业要聘用高素质的员工，提高弹性和储备多种专门技能的人才，重视员工的开发培训，并与高素质员工建立长期的工作关系，视员工为主要投资对象，为员工制定必要的职业生涯计划。由于创造性工作本身要求有相当的自主权，因此，在实施差异化战略时，要对员工下放更多的决策权，以激发员工的工作创造性和主动性，充分体现对员工的尊重，满足他们的成就感和自尊需要。另外，在对员工的培训开发中除了技术知识外，还要培训员工人际沟通能力以及协调能力。

同时还要建立以结果为基础的绩效管理系统。薪酬系统要更多地关注外部的公正性。必要时，还要对组织结构、组织制度建构做出相应地调整。

采取高品质战略的服装企业有赖于广大员工的主动参与，只有这样才能保证其产品的高质量。因此，企业要重视培养员工的归属感和合作精神，通过授权，鼓励员工参与决策或通过团队建设让员工自主决策。

第二章 服装企业工作分析与工作设计

对服装企业的各个工作岗位进行分析是服装企业人力资源管理的一个重要环节；服装企业中人力资源管理的各项具体工作的实施都是以工作分析为基础进行的。

①了解工作分析和工作设计的含义及其具体内容

②了解工作分析的实施过程。

③掌握各种工作分析方法的运用。

④了解工作设计的原则和方法。

⑤掌握工作丰富化的方式。

⑥了解服装企业工作分析与工作设计的具体实施。

⑦掌握适合服装企业工作分析与工作设计的方法。

第一节 工作分析的相关概念

企业的正常运行必须由许多执行不同工作任务、具有不同工作能力的员工来维系。怎样使合适的工作由合适的人来做，使人与工作实现最佳配合，做到人尽其能，能适其职，这就需要进行工作分析。通过工作分析可以了解每个工作岗位的特点和要求，并明确能够胜任各项工作的人员所必须具有的特性，从而为特定的职位选择适合的人。

一、工作分析的内涵

1. 工作分析的概念

首先对工作分析所涉及的相关概念加以说明。

(1)工作要素

工作要素指工作活动中不能再继续分解的最小单位。如工人按下机器电源按钮、搬运工提起重物等。

(2)任务

任务指为达到某一特定目的而进行的一项活动。如工人维修一台机器，管理人员编写一项计划等。需要由一名员工承担一系列相同或相近似的任务时，就产生了一个工作职务。

(3)职务

职务指主要职责在重要性与数量上相当的一组职位的集合或统称。它与职位的不同点在于强调所承担的任务内容，而不是任务的地点。例如，一个企业可能设两个经理，一个主管市场营销，一个主管生产管理。根据组织规模大小和工作性质，一个职务可能只有一个职位，亦可能有几个职位。

(4)责任

责任指分内应做的事，即在职务规定的范围内员工应尽职尽责地、保质保量地进行劳作，完成任务。例如，设备维护人员的责任就是保证机器设备的正常运行。

(5)职责

职责即职务与责任的统一，指必须由一名员工担负的各项任务组成的工作活动。例如，企业劳资科的工资管理员的职责之一是"定期进行工资调查"。这一职责由下列任务组成：

①设计工资调查表。

②发给被调查单位。

③对调查表进行必要的解释和说明。

④按期收回调查表。

⑤进行汇总、整理。

⑥写出分析报告。

(6)岗位，亦称职位

特定组织中，在一定的时期内，由一名员工承担若干项任务，并具有一定职务和责任权限时，就构成一个岗位。"职位"的含义与"岗位"基本相同，专指一定组织中承担一定职责的员工位置。它与职务的不同点在于强调承担某类任务的人员数量及具体劳动的地点(位置)。

(7)职业

指在不同时期、不同组织中，工作要求相似或职责平行(相近、相当)的职位集合，如设计师、会计、工程师等都是职业。

(8)工作

它有三种含义：泛指体力和脑力劳动活动，专指职业，特指若干项专门任务。在职务分析中，工作由一组主要职责相近或相似的职务(职位)所组成。

(9)工作分析

工作分析是收集、分析与工作岗位有关的信息，以此确定工作的职责和内容，以及具备什么素质的人可以胜任该岗位的过程。工作分析最终要形成工作说明书，包括工作描述和工作规范两个方面内容。工作描述是用来说明工作所从事的任务、所承担的责任以及工作中所使用的设备和工作环境等方面的信息。而工作规范用来说明对承担这项工作的人员所必须具备的特殊技能、工作知识、能力和其他个人条件、基本素质方面的要求。工作分析的目的是为了达到人岗的互相匹配。

2. 工作分析的意义

经工作分析制成助工作说明书为人力资源管理的各种活动提供了信息，从而确保组织中的每项工作都按照管理者的意愿开展，同时工作说明书使员工充分了解各个工作岗位在整个组织中的地位和关系，明确自己的工作目的、任务和职责，以便尽职尽责地工作。因此对企业管理效率的提高和公正管理的实现具有重要的意义。具体地讲，工作分析具有以下作用。

(1)为人事决策奠定坚实的基础

全面而深入的工作分析可以使组织充分了解各项工作的具体内容以及工作人员的身心要

求，为正确的人事决策提供科学依据。

(2)避免人力资源的浪费

通过工作分析和科学的工作设计，组织中每个人的职责分明，提高了个人和部门的工作效率与和谐性，避免了工作重叠、劳动重复等浪费现象。

(3)科学评价员工业绩

通过工作分析，明确界定每一职位的内容，应该做什么，不应该做什么，应该达到什么要求，都一目了然。以工作分析为依据，就能合理、公平、科学地评价员工业绩。

(4)明确人才的使用

工作分析指明了各工作岗位需要什么样的人才，可以尽量减少人才使用中的“大材小用”或“小材大用”现象，在招聘和晋升中可以使最适当的人得到最适当的职位。

工作分析可以在训练、职业开发、安全、工资、奖金、人际关系、员工咨询等方面提供建设性意见。组织可以在工作分析的基础上，了解到员工工作的各种信息，以便全方位地有效激励员工。

二、工作分析的内容

工作分析的内容主要包括工作名称分析、工作描述分析、工作环境分析、聘用条件分析和任职者条件分析。

1. 工作名称分析

工作名称就是组织对从事一定工作活动所规定的名称或代号，以便于识别、登记、分类以及确定组织内外的各种关系。

工作名称分析的目的在于标准化工作名称，以便通过职务的名称使人了解到工作的性质和内容。它要求简明扼要地概括本职务工作的责任及其组织隶属关系，包括工种、职称、等级等项目。

2. 工作描述分析

通过工作描述分析，可以全面地认识工作的整体。通常要求进行以下四个方面的分析。

(1)工作任务分析

工作任务分析就是调查研究企业中各个职务岗位任务的性质、内容、形式，如工作的任务、工作内容、工作的独立性和多样化程度以及执行此项任务的步骤、方法，使用的设备、器具以及工作影响的对象等。

(2)工作责任分析

工作责任分析的主要目的是通过了解工作在组织中的相对重要性，为工作配置相应的权限，以保证工作的责任与权力对等，注意应尽量使用定量的方法来确定工作的责任与权力。

(3)工作关系分析

工作关系分析，指了解、明确该项工作的协作关系。包括该工作与其他工作的相互制约关系；相关工作的协调、合作关系；在哪些工作范围内可以进行人员的升迁或调换活动。

(4)劳动强度分析

劳动强度分析是为了确定某项工作合理的标准活动量。劳动强度可以用此项工作活动中劳动强度指数最高的几项操作来表示，如果劳动强度指数不容易确定或代表性不强时，可以使用标准工作量来表示，如劳动定额、工作折算基准、产品不合格率、工作循环周期等。

3. 工作环境分析

工作环境分析是对所处的物理环境、社会环境进行分析。主要包括以下方面的内容：

(1) 工作的物理环境

工作的物理环境分析是对工作场所的温度、湿度、噪声、粉尘、照明度、震动等以及工作人员每日与这些因素接触的时间进行分析。

(2) 工作的安全环境

工作的安全环境包括该项工作的危险性、可能发生的事故、事故的原因以及对工作人员身体所造成的危害及其危害的程度、劳动卫生条件、从事该项活动易患的职业病以及危害的程度等。

(3) 工作的社会环境

工作的社会环境分析包括工作所在地的生活方便程度、工作环境的独立程度、直接主管的领导风格、同事之间的人际关系等方面的内容。

4. 聘用条件分析

聘用条件分析的目的在于确定任职人员在组织中正式任职的有关工作安置等情况，具体包括工作时间、薪酬福利、晋升培训机会以及离职、辞退规定等。

5. 任职者条件分析

任职者条件分析的目的是确认工作的执行人员在有效履行职责时应该具备的最低资格条件。包括以下五个方面的内容。

(1) 必备知识分析。

任职者必须具备的最低学历要求，对使用机器设备、工艺过程、操作规程及操作方法、安全技术、企业管理知识等有关技术理论的最低要求，管理人员应了解有关政策、法规、工作准则等相关知识的最低要求。

(2) 必备经验分析

任职者必备经验，指工作人员为完成各项工作任务必须具备的操作能力和实际经验的最低要求。

(3) 必备操作能力分析

通过典型的操作分析，以确定从事该项工作所需的决策能力、创造能力、组织能力、适应性、判断力、智力以及操作熟练的程度等。

(4) 必备基本能力分析

基本能力主要指工作人员为有效完成特定的工作应具备的行走、跑步、跳高、站立、旋转、平衡、弯腰、下蹲、推力、拉力、耐力、听力、视力、手眼配合、感觉辨别能力等。

(5) 必备心理素质分析

任职者必备的心理素质分析是根据工作的特点确定工作人员应当具备的一些必要心理要求，主要指工作人员应具备的主动性、责任感、支配感、情绪稳定性等气质倾向。

需要说明的是组织总是处于不断的变化之中，因此工作分析的内容应根据组织发展变化的特点，以及工作分析的实际目的不同而进行适当地调整，从而实现资源的最优使用。

三、工作分析的参与者

为了提高工作分析的质量，要选择适当的工作分析人员。要求工作分析人员有丰富经验，较高的受教育层次，分析的公正性、独立性和认真负责的精神，良好的分析能力和合作能力，良好的视觉记忆能力，熟悉多方面的工作、工艺及机器。同时要保证工作分析人员在进行工作分析时不受其他因素的干扰，从而保证工作分析结果的信度和效度。

工作分析的参与人员包括人事专家、工作者和工作者的上司，其中人事专家可以包括人事经理、工作分析员和公司顾问。人事专家的工作是观察并分析各项工作，然后编写工作说明书和工作规范；工作者及其上司要回答工作分析问卷，然后再认可工作分析人员得到的资料。

以上三种工作分析人员各有优点和缺点。人事专家在分析过程中能保持客观公正，保持信息的一致性，在工作分析的方法上有专长，但企业必须支付昂贵的费用，并且他们可能不太了解企业。工作者上司对所要分析的工作（包括工作涉及到的无形方面的内容）具有全面而深入的了解，搜集信息的速度也轻快，但首先必须花费大量时间，对他们进行相关培训，从而影响他们的积极性，且不一定能保证分析的客观性。从事工作者对工作最为熟悉，收集信息的速度也最快，但所搜集到的信息的标准化程度和职责的完整性较差，且当工作分析的信息影响到自身的利益时，有可能出现信息的扭曲。

四、工作分析的时间

随着组织环境、客户需求、技术因素、组织战略及组织人力资源队伍的变化，一项工作的内容可能随着时间而改变。在组织还没有建立工作内容和对任职资格的精确描述，或者原来的描述已经过时的情况下，就需要进行工作分析。具体地说，出现下面这些情况时，企业必须进行工作分析：

1. 企业新成立

新成立的企业要进行工作分析，这样可以为后续的人力资源管理工作打下基础。新成立企业招聘人员时，迫切需要工作分析的信息。

由于很多职位还是空缺，所以应该通过企业的组织结构、经营发展计划等信息来制定一个粗略的工作分析。工作分析的结果仅仅满足能够提供招聘人员的职位职责和任职资格即可。更为详细的工作分析可以在企业稳定运转一段时间之后进行。

2. 职位变更

当职位的工作内容等因素有所变动时，应该重新进行工作分析。职位变动一般包括职责变更、职位信息的输入或输出变更、对人员任职资格要求的变更等。在职位变更时，要及时进行工作分析，以保证工作分析的有效性和准确性。要注意的是在职位变动时，与之相关联的其他职位往往会发生相应的改变，因此应系统地进行工作分析，不能漏掉任何一个职位，否则很可能出现矛盾的结果。

3. 没有进行工作分析的企业

有些企业已经存在很长时间，但由于一直没有人力资源部或者人力资源部工作繁忙，一直没有进行工作分析，这些企业应该及时开展工作分析。特别对于新上任的人事经理，可以考虑从工作分析来切入工作。

第二节 工作分析的方法

工作分析有多种方法，这些方法各有所长，可以相互结合，从不同角度收集信息，使工作分析的结果更全面。我们将工作分析方法分为定性和定量两大类。

一、定性的工作分析法

定性的工作分析方法包括工作实践法、观察法、访谈法、问卷法、典型事例法、工作日志法等。

1. 工作实践法

工作实践法是指工作分析者通过直接参与工作，从而深入细致地体验、了解、分析工作的特点和要求，从而获得真实的信息。这种方法可以克服一些有经验的员工并不是很了解自己完成任务的方式的缺点，也可以克服有些员工不善于表述的缺点，还可以弥补一些观察不到的内容。但这种方法只适用于短期内可掌握的工作，不适用于进行大量的训练或有危险性工作的分析。由于现代企业中的许多工作高度专业化，工作分析者往往不具备从事某项工作的专业知识和技能，这时就无法采用工作实践法。

2. 观察法

观察法是指工作分析者在工作现场直接观察工作人员的工作过程，记录工作行为及各方面特点，包括工作的具体内容、程序、所使用的工具设备、工作环境和体力消耗等，并对这些信息进行分析和归纳。观察法可以了解广泛的信息，如工作活动内容、工作中的正式行为和非正式行为、工作人员的士气等；并且，由于采用这种方法收集的资料多为第一手资料，排除了主观因素的影响，比较客观正确。一般来说，观察法适用于标准化、周期短的体力活动的行为特征的分析，而不适合于对心理素质的分析。另外，运用观察法时，被观察员工的行为表现会出现跟平时不一致的情况，从而影响了观察资料的可信度。

(1)企业在运用观察法时，应注意以下几点：

①观察的工作应相对静止。即在一段时间内，人员的要求不会发生明显的变化。

②要注意工作行为样本的代表性。

③观察人员尽可能不要引起被观察对象的注意，至少应不干预被观察者的工作或者征得被观察者的同意。

(2)为保证观察时不遗漏重点，观察前要有详细的观察提纲。其内容大致有以下几个方面：

①被观察者的基本情况，包括工作名称和所属部门。

②上下班时间。

③工作任务及产品完成情况、数量。

④工作环境，包括室内温度、安全卫生情况。

⑤使用工具、设备、材料。

⑥工作程序。

3. 访谈法

访谈法是指工作分析人员与员工进行面对面的交谈收集工作信息的方法。

作为工作承担者，员工对工作的内容以及任职资格最为了解，因而这种方法是一种有效的收集工作信息的方法。访谈法有三种方式：个别员工访谈法、集中员工访谈法和主管访谈法。

①个别员工访谈法适用于各个员工的工作有明显差别、工作分析的时间又比较充分的情况。

②集体访谈法通常用于大量员工从事相同或相似工作的情况。在进行集体访谈法时，要让工作承担者的主管到场或事后征求他们对收集到的信息的看法。

③主管访谈法是指同一个或多个主管面谈，了解要分析的工作情况。主管对于工作内容一般都相当了解，与主管访谈能够减少工作分析的时间。

实施访谈法时，应事先准备一份访谈提纲，根据需要制定详细的提问单，把握所提问题与分析目的之间的关系，并在问题后面留出足够的空白处以供填写。重要的问题先问，次要的后问，并为被访谈者预留充足的时间回答问题。

访谈法是一种实用的工作分析方法，通过访谈可以了解许多深层次的工作信息，因而是其他工作分析方法的很好补充。但是访谈往往需要花费大量的时间和精力，有时会打扰员工工作，占用员工工作时间，同时任职者会有意无意夸大自己所从事工作的重要性和复杂性，从而导致所提供的工作信息失真。

4. 问卷调查法

问卷调查法是指将所需获取的信息用问题的形式加以具体化，编制成问卷，然后分发给员工，员工通过填写问卷来描述其工作中所包含的任务、职责、环境特征等方面的信息。

实施问卷调查首先必须设计一份有效的问卷。一般来讲，工作分析的调查问卷包括两种形式的问题：一种是提出一些简单的、开放性的问题让员工进行回答，如“请描述你的主要工作任务”之类的问题；另外一种是在问卷中详尽列出工作中可能出现的各种情况，然后让员工选择实际工作中的情况。采用此法时，有必要对问卷中的调查项目做统一的说明，如编制调查表填写说明，对员工填表进行指导，以保证所获得信息的准确性。

采用问卷调查法能够快速高效地获得大量关于工作的信息，既节约成本，又节省时间。由于员工可以在工作之余填写问卷，因而不会影响到工作。工作分析的样本量很大，适用于需要对很多职务进行分析的情况，分析的资料可以数量化，数据可由计算机进行数据处理。问卷调查法的缺点是设计问卷要花费大量的时间、人力和物力，费用较高，被调查者可能因对问卷的理解不同而产生误解。

5. 典型事例法

典型事例法是对实际工作中具有代表性的工作者的工作行为进行描述，如把文秘人员的打字、收发文件等一系列行为收集起来进行归纳分类，得到有关工作内容、职责方面的信息。这种方法可直接描述任职者在工作中的具体活动，因此可以揭示工作的动态性。由于所分析的工作可以观察和衡量，所以用这种方法获得的资料适用于大部分工作。但是收集归纳事例并且把它们分类需消耗大量时间。存在的缺陷是可能会遗漏一些不显著的工作行为，难以非常完整地把握工作行为及整个工作实体。

6. 工作日志法

工作日志法是指由从事某一工作的员工按照时间顺序详细记录在某一期间内所从事工作的内容、责任、权力、人际关系以及工作感受等，然后在此基础上进行综合分析，以实现工作分析的一种方法。由于工作日志法详细记录了工作的具体内容，可以避免遗漏工作信息。缺点是由于员工自行记录，客观性无法保证，往往会出现某些工作活动被过分强调而另外一些被轻描谈写的情况，结果会影响工作分析结果的准确性。另外，员工在工作中不时地记录工作内容，往往会影响其工作。

二、定量的工作分析方法

虽然定性工作分析方法有着普遍的应用，但在某些情况下需要对各项工作进行比较来决定薪酬和待遇的高低时，定性方法就不适用了，此时需要采用定量的工作分析方法。定量工作方法主要有职位分析问卷法（Position Analysis Questionnaire，PAQ）、功能性工作分析方法（Functional Job Analysis，FJA）、管理岗位描述问卷法（Management Position Description Questionnaire）等。

1. 职位分析问卷法

职位分析问卷法是美国普渡大学的研究人员研究出的一套数量化工作分析法。这种职位分析调查问卷法结构比较严密，要求由工作分析人员填写，并且要求工作分析人员对被分析的职务相当熟悉。

职位分析调查问卷法的优点是由于大多数工作都可以用该方法进行测量和描绘，因而可以用它将工作进行分类，并将每一类工作评出数值和等级，因此它还可以用来建立每一类或每一个工作的薪资水准。这种方法比较规范化、数量化，适合于用计算机对结果进行统计分析。其缺点是对工作分析人员的要求较高，设计这种问卷比较费时费工，也不像访谈法那样可以面对面交流信息，不容易了解到被调查对象的态度和动机等较深层次的信息，也不容易唤起被调查者的兴趣。如果要获得足够详细的信息，则需要的时间很长。

2. 功能性工作分析法

美国培训与就业署设计的功能性工作分析法所依据的假设是任何工作的功能都反映在它与资料、人和事这三项要素的关系上，而且可以用数值来表示每项要素的重要性。因此，可以对各项工作进行评估，以确定该项工作的薪酬和待遇标准。同样，功能性工作分析法也可以对工作环境、机器与工具、员工特征等进行数量化分析。

功能性工作分析法还在两方面进行了补充：一方面是在原有采用资料、人和事三项要素进行工作分析的基础上，又增添了完成工作任务所需要的四项内容，包括教育程度、推理和判断能力的程度、数学能力以及应用语言能力的程度；另一方面是提出了绩效标准和训练要求。因此，通过功能性工作分析法，可以得到这样的回答，即“员工需要得到什么训练才能完成这项任务，满足新的标准”。

3. 管理职位描述问卷法

管理职位描述问卷法，借助于一种结构固定的问卷表的形式，对企业中的各种管理职位进行分析。管理职位描述问卷通常包括对经理人员所担任的各项管理职务的工作内容、工作职责、工作要求、所受制约以及其他一系列特点进行分析。

管理职位描述问卷法适用于不同组织内管理层职位的分析，它为企业发现管理人才及正确确定管理工作所需的培训提供了依据。它还为企业进行管理职务评价、划分管理职务的工资等级、制定员工招聘和选拔程序等工作提供依据。

第三节　工作分析的结果与工作设计

一、工作分析的结果

工作分析所要做的不仅是对工作本身进行分析，它最终必须给出工作分析的结果，这些结果通常以工作描述和工作规范的形式给出。工作描述是对所从事的某项工作的基本内容、工作环境和工作条件进行的说明；而工作规范是对承担某项工作的人员必备特征和经验的说明。只有形成工作描述和工作规范，工作分析才能在人力资源管理的各项基本工作中发挥其指导作用。

1. 工作描述

工作描述主要包括以下几方面的具体内容：

①工作基本概况，包括工作名称、编号、工作等级、工作部门、隶属关系、工作地点以及工作分析时间。

工作名称应准确具体，尽量能通过工作名称表达该工作的特征面貌。工作编号是为了方便快速查找，编号的具体制定可以根据本企业的实际情况，参考其他企业的经验来进行。隶属关系是指通过组织结构而确定的该项工作的直接上司和直接下属。记录工作分析时间是为了检查以后工作中工作分析是否过时。

②工作职员和工作要求，包括任职人员必须完成的任务、承担的责任、拥有的权限以及上下级之间的报告关系等。

③机器、设备与工具，列出工作中所用到的所有设备、机器及辅助性工具等。

④工作环境，包括工作的物理环境、安全环境和社会环境。物理环境即湿度、温度、照明度、噪声、震动、异味、粉尘、空间、油渍等，以及工作人员每日与这些因素接触的时间；安全环境包括工作的危险性、可能发生的事故、过去事故的发生率、事故的原因，及可能对执行人员身体的哪些部分造成危害、危害程度如何、劳动安全卫生条件、易患的职业病、患病率及其他危害程度。

2. 工作规范

工作规范是对工作人员任职资格的说明，主要包括以下几方面内容：

①任职人员基本素质要求，如最低学历、所从事的技术专长领域、所必须拥有的工作经验、接受的培训教育以及其他特殊才能等。

②任职人员生理素质要求，包括年龄要求、体能要求、健康状况、感觉器官的灵敏性等。

③任职人员综合素质要求，如语言表达能力、理解能力、领导决策能力、进取心、职业道德素质、人际交往能力、性格、气质、兴趣爱好等。

二、工作设计

1. 工作设计的内涵

工作分析的实施是建立在工作已存在，并且这些工作的构成和设置是最好的假设下的。然而在企业中，工作的设置有时候并不是最好的，管理者有时需要增加或者减少员工的工作负荷；有时由于环境因素的变化，需要重新设计一种工作岗位。此时，管理者就要进行工作设计。

工作设计就是为了有效地达到组织的目标，提高工作效率，对工作内容、工作职责、工作关系等方面进行变革和设计。工作设计是否得当，对激发员工的工作动机、增强员工的工作满意程度以及提高生产率都有重大的影响。

工作设计主要包括以下几个方面的内容：

①工作内容。工作内容是指工作的范畴，包括工作种类、工作自主性、工作复杂性、工作难度和工作的完整性等。

②工作职责。工作职责是指工作本身的描述，包括工作责任、工作权限、工作方法、工作协调和信息沟通等。

③工作关系。工作关系是指工作中人与人之间的关系，包括上下级之间的关系、同事之间的关系、个体与群体之间的关系等。

④工作环境。工作环境方面的设计包括工作活动所处的环境特点，最佳环境条件及环境安排等。

⑤工作结果。工作结果是指工作所提供的产出情况，包括工作产出的数量、质量、效率以及组织根据结果对任职者所做出的奖励等。

⑥工作结果的反馈。工作结果的反馈是指任职者从工作本身所获得直接反馈以及从上级、下级或同事那里获得的对工作结果的间接反馈等。

⑦任职者的反应。任职者的反应是指任职者对工作本身以及组织对工作结果奖惩的态度，包括工作满意度、出勤率和离职率等。

2. 工作设计的原则

有效的工作设计应遵循以下几条原则：

(1)讲究效率原则

工作设计的最终目的是为了有效地完成组织目的，因此，有效的工作设计应能创设符合员工个体特性的工作活动模式，让员工在一个具有良好工作协调合作关系的环境下工作，使员工能更好地履行其工作职责与内容，充分发挥其能力，使整个组织的效率得到提高。

(2)重视工作因素原则

工作设计应使工作中的各种因素与员工的要求相符，从而激励员工的工作动机，提高组织的活动效能。工作设计中应考虑的工作因素包括工作的挑战性和吸引力、工作的自主性和自由度、工作的多样性与丰富化、合理的工作负荷与节奏、安全舒适的工作环境、良好的工作关系等。

(3)从员工特性与能力考虑原则

由于每个人的知识、能力、兴趣、个性、志愿等各不相同，因而工作设计应尽可能使工作特征与要求适合员工个人特征，只有这样才能使员工更好地发挥其才能。

(4)合理安排原则

工作设计应将时间上紧密联系和功能上密切相关的一系列任务设计在一起，使工作任务的时间安排紧凑、合理。同时，应尽可能使员工在临近的地点工作，运用相关联的设备，以提高工作的效率。另外，工作设计要注意工作本身具有不同的层次，既有比较常规的操作，又有相对责权的任务，因此要使工作具有渐进性。

(5)系统化设计原则

工作设计应充分考虑组织中各个有关方面的影响，包括组织战略、组织体系、组织管理方式、组织所处环境等，努力寻求各方面因素的最佳结合，使之在工作系统中构成良好的协调关系。

第三章　服装企业员工的招聘与录用

服装企业进行了人力资源战略规划以及工作分析与工作设计后,就对组织的形成与构造提供了依据。此后,就要对组织配备人员,开展员工招聘与录用工作。

第一节　员工招聘与录用的相关概念和方法

当今市场上无论何种行业,作为企业持续发展的动力——人才,越来越珍贵,越来越引起企业经营者的重视,加之服装企业属于劳动密集型企业,随着人口红利的的消失服装企业的招聘难度越来越大。一个企业在创立之初可能就是几个人打天下,但当企业发展壮大之后,必然会引进新的人才为企业的发展壮大服务。这个时候不可能仅靠某一个人的能力来推动企业的发展,必须引进具有不同专长的人才,进行分工协作,发挥他们最大的才能来为企业服务。如何招聘优秀的人才,怎么用,并且让他们不离开呢? 这是每一个企业都面临的大问题。本章从服装企业的招聘进行分析。

一、招聘、甄选与录用的内涵

员工招聘就是通过各种信息途径寻找和确定工作候选人,以充足的质量和数量来满足企业(或组织)的人力资源需求的过程。

甄选是招聘的后续工作,也是招聘的延伸。甄选是从大量的申请人中挑选出最有可能有效胜任工作或组织认为最合适的人员的过程。

人员录用是人力资源部门在经历了一系列的招聘、甄选工作后,将最终被认为是最适合该项职务的人员,按照法定程序吸纳为本企业成员的过程。

招聘所要完成的就是建立一个招聘蓄水池,将求职者集中起来;甄选过程是从建立起来的招聘蓄水池中挑选合格的求职者;而录用就是最终确定应聘者并分配给他们职位的过程。所以,录用是招聘过程的一个总结,是给招聘工作画上一个句号。

二、招聘的原则

1. 因事择人,宁缺毋滥

企业应根据人力资源计划进行招聘。无论多招了人,还是招错了人,都会给企业带来很大的负面作用,不仅有看得见的经济损失,还会对企业文化造成不良影响,降低企业的整体效率。

2. 公开招聘

招聘信息、招聘方法应公之于众，并且公开进行。这样，一方面可将录用工作置于公开监督之下，防止不正之风；另一方面，可吸引大批的应聘者，从而有利于招到一流人才。

3. 平等竞争

对所有应聘者应一视同仁，不得人为地制造各种不平等的限制。应采用“赛马”的方法，以严格的标准、科学的方法对候选人进行测评，再根据测评结果确定人选。这样就可以创造一个公平竞争的环境，既可以选出真正的优秀人才，又可以激励其他员工积极向上。

4. 用人所长

要考虑有关人选的专长，量才使用，做到“人尽其才”“事得其人”。

三、招聘的策略

企业该如何招聘，这取决于两个前提条件：一是人力资源规划，从中得到预计要招聘的职位与部门、数量、时限、类型等因素；二是工作描述与工作说明书，这既为录用提供了主要的参考依据，也为应聘者提供了关于该工作的详细信息。

有了这两个依据，企业就要尽早决定招聘什么岗位、需要多少人、岗位的具体要求、用什么载体发布招聘信息、确定什么部门对应聘者进行什么方式的测试、招聘预算、结束招聘的时间以及新员工何时到位等问题，以免人员短缺而造成损失。这些运作要经过用人部门提出申请，人力资源部门进行审核，再由最高管理层决定。

四、招聘渠道及渠道的选择

人员招聘的渠道，从大的方面讲包括企业外部招聘和企业内部招聘。一般说来，当组织内有能够胜任空缺职位的人选，且组织已有既定的发展战略时，可考虑从内部选拔；当组织急缺一个关键性的主管人员，而组织内又没有能胜任这一重要职位的人选时，就需要从外部招聘。

1. 内部招聘

(1)内部招聘对象的主要来源

①提升。从内部提拔能够胜任、合适的人选到空缺的职位。

②工作轮换。提供员工从事组织中同一级别的不同岗位工作的机会，既为员工今后提升做好准备，也为企业培养了多技能的员工。

③内部人员重新聘用。一些组织由于一段时期经营效果不好，会暂时让一些员工下岗待聘，当组织情况好转时再重新聘用这些员工。

④竞争上岗。其目的是激发员工的工作积极性，发挥个人潜力，满足员工的成就感需求。

⑤员工、管理层推荐。推荐者和被推荐者都会有一种责任感和使命感，所以选择不合适人选的风险较小。

(2)内部招聘的方法

①查询档案资料。通过查询企业人力资源信息系统(包括书面档案和计算机系统)来搜选候选人。

②发布招聘广告。此目的是展示现有职位空缺，邀请企业内所有符合条件的雇员申请。企业可以利用的广告媒体，包括内部电视、电子邮件、局域网、张贴海报等。在招聘的广告中，应包含空缺岗位名称、工作说明、待遇条件、任职资格等。需要注意的是，要尽可能通知到所有的人。

③管理层指定。企业内部有些岗位，特别是中高层管理岗位，常常是由管理层根据考核结果指定候选人，有时甚至直接任命。

2. 外部招聘

(1)广告

①通过招聘媒介向社会传播招聘信息，其特点是信息传播范围广、速度快，应聘人员数量大、层次丰富，组织的选择余地大。阅读广告的不仅有工作申请人，还有潜在的工作申请人以及客户和一般大众。所以，公司的招聘广告代表着公司的形象，需认真实施。对于不同的招聘媒介有不同的优缺点和适宜的时机，企业要根据情况做出正确的选择。

②广告的结构要遵循 AIDA 四个原则：注意(Attention)、兴趣(Interest)、欲望(Desire)和行动(Action)。也就是说，好的招聘广告要能够引起读者的注意并产生兴趣，继而产生应聘的欲望并采取实际的应聘行动。

(2)校园招聘

学校是人才资源的重要来源，学校毕业生已成为各组织专业技术人才和管理人才的最主要来源。一些组织为了不断地从学校获得所需的人才，在学校设立奖学金，与学校横向联合，资助优秀或贫困学生，借此吸引学生毕业后去该组织工作；有的还为学生提供实习机会和暑期雇佣机会，以期日后确定长久的雇佣关系，并达到试用观察的目的，而对于学生来说，则是一个积累工作经验、评估在该组织中工作与发展价值的机会；有的则在学校中建立"毕业生数据库"，对毕业生逐个进行筛选等。对学校毕业生虽常用的招聘方法是每年的人才供需洽谈会，直接到校园举行招聘会，在学校中散发招聘广告，双向选择。有的则通过定向培养、委托培养等方式直接从学校获得所需人才。这也是现代社会人力资源争夺的提前化趋势。

(3)职业介绍机构

职业介绍机构的作用是帮助雇主选拔人才，节省雇主的时间，特别是在企业没有设立人力资源部门或者需要立即填补空缺职位时，职业介绍机构可以提供专业的招聘咨询和服务。但是借助职业介绍机构的一个不利因素就是对应聘者的情况不够了解，容易出现推荐的候选人与企业空缺职位不匹配的情况。为此，企业在选取职业介绍机构这一招聘渠道时，要尽量选取信誉较高的介绍机构，要求他们提供尽可能多的适合职位要求的人选，而且要同几家职业介绍机构保持稳定的联系。

(4)猎头公司

猎头公司也称作"高级管理人员代理招聘机构"。这是一种类似职业介绍机构的就业中介组织。但是由于它特殊的运作方式和服务对象的特殊性，所以经常被看作是一种独立的招聘渠道。他们专门为雇主"搜寻"和推荐高级管理人才和关键技术人才。尽管利用这类机构进行招聘活动需要支付一定的费用(一般为所推荐人才年薪的 1/4 ~ 1/3)，但是他们可以替企业的高层管理人员节省时间，并且承担了为这些空缺职位所做的一些初期性广告工作。因此，这种招聘渠道有很大的利用价值。

借助猎头公司招聘人才时，应坚守几个原则：

①首先向猎头公司说明自己需要哪种人才及理由。

②确信你所找的这家机构能够自始至终地完成整个招聘过程，选择一家信得过的猎头公司。

③要求会见猎头公司中直接负责本企业业务的人，确保他有能力完成招聘任务。

④事先确定服务费用的水平和支付方式。

⑤向这家猎头公司以前的客户了解该公司服务的实际效果。

(5)信息网络招聘与求职

信息网络招聘与求职是近年来随着计算机通讯技术的发展和劳动力市场发展的需要而产生的通过信息网络进行招聘、求职的方法。这种方法由于信息传播范围广、速度快、成本低、供需双方选择余地大，且不受时间、地域的限制而被广泛采用。现在最常见的方法是网上招聘，不仅花费的成本少，可供选择的应聘者多，而且能同时在不同地点进行选择。

(6)特色招聘

特色招聘形式如电话热线、接待日等能吸引更多的人来应聘。通过电话，招聘对象可以非常迅速、方便地了解到组织及职位的信息。在接待日，通过对公司的访问，与部门领导与人力资源部门管理人员的交谈，组织与个人可深层次地相互了解，便于组织与个人做出决策。例如，北京现代汽车有限公司每天都可安排外来人员参观，并配有专职的讲解员，在参观的同时播放介绍企业的短片，使到访者对企业能有较清楚的了解。

在招聘过程中，有一个值得注意的问题是：用人单位要向求职者介绍本组织的真实情况，这被称为“工作真实情况介绍”。工作真实情况介绍要求招聘人员除了要介绍本组织有利的一面外，还要介绍不利的一面，如工作环境、交通问题等，要向求职者提供真实的组织状况和信息。研究表明，求职者在录用前，若对工作的期望高于实际情况时，会使他们在进入组织后产生失望的情绪，引起不满，使得新进人员的保持率降低；而接受过工作真实情况介绍的求职者，进入组织后，其工作的满意度较高，不易引起离职。

内部招聘与外部招聘具有不同的优点与缺点，两种方法可以互补，服装企业应根据自身的条件和发展状况以及招聘岗位的需要选择适合本企业的招聘方式。

五、甄选的方法

人员甄选的方法是评定应聘者素质与行为能力的重要手段。只有运用科学有效的甄选测评方法，才能保证组织招聘到合适的人选，并将其安置到组织中最合适的岗位上。通常这种测试包括笔试、面试、管理评价中心的模拟工作环境测试、体检和背景调查。

1. 笔试

这是一种最古老而又最基本的测试法。它是让报考者在试卷上笔答事先拟好的题目，然后由主考人根据报考者解答的正确程度予以评定成绩的一种测试方法。采用这种方法可以测量报考人的基本知识、专业知识、管理知识、相关知识以及综合分析能力、文字表达能力等方面的差异。例如，一年一度的国家公务员考试就属于这种方法。

笔试的优点在于它花费时间少、效率高、一次评价人数多，对报考者的知识、技术、能力的考察信度和效率高，成绩评定比较客观。因此，笔试至今仍是企业使用频率较高的人才选拔方法。

笔试的缺点是不能全面地考察应试者的工作态度、品德修养、组织能力、口头表达能力和操作技能。所以，笔试往往成为应聘者的初次测试，笔试合格者才能取得面试或下一轮测试的资格。

2. 面试

面试是专门设计从应聘者对口头询问的回答中获取信息的过程。从这些信息中，招聘者可以预测应聘者未来的工作表现。有调查显示，70%的企业在招聘过程中使用了某种形式的面试技术或方法；而另一项调查显示，99%的企业使用面试作为筛选工具。

面试的几种基本类型：

(1)非指导性面试

指面试中允许申请者在最大自由度上决定讨论的方向，而主持人尽量避免使用影响申请者的评语，也称为"非结构化面试"。例如，问一些诸如"请谈谈你在上次工作中的经历"之类范围广泛、开放式的问题，并允许申请者自由发表意见而尽量不打断。该方法常被用于面试那些申请较高职位或咨询工作的候选人。

(2)指导性面试

这种方法指运用一组标准化的问题，按照预先确定的顺序提问应试者，也称作"结构化面试"。用这种方法时，事先要针对申请同一个工作岗位的所有人编出一套相同的题目，这种标准化和一致性，为评价不同求职者的面谈结果提供了基础。结构化面试不允许面试主持人自己编问题，因此面谈中的主观性较小，结果的偏差也较小。

(3)情景面试

这是在面试过程中给申请者一个假定的情况，请他做出相应的回答。例如下面这个问题：

问题：在你即将旅行的前一天晚上，你已整装待发。就在准备休息时，你接到了工厂的一个电话，工厂出现了一个只有你能解决的问题，并被请求去处理此事。在这种情况下，你会怎么做？

记录回答：______________________________

评分指导：

好："我会去工厂，以确保万无一失，然后我再去度假。"

好："不存在只有我能处理的问题，我会确保另一个合适的人去那里处理问题的。"

一般："我会试着找另一个人来处理这个问题的。"

差："我会去度假。"

(4)行为描述面试

在面试中就既定情况所做出的反应，请应聘者回答。例如，主考官常常问这样的问题：告诉我你上次那份工作中最有成就的一件事，你是怎样开始计划的？你是怎样实施并最终完成计划的？你是怎样处理你遇到的障碍的？

(5)系列式面试

多数企业要求在做出录用前必须有几个人对求职者进行面试，称为"系列式面试"。每一位主试者从自己的角度观察求职者，提不同的问题，并形成对求职者的独立评价意见。

(6)陪审团面试

由一组面试人员对一位候选人进行询问和观察的面试。在这种面试中,应试者通常会遇到3~5个面试官,他们从不同侧面轮流提问,有些类似于记者在新闻发布会上的提问。与系列式的一对一的面试相比,陪审团面试能获得更深入更有意义的回答。同时,这种面试会给被试者额外的压力,有可能阻碍那些可以在一对一面试中得到的信息的传递。

(7)压力面试

此法的目标是确定求职者将如何对工作上的压力做出反应。在面试过程中,主试者带有攻击性,给求职者不断施加失败的压力,使他们产生防御行为,再观察他们在压力下的应变能力。然后,主试者再设法使气氛恢复到原来的平静状态,以使对方恢复信心。同时,也可以再观察求职者的应对能力。

(8)计算机辅助面试

近年来,许多组织使用计算机辅助面试作为传统面试的补充。这种面试按模式化和结构化面试的原则建立,其基本思想是向求职者展示一系列有关他的背景、经历、教育、技能、知识和工作态度的问题,这些问题与求职者的具体工作有关。问题采用多项选择形式,每次一个问题,求职者通过键盘输入答案。例如:

一个申请零售商店店员的应聘者,可能在计算机上看到这样的问题:你的主管如何评价你的顾客服务技能?

A. 优秀　　B. 平均水平以上　　C. 平均水平　　D. 低于平均水平　　E. 差

3. 管理评价中心

这种方法是把求职者置于一个模拟的工作环境中,从而观察和评价他们在模拟的工作情境和压力下的行为,也称作“情境测验法”。它是由美国战略情报局在第二次世界大战期间发明的,20世纪50年代首次应用于工业企业。目前,福特汽车公司、美国国际商用机器公司、美国电话电报公司和柯达公司都用管理评价中心技术来选拔管理者。在评价中心,还要对应试者进行心理测验,尤其是智力测验和个性测验,并与应试者进行面谈。

评价中心常用的方法有公文处理、无领导小组讨论、角色扮演、即席演讲、客观测试和面谈模拟等。

4. 体检

通过体检达到以下三个目的:

①确定求职者是否符合空缺职位的身体要求,发现为求职者安排工作所应当考虑的体格局限因素。

②建立求职者健康记录,以服务于未来保险或雇员的赔偿要求。

③通过确定健康状况,可以降低缺勤和事故。

这一环节的执行相对比较简单,一般企业会有一个有信誉或长期往来的医疗机构,也有一些大型组织让自己内部的医疗部门对应聘者进行体检。在这一环节中,要注意不同的职位对健康有不同的要求。一些对健康状况有特殊要求的职位必须要对应聘者进行严格的体检,以避免造成不必要的麻烦。例如,招飞行员就对身体状况有严格的要求。

5. 背景调查

背景调查是企业通过第三者对应聘者的情况进行了解和验证。这里的第三者主要是应聘者原来的雇主、同事以及其他了解应聘者的人员。对于毕业生来说，企业一般会联系学校有关老师及相互了解的同学，以此来了解应聘者原来的工作表现或在校表现、学历、信用状况以及犯罪记录。这在很大程度上避免了企业因招聘了不合适的员工而带来的麻烦。因此，这一项是录用员工前必不可少的过程。

调查的方法包括打电话、访谈、要求提供推荐信等。企业在运用这种方法时要注意以下几点：

①只调查与工作有关的情况。

②慎重选择“第三方”。

③要分析调查材料的可靠程度。

背景调查所需要的大部分信息都是公开的记录，可以提供给任何人。但是明智的做法是请一位专家，他可以迅速、全面、专业而又合法地做这项调查工作以节省调查的时间和人员的精力。

六、录用原则

1. 因事择人，知事识人

因事择人，要求根据工作的需要组织招聘员工，严格按照人力资源规划的供需计划来吸纳每一名员工。人员配备切莫出自部门领导或人力资源部门领导的个人需要或长官意志，也不能借工作需要来达到个人的某种目的。

知事识人，要求有关的管理人员了解空缺岗位的具体工作、责任、义务和要求，并能够发现人才，将他们放到适当的岗位上，提高其积极性，发挥他们的潜能。管理人员不但要做一个好的“伯乐“，还要懂得什么样的岗位应安排什么样的人员。

2. 任人唯贤，知人善用

任人唯贤，强调用人要出于“公心”，以事业、企业的利益为重，做到“大贤大用，小贤小用，不贤不用”。在人员的录用过程中，有两种心态容易影响任人唯贤的进行。

(1)亲近效应

与管理者接触频繁或有故交的人，容易使管理者对他们产生亲近感，因此在工作上会给予他们更多的照顾和器重，甚至不经过正式招聘程序就予以委任，这也就是“任人唯亲”。通过这种关系进入企业的某些人，在进入组织后，不把精力放在工作上，而是利用一切机会用各种手段讨好、巴结、收买管理者，或当面一套背后一套，影响企业正常有序地发展。

(2)月光效应

这是指管理者只看中某人的靠山、关系，而不考察其绩效、能力和水平。某人看似月球，虽自身不会发光，但借助太阳的光芒也能闪光耀眼。重用此人，可能一时讨得其靠山的欢心，但会打击其他员工的积极性和对自己的信任。

知人善用，要求对所任用的员工的能力、水平、性格了如指掌，并能及时发现人才，尽量避免员工出现“怀才不遇”的感受，以免员工跳槽而为自己的竞争对手所重用。

3. 用人不疑，疑人不用

这个原则要求管理者对员工给予充分的信任与尊重。试用人员与正式人员在使用上并无本质的差异，关键是管理者能不能给他们以充分的信任与权利，既然要用他们，就要大胆放手地让他们在工作岗位上发挥自己的才能。

4.严爱相济，指导帮助

员工在试用期间，管理者必须为其制定工作标准与绩效目标，并对其进行必要的考核。考核可以从几方面进行：工作成绩、发展潜力、创新能力、学习能力等。同时，要在生活上给予更多的帮助，尽量解决他们的实际困难，从法律上保证员工应享有的权利，用情感提高他们的工作积极性并留住他们。

第二节　服装企业员工招聘与录用的流程与方法

前面介绍的是各类型企业通用的一般招聘、甄选与录用的过程和方法，而服装企业因为有其特殊性，其招聘流程与方法应有所不同，这里仅仅介绍其不同之处及涉及的具体操作方法。

一、人员招聘规划的内容

服装企业是劳动密集型企业，因此，人员是否充足决定着企业能否顺利发展。服装企业不能被动地根据已发生的人员变动临时招人，而应该根据企业的未来发展和人员规划尽早发掘并招聘人员。

服装企业招聘规划的主要内容有以下几方面：

①哪些岗位需要招聘人员，招聘多少人？

②每个岗位人员的任职资格是什么？

③什么时候发布招聘信息，采用何种渠道招聘？

④如何进行人员测试，是否委托专业机构进行？

⑤录用决策的依据是什么，测试结果起什么作用？

⑥招聘费用是多少？

⑦招聘的截止日期是何时？

⑧谁来判断待聘人员是合适的，谁来决定是否录用？

⑨新录用人员何时报到并开始工作？

服装企业可以根据岗位需要制作人员招聘计划表和人员招聘申请表，使整个企业都能清楚地了解现在的情况和要解决的问题。

二、拟定招聘简章和发布招聘信息

1.招聘简章的基本内容

①标题。如“招聘”“诚聘”和“××××单位诚聘”等。

②简介招聘企业的性质和经营范围等基本情况。如经营西装、衬衫等服装。

③招聘职位、人数和招聘对象的条件。如对面料知识熟练掌握等。

④应聘时间、地点、邮编、联系方式和联系人。

⑤落款。如"××服装公司"。

要注意的问题是:招聘人数应比实际需求多一些,一般约为实际需求的两倍;措辞要热情洋溢,表现出对人才的渴求和应有的尊重。

2. 发布招聘信息

发布招聘信息的方法取决于组织规模、业务内容、招聘渠道、招聘目标人员的规模、特点以及招聘预算等因素。

①若服装企业进行组织内部招聘或大规模招聘初级工人,可以采用在招聘区域内张贴招聘简章的方式。

②若要招聘专业人才,可到服装院校开专场招聘会,在服装大赛上挖掘,或在相关的服装报纸和杂志上刊登招聘简章。

③若服装企业因发展壮大,需要聘请大批人员,包括经营管理人员和熟练工人,或者要薪聘请高级经营管理者,可以通过组织服装新闻发布会发布招聘信息。

④服装企业还可以通过服装人才市场或者在相关服装网站、招聘网站上发布招聘信息。如中国纺织服装网、中国服装网、前程无忧、智联招聘等。

三、在招聘及录用人员时避免家族企业病

需要注意的是,由于大多数服装企业是从家族式企业发展而来的,并且这种家族式作风很容易在组织中蔓延并固定下来,因此要特别注意避免家族企业"任人唯亲"的作风,防止"近亲繁殖",规范公司治理结构,适时引入职业经理人,用制度管人,避免"一言堂"等家长制管理。

第四章 服装企业的绩效管理

企业为确保员工的工作活动以及生产成果能够与组织目标一致,必须对员工的绩效进行管理。一方面对绩效优秀的员工进行奖励,激励他们继续为企业做贡献;另一方面对绩效不合格的员工采取培训学习或转岗等措施,提升其工作业绩,从而保证企业的快速健康成长。

第一节 绩效管理的相关概念

一、绩效与绩效管理

绩效管理就是对员工工作进行控制的过程。一般来说,员工努力工作首先考虑的往往是个人利益,通常和企业的整体利益有所不同,有时甚至相互对立。因此,管理者必须通过绩效管理对员工的工作行为进行引导,使员工利益和企业整体利益统一起来,在追求个人利益的同时为企业的整体利益做出自己的贡献。

1.绩效的含义

对于绩效的理解,学者们主要有三种观点:第一种是把绩效看作结果;第二种则把绩效看作个体行为;第三种把绩效看作是素质。

(1)把绩效看作是结果的观点

伯纳丁(Bernadin)等学者认为,“绩效应该定义为工作的结果,因为这些工作结果与组织的战略目标、顾客满意感及所投资金的关系密切”。还有学者在吸取前人研究结果的基础上,把绩效定义为“在特定的时间里,由特定的工作职能或活动产生的产出记录”。把绩效定义为产出的结果与人们日常的感受相符合,便于人们理解。同时在进行绩效衡量时操作性强,有利于明确具体的指标,如生产总量、次品率、销售员等,容易保持客观性。

(2)把绩效看作是行为的观点

不同意把绩效作为产出或结果的学者对上述观点提出了以下质疑:

①绩效结果受多因素影响。在许多状况下员工的工作结果不一定由员工自己行为产生,也可能是与工作的人无关的其他因素在起作用,如营销人员所在区域经济发展状况不同,绩效很有可能受到影响。

②绩效结果受工作性质的限制。有些岗位很难将结果作为衡量员工绩效的标准,如组织中的职能管理人员、行政人员等。

③绩效结果忽略了过程和行为。单纯地追求结果,很可能导致员工的一些不当行为,如追

求短期利益行为，同事之间恶性竞争，忽视组织整体利益的行为等。

坎贝尔(Campbell)指出，"绩效是行为，应该与结果区分开，因为结果会受系统因素的影响"，他在1993年提出"绩效是行为的同义词，它是人们实际的并能观察到的行为表现。就定义而言，它只包括与组织目标有关的行动或行为，能够用个人的熟练程度(即贡献水平)来测量。绩效不是行为后果或结果，而是由行为本身决定的，绩效由个体控制下的与目标相关的行为组成，不论这些行为是认知的、生理的、心智活动的或人际"的观点。

伯曼和英特维多(Borman & Motowidlo)分别提出了绩效的二维模型，认为行为绩效包括任务绩效和关联绩效两方面。任务绩效指所规定的行为或与特定的工作熟练有关的行为，是正式定义的工作的各个方面；关联绩效指自发的行为或与非特定的工作熟练有关的行为，属于超职责行为。

任务绩效与关联绩效的提出更加符合社会发展与管理发展的现实。在20世纪末，任务绩效更加强调组织对员工绩效的要求是完成本职工作，即按照工作说明书中规定的工作职责来完成任务。关联绩效的提出与组织变革和组织再造中的组织结构扁平化所倡导的团队协作，与工作丰富化的多技能要求、合作与奉献的要求相适应。由此.任务绩效与关联绩效的提出也为传统的考核结果的方法增加了新的内容，即考核行为的方法，如关键事件法、行为锚定法等。

(3)把绩效看作是素质的观点

这一观点在伯姆瑞(Brumbrach)的定义中得到很好的体现，即"绩效指行为和结果。行为由从事工作的人表现出来，将工作任务付诸实施，行为不仅仅是结果的工具，行为本身也是结果，是为完成工作任务所付出的脑力和体力的结果，并且能与结果分开进行判断"。该观点强调员工潜能与绩效的关系，不再认为绩效是对历史的反映，而更关注员工素质，关注未来发展。对绩效概念的这一认识，实际上已将个人潜力、个人素质纳入了绩效评价的范畴。

事实上，各种绩效观点的发展，表现了人们对绩效认识不断深化的过程，这一过程是员工绩效产生的客观存在。

三种观点之间的关系："潜在绩效"或"素质绩效"是员工绩效产生的动力和源泉，员工只有在投入知识和技能的基础上才能具备产生与组织目标一致的行为；"行为绩效"是员工知识、技能与态度的表现，是显现的、可观察的；员工通过不同的方式，使用不同的方法将个人知识和技能转换为工作结果，从而实现提高组织和个人的绩效的目的。

由于人们对员工绩效研究不断深入，绩效内涵也越来越丰富，在不同时期、不同发展阶段，针对不同对象，绩效有其不同的含义和适用对象。当员工的工作更适合用结果来衡量时，结果导向的绩效观点更适合解释，当员工个人的工作结果不明显或受很多因素影响时，行为导向的观点更适合解释；同理，更加关注员工未来能做什么，能给组织带来什么价值时，素质导向的绩效观点更适合解释。

从上述观点可以看出，绩效是一个多义的概念，在不同情景下有不同的解释和侧重。从管理实践的历程来看，人们对于绩效的认识是不断发展的，从单纯地强调结果绩效到强调行为绩效，从强调绩效是过去历史的反映发展到强调绩效在未来的潜力。因此，应综合考虑素质、过程、方式、结果以及时间的因素来理解绩效的概念，将上述观点结合起来，就能够对绩效有一个比较完整的认识。绩效是员工在一定时期内以个人知识、技能等的投入，通过某种方式、方法实现某种结果的过程。

绩效是指员工在一定时间条件下为实现预定目标所采取的有效工作行为以及实现的有效

工作成果。良好的绩效是企业追求的根本目标。对组织而言,绩效就是任务在数量、质量及效率等方面的完成情况;对员工而言,就是上级和同事对自己的工作状况的评价。

2. 绩效管理的涵义

绩效管理是指管理者对员工的工作表现、行为和工作业绩及效果进行评价和分析,改善员工的组织行为,充分发挥员工的潜能和积极性,更好地实现企业的各项目标,使员工的表现与组织的目标趋于一致的管理活动。

绩效管理是人力资源管理的中心,也是企业管理的中心。它是员工和上级主管考核双方的持续动态沟通的过程。绩效管理的实质就在于通过这种持续动态的沟通达到真正提高绩效,实现部门或组织目标,同时促进员工发展的目的。

二、绩效管理的内容

绩效管理所关注的是被考核者在考核期内的工作表现和业绩,被考核者工作之外的言行和表现不作为绩效管理的考核内容。

从被考核对象的角度看,绩效管理内容分为组织绩效和个人绩效。组织绩效是对组织(各部门)工作表现和业绩的评价。个人绩效是对组织中个人工作表现和业绩的评价。

从绩效管理的指标内容体系出发,绩效管理分为任务绩效、周边绩效和管理绩效。任务绩效是与被考核者(组织)的职责(职能)直接相关,从工作任务、工作结果的角度,对工作的数量、质量、时效性等方面进行评价,结合工作产出确定衡量标准周边绩效与对达成工作职责、任务,以及对组织运行有影响的支持性工作因素直接相关,涉及工作责任心、团队合作、客户服务等方面。以行为描述的方式来评价,它包括人员的周边绩效和组织的周边绩效。管理绩效是与管理者的管理过程直接相关,涉及决策与授权、计划与组织、人员和团队管理等方面,以行为描述的方式进行评价。

三、绩效管理的作用

绩效管理是人力资源管理的核心内容,是提高人力资源的使用效率、保障组织目标实现的重要手段,最终目的是改善员工的绩效,从而提升组织的整体绩效。其作用主要表现在以下几方面:

①绩效管理通过将组织目标进行层层分解,将各项具体任务分配到每一个员工,对其工作进行指导控制,确保组织目的的实现。

②绩效管理通过对员工的工作进行考核,反馈组织对其执行工作任务的看法,对评估优秀者给予奖励,激励他们为企业作出更多贡献;对评估不合格者提供必要的培训,提高他们的工作能力,进而提升整个组织的效率。

③绩效管理所得到的信息可以应用于多种人力资源管理的决策,如薪资管理决策、晋升决策、员工培训、保留与解雇决策等。通过这一系列的活动可以优化企业人力资源结构,为企业奠定成功的人力资源基础。

④组织的上下级通过绩效管理可以就考评结果进行相互交流,提供一个领导与员工之间的沟通机会,有利于增进相互之间的了解,促进管理者与员工之间的沟通与交流,形成开放、参

与、沟通的团队氛围，增强企业的凝聚力。

四、绩效管理的原则

为确保绩效管理能够在企业中正常进行并发挥其作用，绩效管理实施时应遵循以下原则：

1. 目标一致原则

绩效管理的首要原则就是组织上下能对总体目标有一个充分的共识。绩效管理是在对结果评估基础上的管理。如果对预期的结果不能达成一致，不同层级的经理对下级的绩效考核往往会更多地从自身理解出发，从而造成绩效管理工作的混乱。没有清晰明确的方向，部门之间和岗位之间不能发挥协同作用，从而使得绩效考核无法正常进行。因此，绩效管理的前提在于对公司目标的充分宣传和一致性前提下的分解。从最高层领导到普通员工，都有清晰明确的自身目标，绩效考核才能够做到有的放矢。

2. 双向沟通原则

沟通是理解的桥梁，而理解是合作的基础。无论是同事与同事之间，还是领导与员工之间，只有建立了充分的理解，才能使公司的工作氛围更加和谐，使得绩效管理达到其真正的目的。

3. 公开透明原则

对员工来说，管理上透明，将考评标准、程序和与考评责任有关的规定在企业内部对全体员工公开，可以使员工对人事考评工作产生信任感，对考评结果也能理解、接受。让员工知道目前的成就及如何才能做得更好，容易让员工有成就感并愿意接受挑战，利于激发大家的工作热情和斗志。

4. 客观公正原则

绩效管理应当根据明确规定的绩效管理规则实施，考评要建立在客观事实的基础上，要客观反映员工的实际情况，避免掺入主观性和感情色彩。

5. 与企业文化和管理理念一致原则

绩效管理实际上就是对员工工作行为、态度、业绩等方面的要求和目标，它是员工行为的导向。绩效管理的内容是企业组织文化和管理理念的具体化和形象化。绩效管理必须明确企业鼓励什么、反对什么，要给员工正确的引导。

五、绩效考核的方法

考核的方法是指衡量员工个人工作业绩所采用的具体方法。例如，用什么方法选择主体、用什么方法确定指标等。绩效考核方法有很多种，每一种绩效考核方法反映一种具体的管理思想，具有一定的科学性和合理性。同时，不同方法又有自己的局限性和适用范围。绩效考核方法的选择是一个灵活而权变的过程。

1. 关键绩效指标法(KPI)

(1)含义及核心思想

KPI 是 Key Performance Indicator 的缩写，称为“关键绩效指标”或“关键业绩指标”。该方法只考核与战略目标实现关系最密切的少数关键绩效指标。通过分析组织的价值链，确定企业关键成果领域和关键绩效指标，并层层分解，直至形成组织、部门和岗位三级关键绩效指标体系。

（2）建立流程

确立 KPI 指标的要点在于流程性、计划性和系统性，其具体的操作流程如下：

①确定业务重点。明确企业的战略目标，并在会议上利用头脑风暴法和鱼骨分析法找出企业的业务重点（企业价值评估的重点），再用头脑风暴法找出这些关键业务领域的 KPI（即企业级 KPI）。

②分解出部门级 KPI。各部门的主管需要依据企业级 KPI 建立部门 KPI，并对相应部门的 KPI 进行分解，确定相关的要素指标，分析绩效驱动因数（技术、组织、人），确定实现其工作流程，以便确定评价指标体系。

③分解出个人的 KPI。各部门的主管和部门的 KPI 人员一起再将 KPI 细分，分解为更细的 KPI 及各职位的业绩衡量指标。这些指标就是员工考核的要素和依据。

这种对 KPI 体系的建立和测评本身，就是统一全体员工朝着企业战略目标努力的过程，对各部门治理者的绩效治理工作起到很大的促进作用。

对指标难以量化的员工，如人力资源管理、行政、财务人员，其关键绩效指标的确定难度相对大一些，但也并不是无法实现的。这类人员关键绩效考核指标来源于职位工作内容中的关键内容、对上级绩效目标的贡献、对相关部门绩效目标的贡献（从横向流程分析，确定其对相关流程有较大影响的环节）。指标衡量标准也可以考虑通过时间界定来实现。从实质上讲，被时间界定的工作任务或工作目标也是定量指标。需要注意的是，要能够对员工的工作任务或目标作出明确说明，同时提出明确的时间要求。这样，关键绩效考核指标就具备了可操作性。

（3）关键绩效指标法的优缺点

关键绩效指标法的优点：

①目标明确，有利于公司战略目标的实现。KPI 是企业战略目标的层层分解，通过 KPI 指标的整合和控制，使员工绩效行为与企业目标要求的行为相吻合，不至于出现偏差，有利地保证了公司战略目标的实现。

②提出了客户价值理念。KPI 提倡的是为企业内外部客户价值实现的思想，对于企业形成以市场为导向的经营思想是有一定提升的。

③有利于企业利益与个人利益达成一致。策略性的指标分解，使企业战略目标成为个人绩效目标，员工在实现个人绩效目标的同时，也是在实现企业总体的战略目标，从而达到企业与员工共赢的结局。

关键绩效指标法的缺点：

①KPI 指标比较难界定。KPI 更多是倾向于定量化的指标，这些定量化的指标是否真正对企业绩效产生关键性的影响，如果没有运用专业化的工具和手段，是很难界定的。

②难以保证指标的客观化和可量化。要对所有的绩效进行量化是不可能实现的，也没有必要这么做。通过行为性的指标体系，也同样可以衡量组织的绩效。

③关键绩效指标之间没有明确的内在联系。考核还是太多地定位在部门及其内部个体绩效的结果，而忽视了部门绩效之间的内在逻辑联系与组织战略实施之间的关系。因此，这种考

核还没有能跨越其职能障碍，在如何让员工了解并利用其中内在的多重相互关系，发挥员工推动组织战略实施的整体优势，使战略的导向牵引作用贯彻于员工的绩效考核并促进行为改进的方面没有取得突破。

2. 平衡计分卡(BSC)

平衡计分卡(Balanced Score Card，BSC)是由哈佛商学院卡普兰和诺顿通过对大量公司的调查后总结出来的一种公司绩效评估的方法。平衡计分卡是从实现组织战略目标的立场出发，通过财务、客户、内部运营和学习成长能力四个维度设计层层递进、相互驱动的多维绩效评价体系。一方面，通过财务指标实现对组织短期绩效的关注；另一方面，通过员工学习组织创新来提高客户的满意度，支持组织业务目标的实现。多方面共同驱动组织未来的财务绩效，展示组织的战略轨迹，最终使组织获得持续发展的动力。通过平衡计分卡，组织的愿景被分解成一系列考评指标，员工通过对照这些指标来规范自身行为，这样就使得组织的愿景与员工的具体工作结合起来，实现个体与集体目标的统一。

(1)平衡计分卡包含的四个维度及其逻辑关系

平衡计分卡的一级指标由客户指标、内部运营指标、创新与学习指标、财务指标共同构成。在这四个维度的指标中，客户、内部运营、创新与学习指标构成业务指标，共同实现财务目标。平衡计分卡中的“平衡”是指在三个方面保持平衡：一是在长期与短期目标之间平衡；二是在外部计量(股东和客户)和关键内部计量(内部运营/创新与学习)之间平衡；三是在所求的结果和这些结果的动因之间平衡。四个维度指标的逻辑关系如图 4 -2 所示。

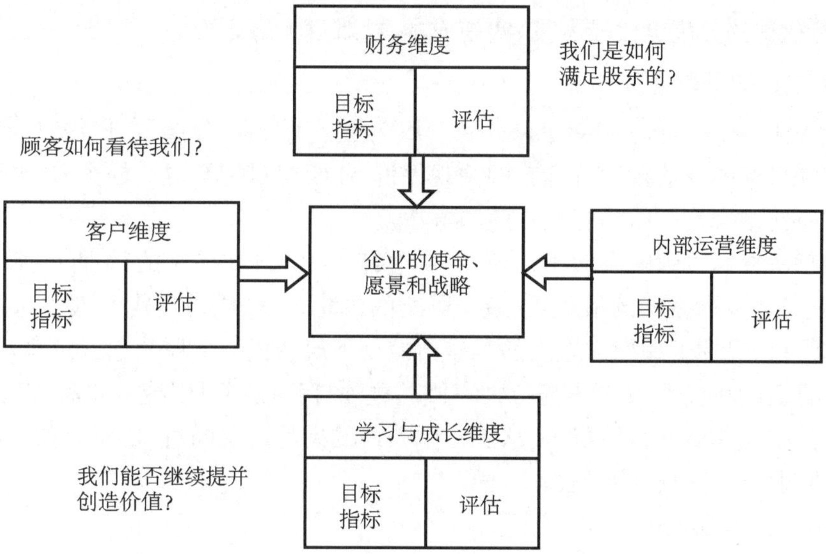

图 4 -2　BSC 各维度指标的逻辑联系

①财务维度。主要考虑符合组织战略的关键财务目标，并衡量战略的实施和执行是否在为最终的经营成果改善作出贡献。

②客户维度。要确认组织的市场和客户定位，并将这种定位转换成一组指标，如市场份额、客户保有率、客户满意度、客户获利水平等。

③内部运营维度。为吸引和留住目标市场上的客户，满足股东的财务回报要求，管理工作者需关注对财务、客户两方面影响最大的内部流程和它对应的运营指标。在这方面，BSC 重视

的不是单纯的现有经营过程的改善，而是以确认客户和股东的要求为起点，满足客户和股东要求为重点的全新的内部运营流程。

④学习和成长维度。要确认组织为实现长期的业绩而必须进行的对未来的投资，包括对雇员能力、组织和信息系统等方面的衡量。

组织在客户、运营及成长方面的成功必须转化为财务上的最终成功。产品质量、完成订单时间、生产率、新产品开发和客户满意度的改善只有转化为销售额的增加、经营费用的减少和资产周转率的提高，才能为组织带来利益。

可见，平衡计分卡不仅是一种管理手段，也体现了一种管理思想：一是它认为只有量化的指标才是可以考核的；二是组织愿景的达成要考核多方面指标，不仅是财务要素，还应包括客户、业务流程、学习与成长。BSC 对公司全方位的考核及关注公司长远发展的观念受到学术界与企业界的充分重视，许多公司尝试引入其作为管理工具。

(2)平衡计分卡的优缺点

平衡计分卡强调了绩效管理与企业战略之间的紧密关系，将各个部门的工作目标同企业战略目标联系起来，防止企业管理机能失调，从而提高企业整体管理效率。平衡计分卡将财务与非财务指标并存，有助于企业关注短期绩效与长期目标，能够避免企业的短期行为，实现了短期目标和长期目标之间的平衡。平衡计分卡可提高企业激励作用，扩大员工的参与意识。平衡计分卡则强调目标管理，鼓励下属创造性地(而非被动)完成目标，这一管理系统强调的是激励动力。

平衡计分卡同样存在其不足的一面，主要表现在指标数量过多，部分指标的量化工作难以落实，各指标权重的分配也比较困难，实施成本高、难度大等方面。

3. 目标管理法(MBO)

目标管理法(Management by Objectives，MBO)是由彼得·德鲁克于 1954 年提出的，它是一种运用客观目标的评估替代管理者的主观评价，使组织目标与成员的个人目标、组织意愿与成员的个人意愿结合为一体的管理程序与方法。

目标管理法在西方国家企业中已使用 40 多年。用“自我控制的管理”代替“压制性的管理”的主张是德鲁克所发明的最重要、最有影响的概念，并已成为当代管理体系的重要组成部分。从根本上讲，目标管理把经理人的工作由控制下属变成与下属一起设定客观标准和目标，让他们依靠自己的积极性(自我管理)去完成。这种自我控制可以成为更强烈的动力，推动他们尽最大努力把工作做好，增强员工从工作中获得的满足感。同时，目标管理促使领导下放权力，有助于协调集权和分权的矛盾。

(1)目标管理法实施的步骤

目标管理法使用的要点在于强调上下级一起协商制定目标，共同参与管理。根据组织设置的总体目标，然后为各部门、经理、员工逐级建立分目标。用总目标指导分目标，分目标保证总目标，力图将组织目标与个人目标相结合，形成一个完整的目标系统。目标管理主要不是测量员工行为，而是测量每个员工对组织成功所做的贡献。目标管理法的实施步骤也反映在绩效管理的流程中，如图 4－3 所示。

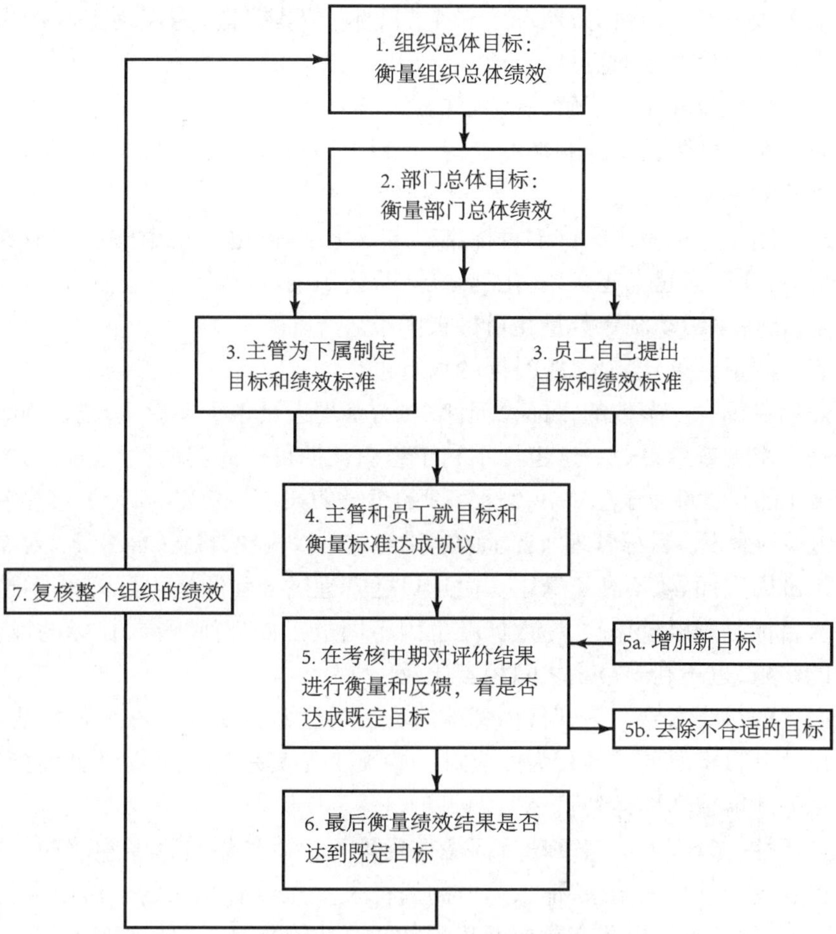

图 4 –3　目标管理法的实施过程

简单而言，目标管理法在实施过程中主要运用在以下五个具体环节：

①建立一套完整的目标体系。确定组织目标，层层分解到部门和岗位。这项工作总是从组织的最高管理层开始，然后自上而下层层分解确定目标。

②讨论制定目标。讨论部门和个人目标，应鼓励下级制定自己的工作目标计划，然后由上级批准。

③组织实施。目标既定，主管人员就应放手把权力交给下级成员，自己去抓重点的综合性管理，如定期指导、协助，发现问题，提供信息以及创造良好的工作环境等方面。完成目标主要依靠下级的自我控制。

④检查和评价绩效。部门管理者就员工的实际工作成绩与预期目标加以比较从而得出绩效评价结果。

⑤反馈和激励。部门领导定期召开绩效评价会议，与下属员工进行讨论，根据结果进行奖罚，并进入下一轮循环。

（2）目标管理法的优缺点

目标管理法的优点：

①有利于工作行为与组织整体目标一致，可以调动员工的积极性，增强组织的凝聚力。

②通过上下级协商制定目标,能形成一个"目标 - 手段"链,为控制工作行为提供了明确的标准且能客观地评价员工的贡献。

③促进了意见交流和相互了解,有利于沟通。

④用自我控制的管理代替压制性的管理,有利于调动员工工作的积极性。

目标管理法的局限性:

①目标难以制定。组织内的许多目标难以定量化、具体化,许多团队工作在技术上不可分解,组织环境的可变因素越来越多,变化越来越快,组织的内部活动日益复杂,使组织活动的不确定性越来越大,许多活动制定数量化目标很困难。

②目标管理注重结果,容易忽视目标的执行过程。

③强调短期目标。在多数的目标管理计划中,管理人员很少会设立超过一年的目标,这些目标往往是一个季度或者更短。这也许不利于组织长期目标的实现。

④对于员工的自觉性过于乐观。目标管理的哲学假设不一定都存在,Y 理论对于人类的动机做了过分乐观的假设。目标管理所要求的承诺经常难以实现,自觉、自治气氛经常难以形成。

⑤绩效标准因人而异,不利于管理。由于目标管理过分强调量化目标和产出,而现实中企业内部的许多目标是难以量化的,绩效标准也因不同员工而有所不同,目标的设置过于繁冗,不便于管理的实施,也不利于员工之间相互比较。

⑥缺乏必要的行为指导。尽管目标管理使员工的注意力都集中在如何实现目标上,但它没有具体指出达到目标所要求的行为。应对一些员工尤其是新员工提供更多指导,具体指出他们需要怎么做才能成功地达到目标。

⑦缺乏灵活性。管理人员对改动目标往往犹豫不决。如果目标经常改动,就说明它不是经过深思熟虑和周密计划的结果,那么这样的目标设置是没有意义的。然而在公司目标已修改、计划工作的前提意见发生了变化或者政策已经改变的情况下,期望管理人员为已经过时的目标去奋斗,那也是不可取的。

4. *360 度考核法*

360 度考核法(360 Degree Evaluation)又称为全方位考核法,最早由英特尔公司提出并加以实施运用。该方法是员工自己通过上司、同事、下属、顾客等不同主体了解其工作绩效(图 4 - 4),通过评价知晓各方面的意见,清楚自己的长处和短处,达到提高自己的目的。

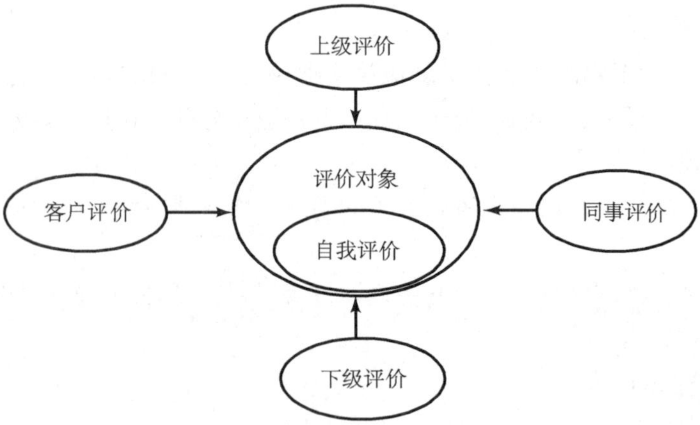

图 4 -4　360 度考核法示意图

(1)360 度考核法的实施步骤

①组建 360 度反馈评价队伍。此处应注意的是对于评价者的选择，无论是由被考评者自己选择还是由上级指定，都应该得到被考评者的同意，这样才能保证被评价者对结果的认同和接受。

②对评价者训练和指导。对被选拔的评价者进行如何向他人提供反馈和评估方法的训练和指导。

③实施 360 度反馈评价。在这个阶段需要对具体实测过程加强监控和质量管理。例如，从问卷的开封、发放、宣读指导语到疑问解答、收卷和加封保密的过程，实施标准化管理，否则整个结果是无效的。

④统计评分数据并报告结果。目前，已有专门的 360 度反馈评价软件用于对统计评分和报告结果的支持，包括多种统计图表的绘制和及时呈现，使用起来相当方便。

⑤让被评价者认识到 360 度反馈评价的目的。对评价者进行如何评价他人的反馈的训练，可以采用讲座和个别辅导的方法进行，关键在于建立对于评价目的和方法的可靠性的认同。与奖励、薪酬挂钩只是一个方面，更要让被评价者体会到，360 度反馈评价结果主要是为管理者、员工改进工作和未来发展提供咨询建议的。

⑥针对反馈问题制定计划。企业管理部门针对反馈的问题制定行动计划，也可以由咨询公司协助实施，由它们独立进行数据处理和结果报告，其优越性在于报告的结果比较客观，并能提供通用的解决方案和发展计划指南。

企业的人力资源管理部门应尽可能在评价实施过程中起主导作用，因为任何企业都有自己特有的问题，而且企业的发展战略与关键管理者的工作息息相关，尤其涉及市场竞争的策略，结合多方面专家的评价，效果会更好。

(2)360 度考核法的优缺点

360 度考核法的优点：

①打破了由上级考核下属的传统考核制度，可以避免传统考核中考核者极容易发生的“光环效应”“居中趋势”“偏紧或偏松”“个人偏见”和“考核盲点”等现象。

② 一个员工想要影响多个人是困难的，管理层获得的信息更准确。

③可以反映出不同考核者对于同一被考核者不同的看法。

④防止被考核者急功近利的行为(如仅仅致力于与薪酬密切相关的业绩指标)。

⑤较为全面的反馈信息有助于被考核者多方面能力的提升。

360 度考核法实际上是员工参与管理的方式，在一定程度上增加了他们的自主性和对工作的控制，员工的积极性会更高，对组织会更忠诚，提高了员工的工作满意度。

360 度考核法的缺点：

①考核成本高。当一个人要对多个同伴进行考核时，时间耗费多，由多人来共同考核所导致的成本上升可能会超过考核所带来的价值。

②成为某些员工发泄私愤的途径。某些员工不正视上司及同事的批评与建议，将工作上的问题上升为个人情绪，利用考核机会“公报私仇”。

③考核培训工作难度大。组织要对所有的员工进行考核制度的培训，因为所有的员工既是考核者又是被考核者。

5. 关键事件法(CIM)

关键事件法(Critical Incident Method,CIM)又称关键事件技术(Critical Incident Technique,CIT),是由美国学者福莱·诺格(Flanagan)和伯恩斯(Baras)在1954年提出的,通用汽车公司在1955年运用这种方法获得成功。它是通过对工作中最好或最差的事件进行分析,对造成这一事件的工作行为进行认定,从而做出工作绩效评估的一种方法。关键事件是指使工作成功或失败的行为特征或事件(如成功与失败、盈利与亏损、高效与低产等)。关键事件法要求分析人员、管理人员、本岗位人员将工作过程中的“关键事件”详细地加以记录,并在大量收集信息后,对岗位的特征和要求进行分析研究。

(1)运用关键事件分析法的步骤

①识别岗位关键事件。运用关键事件分析法进行工作分析,其重点是对岗位关键事件的识别,这对调查人员提出了非常高的要求,一般非本行业、对专业技术了解不深的调查人员很难在很短时间内识别该岗位的关键事件是什么,如果在识别关键事件时出现偏差,将对调查的整个结果带来巨大的影响。

②识别关键事件后,调查人员应记录以下信息和资料:导致该关键事件发生的前提条件是什么?导致该事件发生的直接和间接原因是什么?关键事件的发生过程和背景是什么?员工在关键事件中的行为表现是什么?关键事件发生后的结果如何?员工控制和把握关键事件的能力如何?

③将上述各项信息资料详细记录后,可以对这些信息资料做出分类,并归纳总结出该岗位的主要特征、具体控制要求和员工的工作表现等情况。

(2)关键事件法的优缺点

①关键事件法的优点。关键事件法的主要优点是将研究的焦点集中在职务行为上,因为行为是可观察的、可测量的。同时,通过这种职务分析可以确定行为的任何可能的利益和作用:它为管理者向下属解释绩效评价结果提供了一些确切的事实证据;它还会确保管理者在对下属的绩效进行考察时,所依据的是员工在整个年度中的表现(因为这些关键事件肯定是在一年中累积下来的);保存一种动态的关键事件记录还可以使管理者获得一份关于下属是通过何种途径消除不良绩效的具体实例。

②关键事件法的缺点。关键事件法的缺点有:费时,需要花大量的时间搜集那些关键事件,并加以概括和分类;关键事件的定义是指对工作绩效是否有显著影响的事件,这样就遗漏了平均绩效水平,而对工作来说,最重要的一点就是要描述“平均”的职务绩效,利用关键事件法难以涉及中等绩效的员工,全面的职务分析工作不能完成;不可单独作为考核工具,必须跟其他方法搭配使用,效果才会更好。

6. 强制分布法

强制分布法(Forced Distribution Method)也是一种通过员工比较进行评价的方法。评价的总体分布要求成正态分布(钟形曲线),这种分布建立在优秀员工和不符合要求的员工占少数的假设基础上。

强制分布法克服了大部分员工绩效评价分布在高端分数(宽大效应)或分布在低端分数(严格效应),或分布在中间分数的现象(趋中效应)。当整个员工群体的评价结果都非常优秀或都非常差的时候,很容易激起员工的愤怒。当有多个员工、多个评价者时,运用这种方法比较实用。谁在评价中会表现出宽大效应呢?研究发现,当个体的协作相容性(指信任、同情、礼貌)情绪较高时,表现出宽大;当个体的责任意识较高时,表现出严格取向。

该方法需要考核者将被考核者按照绩效考核结果分配到一种类似于正态分布的标准中。这种方法是基于这样一个有争议的假设,即所有小组中都有同样优秀、一般、较差表现的员工分布。可以想象,如果一个部门全部是优秀员工,则部门经理可能难以确定应该把谁放在较低等级的小组中。

7. 量表评定法

量表评定法(Ranking Scale)是指将绩效考核的指标和标准制作成量表(尺度),并依此对员工的绩效进行考核的方法。量表评定法也称为量表法,是应用最广泛的绩效考核方法之一。

应用量表评定法进行考核,通常先进行考核要素的维度分解、赋予权重,然后沿各维度划分出评价等级(尺度),最后通过设置量表来实现量化考核。举例见表 4 – 5。

表 4–5　工作绩效考核量表举例

员工姓名		部门		职位	
考评时间　　年　　月　　日					
评价因素	优秀	良好	合格	稍差	不合格
工作技能	5	4	3	2	1
工作数量	5	4	3	2	1
工作质量	5	4	3	2	1
工作态度	5	4	3	2	1

量表法具有较全面、结果量化、可比性强等优点,但是由于维度分解、等级界定很难做到准确、明晰,考核结果的主观性仍然难以避免。

8. 行为锚定法(BARS)

行为锚定法(Behavior Anchored Ranking Scale,BARS)是量表评定法和关键事件法的结合。使用这种方法,可以对源于关键事件的有效和非有效的工作行为进行更客观的描述。在使用过程中,会通过一张量表反映出不同的业绩水平,并且对员工的特定工作行为进行描述;考虑到熟悉某种特定工作的人能够识别这种工作的主要内容,由他们对每项内容的特定行为进行排列和证实。因为行为锚定法需要有大量员工参与,所以它可能更容易被部门主管和下属接受。

其特点在于,将每项考核要素的评价等级应具备的行为标准都提炼出来,从而综合了前述量表法和关键事件法的优点,因此具有较强的公平性和客观性。举例见表 4 – 6。

表 4 – 6　生产主管行为锚定等级标准

等级	考试要素:计划的制定与实施
	行为锚定法
6 优秀	制定的工作计划,编制好文件,获得必要的批准,并将计划分发给所有的相关人员
5 很好	编制详细的工作计划完成图,使任何要求纲领性的计划最优化,偶尔出现小的操作问题
4 好	列出每项工作的所有组成部分,对每一的工作做出时间安排
3 一般	制定了工作日期,但没有记录工作进展的重大事件,时间安排上出现疏漏也不报告
2 较差	没有很好地制定计划,编制的时间进度表通常是不现实的
1 很差	对将要从事的工作没有计划和安排,对分配的任务不制定计划或很少制定计划,工作很少按时完成

行为锚定等级法使难以量化的绩效考核更有效，它用明确的行为举例（好的或差的绩效），确保了考核的客观公正性。由于每个分数对应一个具体的行为，有助于员工理解什么样的行为能导致优秀、一般、较差的绩效。虽然不能涵盖所有的实际工作表现，但它提供了典型行为举例，使考核者有分寸感。这种方法使得被考核人员通过考核不仅知道自己的得分，并且能信服地了解自身的现状，更重要的是明白自己的行为究竟与更好的绩效要求相差在哪里。同时，由于各维度之间相互独立，也可以有效避免考核官对被考核者所有方面都给高分或低分。行为锚定等级法也有其缺点，大多数行为基准量表只包括有限的几种行为标准，而员工在实际工作中发生的行为却更加多样化，这些行为不可能都归入表格的评价体系中。

9. 分级法

分级法按被考评员工每人绩效相对的优劣程度比较，确定每人的相对等级或名次，所以也可称为排序法，即排出全体被考评员工的绩效优劣顺序。排列方向由最优排至最劣，或反之由最劣排至最优。排序比较可以遵循某个单一的特定绩效维度（如产品质量、服务态度等）进行，但更常见的是对每人的整体工作状况进行比较。

按照分级程序的不同，分级法又分为五种方法：

（1）简单分级法

简单分组法就是在全体考评员工中挑选出绩效最出色的一个列于序首，再找出次优的列作第二名，如此等等，直到最差的一个列于序尾。换言之，将员工按照工作的总体格况从最好到最差进行排序。这种方法所需要的时间成本小，简便易行，一般适合于员工数量比较少的评价需求。

（2）交替分级法

与上述分级程序不同，此法先找出最优者，然后找出对比鲜明的最劣者；下一步找出次优者，接着则找出次劣者；循此程序，由易渐难，绩效中等者较为接近，必须仔细辨别，直至全部排完为止。

（3）范例对比法

此法通常从五个维度进行考评，即品德、智力、领导能力、对职务的贡献和体格。每一维度又分为优、良、中、次、劣五个等级。然后就每一维度的每一等级，先选出一名适当的员工作为范例。实施考评时，将每位被考评的员工和这些范例逐一对照，按他们与各相应范例的近似程度来给他们评出等级分。最后，各维度分数的总和便作为被考评员工的绩效等级分类。

（4）对偶比较法

此法要将全体员工逐一配对比较，按照逐一对比中被评为较优的总名次数来确定等级名次。这是一种系统比较程序，科学合理，但此法通常只考评总体状况，不分解维度，也不测评具体行为。其结果也仅有相对等级顺序。当被考评者达 10 人以上时，对偶比较次数太多，实际不可行。

这种方法将每个考评对象在每一项特性指标方面，如工作数量、质量等，与其他考评对象一一进行比较。例如，现有五名考评对象 A、B、C、D、E，进行工作质量和创造性的考评，只要把每人对比所得的分数相加就可得到排序的结果。

六、绩效的反馈及结果运用

绩效反馈是绩效管理的最后一步，是由员工和管理人员一起，回顾和讨论考评的结果。如果不将考核结果反馈给被考评的员工,考核将失去极为重要的激励、奖惩和培训等功能。因此,绩效反馈对绩效管理起着至关重要的作用。

1. 绩效反馈的定义

绩效反馈是绩效管理过程中的一个重要环节。它主要通过考核者与被考核者之间的沟通,就被考核者在考核周期内的绩效情况进行反馈,在肯定成绩的同时,找出工作中的不足并加以改进。被考核者可以在绩效反馈过程中,对考核者的考评结果予以认同,有异议的向公司高层提出申诉,最终使绩效考核结果得到认可。

2. 绩效反馈的目的

进行绩效反馈的目的有以下几个方面:

(1)双方对员工的绩效表现达成一致的看法

管理人员对员工的评估代表的是管理人员的看法,而员工可能会对自己的绩效有另外的看法,因此,必须进行沟通以达成一致的看法。

(2)指出员工有待改进的方面

员工的绩效中可能存在一些不足之处,或者今后想要做得更好的方面,这些都是在绩效反馈面谈的过程中应该指出的。

(3)协商下一个绩效周期的目标与绩效标准

绩效管理是一个往复不断的循环过程,因此上一个绩效管理周期的绩效反馈可以与下个绩效管理周期的绩效计划面谈并在一起进行。并且,在下一个绩效周期制定绩效目标的时候就可以参照上一个绩效周期中的结果和存在的问题来制定,这样既能有的放矢地使员工的绩效管理得到改进,又可以使绩效管理活动连贯地进行。

(4)制定绩效改进计划

在双方对绩效评定的结果达成一致意见后,员工和管理人员可以在绩效反馈面谈的过程中一同制定员工的绩效改进计划。员工可以提出自己的绩效改进计划并向管理人员提出自己需要怎样的支持。管理人员则对员工如何改进绩效提供自己的建议。

(5)使员工认识到自己的成就和优点

绩效反馈面谈的一个很重要的目的就是使员工认识到自己的成就或优点,从而对员工起到积极的激励作用。

3. 绩效反馈的形式

根据反馈的内容和形式,绩效反馈分为正式反馈和非正式反馈两类。正式反馈是事先计划和安排的,如定期的书面报告、面谈、有经理参加的定期小组或团队会等。非正式反馈的形式也多种多样,如闲聊、走动式交谈等。这里仅介绍书面报告和绩效面谈两种。

(1)书面报告

在绩效反馈中,书面报告是一种比较常见的正式沟通方式。从形式上看,它可以是纯文字性的书面报告,也可以是经过特定设计的结构化表格,还可以是图文并茂的反馈材料;从内容上看,书面报告可以是员工向主管人员报告工作的进展情况、碰到的问题以及请求的帮助等,也可以是组织向员工反馈绩效评估的依据和结果,以及询问其他需要解释的因素等;从时间上看,书面报告可以是定期的,也可以是不定期的。前者如工作日志、周报、月报、季度报、年报等,后者如临时性的报告等。

书面报告的优点：方式严谨，反映的信息真实度高，便于保存与核查；可以培养员工理性、系统思考问题的能力，从而全面反映相关情况；可以在比较短的时间内搜集到大量的关于员工工作状况的信息；当主管人员和员工在异地工作时，书面报告的方式比较方便和适用。

书面报告的缺点：书面报告是一种单项信息沟通方式，考核者与被考核者之间缺乏双向信息交流，不能及时沟通以及商定解决问题的办法；一般书面报告的文字工作量较大，容易引起员工反感，也极易导致沟通流于形式；书面报告仅仅是考核者与被考核者两者之间的沟通交流，如果在以团队为基础的环境中或在要求有很多人共享信息的环境中则不能达到有效沟通的目的。

（2）绩效面谈

绩效面谈是绩效反馈的一种正式沟通方法，指在绩效管理过程中，绩效评估结果确定后，部门主管与员工针对绩效评估结果，结合员工自身进行面对面的交流与讨论，从而指导员工工作绩效持续改进的一项管理活动。绩效面谈是绩效反馈的黄金法则，是绩效反馈的主要形式，正确的绩效面谈是保证绩效反馈顺利进行的基础，是绩效反馈发挥作用的保障。

绩效面谈的好处：被评估者可以了解自身绩效，强化优势，改进不足；也可将企业的期望、目标和价值观进行传递，形成价值创造的传导和放大。企业可以提高绩效考核的透明度，突出以人为本的管理理念和传播企业文化，增强员工自我管理意识，充分发挥员工的潜在能力等。成功的绩效面谈在人力资源管理中可以起到双赢的效果。

绩效面谈的十大原则：建立并维护彼此之间的信任；清楚说明面谈的目的和作用；鼓励员工多说话；注意全身心的倾听；避免对立和冲突；集中于未来而非过去；集中在绩效，而不是性格特征；找出有待改进的地方，制定具体的改进措施；该结束时立刻停止，以积极的方式结束面谈。

七、绩效结果运用

绩效考核结果运用是绩效管理的最后一个环节，是决定绩效管理实施成功与否的关键环节，也是与其他人力资源管理环节相衔接的一个纽带。通过这个阶段应该要实现员工能力的提高、绩效的持续改进和提升的良性循环，切实实现绩效管理的目的。绩效考核结果有多种用途，具体来说，有以下几个方面：

1. 薪酬调整

目前，在比较盛行的制定薪酬体系的3P模型（Pay for Position，Pay for Performance & Pay for Person）中，绩效就是决定薪酬的一个重要因素。绩效考核结果是获得员工认同的、公开的，具有较强的说服力，所以，考核结果不论是描述性的还是量化的都可以作为员工调整薪酬的重要依据。在不同的薪酬体系中，对不同性质的职位，绩效所决定的薪酬成分和比例有所不同。一般来说，职位价值决定了薪酬中比较稳定的部分，绩效则决定了薪酬中变化的部分，如绩效工资、奖金。企业组织内物质利益的分配必须遵循按劳分配的原则，报酬与贡献相匹配，才能使员工感到公平合理，从而激励员工多做贡献。这就需要对员工的绩效进行定期测量和考评以获得必要的客观依据。

2. 职位变动

人力资源管理的一项重要任务就是要将合适的人放在合适的岗位上，绩效考核结果是人员职位变动的重要依据。人员调配可以是纵向的升降职,也可以是横向的工作轮换。对于那些绩效优秀并在潜力评价中表现出特殊才能的员工,应该对其进行积极的培养和大胆提拔;对于那些绩效不好并在潜力评价中显示出确实无法胜任现有岗位的员工,应该对其降职或通过横向轮岗使其从事更加合适的工作。

3. 人员招聘选拔

绩效考核结果出来以后,针对那些绩效表现优异和很差的员工进行分析,可以挖掘和发现哪些特性使员工易于产生高绩效,并了解具有哪些特性的员工易于产生低绩效,从而总结出能与本企业匹配的员工特质。这些特征可以作为人员招聘选拔的参考依据,有利于降低招聘失误的可能性。

4. 员工培训

绩效考核结果能够揭示员工工作表现与岗位要求之间的差距,人力资源管理部门可以据此制定相应的培训计划。对于工作能力不足的员工,可以通过针对性的培训活动开发其潜能,提高其工作能力;对于工作能力欠缺的员工,可以通过适应性再培训让员工重塑信心。同时,还可以通过各种管理培训,开发和提升管理者的管理能力。通过上述针对性的培训活动,能够提高员工的能力,满足组织进一步发展的需要。

5. 员工职业生涯规划

绩效考核结果可以揭示员工的优势和潜在优势,从而为员工制定职业生涯规划提供依据。一方面,员工可以在自己具有优势的领域开展自己的职业规划;另一方面,员工也可以发现自己在职业发展的道路上还可以做哪些努力,确定未来的发展途径。这种规划的制定,不仅对员工目前的绩效进行了反馈,还可以增强员工对企业的归属感与满意度,是促进员工绩效提升的强有力的动力。

6. 人力资源规划

绩效考核的结果可以显示出组织总体人力资源质量优劣程度的确切情况,能提供所有人员晋升和发展潜力的数据,这为组织制定未来发展的人力资源规划提供了依据。并且,绩效管理与人力资源管理的各项工作有着密切的联系,通过绩效考核结果的分析,可以为制定人力资源规划提供思路。

7. 绩效改进

改进员工绩效是绩效考核结果最重要的应用,也是现代绩效管理的根本目的。绩效改进,从本质上说,就是要促使符合组织期望的行为发生,减少甚至消除不符合组织期望的行为。绩效考核结果能够反映员工工作的优缺点,为员工改进工作提供依据和目标。结合考核结果制定绩效改进计划有利于员工找到前进的方向,更好地开发潜能,提高工作绩效,进而提高组织绩效,使组织迈上新的台阶。

第二节　服装企业员工绩效管理的流程与方法

服装行业具有快速反应的特点。在服装企业中引入绩效管理系统能有效确保企业对市场变化所制定的目标按时、按质、按量的完成。同时，绩效管理也能为服装企业中其他人力资源管理决策提供信息，有利于企业人力资源的优化。那么服装企业应该如何实施绩效管理呢？

一、服装企业员工绩效管理的一般流程

绩效管理过程是一个完整的工作流程（图 4 －5）它包括多个环节并涉及多种影响因素，服装企业在对其员工实施绩效管理时，应根据企业的自身特点来进行。

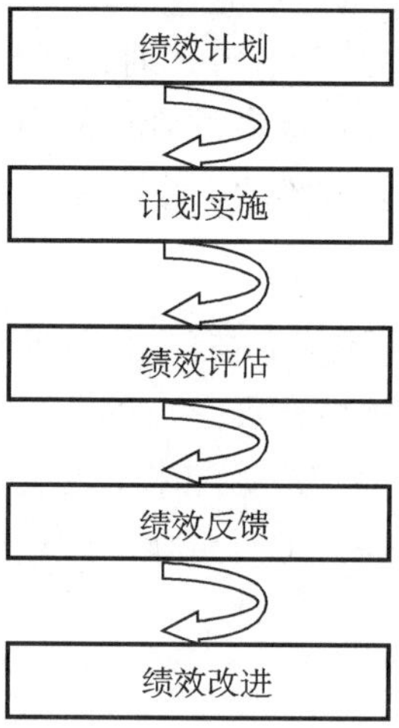

图 4 －5　服装企业员工绩效管理的一般流程

1. 绩效计划

服装企业员工绩效管理的第一步就是制定绩效计划，在制定计划的基础上绩效计划是管理者与下属员工合作，就被考核者在下一考核期应该履行的工作职责、各项任务的重要性等级和授权水平、绩效的衡量需要领导提供的帮助、可能遇到的障碍及克服等一系列问题进行探讨并达成共识的过程，是整个绩效管理体系最重要的环节。它是管理者与员工在共同参与基础上制定的一套关于员工工作的目标与标准。绩效计划应在绩效期开始时确定，主要内容至少包括以下几方面：

①员工在本绩效期内所要达到的工作目标。

②目标达成的具体结果。

③如何衡量工作绩效，包括衡量的维度与标准以及各项工作结果在绩效衡量中的权重。

④如何进行绩效的监控与反馈。

表 4 －7 就是服装企业车间主任绩效计划表的范例。

表 4-7　车间主任绩效计划表

姓名:李明		职位:车间主任		部门:生产部	
直接主管:生产部部长		绩效期:2004 年 10 月 25 日至 2004 年 11 月 25 日			
工作目标	主要产出	完成期限	衡量标准	评估来源	所占权重
生产进度的控制	制定工作计划	10 月 25 日前	计划的完整性和可执行性	生产部部长	10%
	工作计划的完成	11 月 25 日前	工作计划的完成时间和质量	生产部部长	25%
	生产过程的监督	11 月 25 日前	①有监督的措施和办法 ②能对工作出现偏差提出纠正措施 ③纠偏具有效益	生产部部长、下属	5%
生产成本的控制	提高产品质量	11 月 25 日前	降低次品率、返修率	质检科	15%
	减少生产消耗	11 月 25 日前	面辅料的消耗情况	财务部	15%
安全生产	安全教育培训	11 月 25 日前	定期对员工进行安全生产教育培训	生产部部长、下属	5%
	安全检查	11 月 25 日前	对设备的安全检查情况	安全部	5%
	安全隐患的处理	11 月 25 日前	各车间之间进行处理安全隐患评比	安全部	5%
现场管理	工作环境(5s 管理)	11 月 25 日前	即“整理、整顿、清扫、清洁、素养”五个方面	生产部部长、下属	10%
	工作流程	11 月 25 日前	各部门之间的协调配合	生产部部长、各部门有关人员	5%

2. 确定评估指标

制定绩效考核计划的同时,必须确定绩效考核指标,包括员工的基本职责、关键业绩指标、工作目标、日常工作行为。服装企业在制定评估指标时,要针对不同岗位设定不同的绩效指标,如针对缝纫工的绩效指标就有出勤率、次品率、返修率等,针对生产管理人员的绩效指标有产量、原材料消耗等。

服装企业员工绩效管理常用的评估指标按数量、质量、成本和时限,可划分为不同类型(表 4-8)。

表 4-8 服装企业员工绩效考核常用指标

指标类型	参考指标	信息来源
数量	产量	业绩记录
	销售额	财务数据
	利润	
	库存率	
质量	破损率	生产记录
	返修率	上级评估
	准确性	客户评估
成本	单位产品的成本	财务数据
	原材料消耗	
	投资回报	
时限	及时性	上级评估
	市场反应速度	客户评估
	供货周期	

3. 计划实施与沟通

绩效计划实施的过程是一个不断沟通的过程。服装企业在制定绩效计划后，各岗位上的工作人员就可以按照计划开展工作。在工作过程中要求管理者经常进行指导，及时发现问题并加以解决，或者及时根据情况调整员工的绩效计划。

4. 评估员工绩效

评估员工绩效就是由主管人员依据先前制定的绩效计划对下属的工作目标完成情况进行评估。绩效评估工作一般在绩效期结束时进行。服装企业在对员工绩效进行考核的时候可以根据不同员工的工作性质考核不同的评价指标（表 4-9）。

表 4-9 服装企业员工绩效管理绩效评价指标与权重表

级别	基本职责评价	关键业绩指标评价	工作目标评价	日常工作评价
生产操作工	100	无	无	无
普通员工	80	无	20	无
项目类员工	20	50	3	无
营销类员工	无	30	50	20
经理级员工	无	60	20	20

注：每年年初在绩效评价前，根据当年的业务特点，对绩效评价中的关键指标进行调整和更新，在得到被评价者的认可后执行。

服装企业在考核实施过程中应遵循逐级考核的原则。基层管理者对其直接下级进行绩效考核，考核内容包括：员工个人的工作行为，如是否按规定的工艺和操作规程进行生产等；员工个人的工作效果，如产量、废品率、返修率、出勤率等；影响其行为的个人特征及品质，如工作态度、技能、集体合作观念等。考核完基层后就可以考核中层管理部门，考核内容包括：中层管理人员的个人工作行为与特性；该部门总体的工作绩效，如任务完成率、劳动生产率、产品交货及时率等。最后，对公司高层领导进行考核，其考核内容主要是经营效果方面的硬指标的完成情况，如利润率、产品销售额等。

5. 绩效反馈

绩效反馈是绩效管理的重要一环。实施绩效管理的最终目的是提升员工的绩效，而不仅仅是扣减绩效差的员工的工资或直接开除绩效差的员工。只有对员工提供不间断的绩效反馈，才能使员工明确其工作中的不足之处，并努力改进；同时，向员工提供绩效信息也能使得他们比较容易接受最后的评定结果。

绩效反馈是一个双向沟通的过程，主管和员工可以进行绩效面谈（表 4－10）。主管一方面要肯定员工取得的成绩，另一方面要找出员工的不足，共同探讨改进策略。

表 4－10　绩效考核面谈表

部门		职位		姓名	
考核日期　　年　月　日					
工作成功的方面					
工作中需要改善的地方					
是否需要接受一定的培训					
本人认为自己的工作在本部门和全公司中处于什么情况					
对考核有什么意见					
希望从公司得到什么帮助					
下一步的工作和绩效的改进方向					
面谈人签字		日期			
备注					

注：1. 绩效考核面谈的目的是了解员工对绩效考核的反馈信息，并最终提高员工的业绩；2. 绩效考核面谈应在考核结束后一周内由上级主管安排，并报行政人事部备案。

6. 根据绩效面谈制定绩效改进计划

绩效改进是企业绩效管理的最后一个环节，改进计划必须由主管人员和被考核员工共同制定。表 4－11 为绩效改进计划表。

表 4－11　绩效改进计划表

员工姓名		部门		岗位	
直接上级		考核日期			
需发展的技能		行动计划	时间表	负责人	
其他发展计划（联系目标和技能评价）					
长期发展和职业期望					
长期发展的技能					
备注					

员工签字：　　　　　　　　　　直接主管签字：

根据绩效考核面谈的结果共同讨论员工在工作中存在的不足和成功之处,并诊断其原因。管理者和员工就双方今后应采取的措施达成共识,讨论进一步提高的方法,制定出绩效改进的计划,这主要包括三方面的内容:明确的改进目标、改进绩效的具体方案、达到改进目标的时间期限。

二、服装企业员工绩效管理的方法

一般来说,服装企业的员工可以分成以下六类:高层管理人员,即企业的战略决策层;中层管理人员,如人事管理、行政管理、生产管理人员等;设计人员;市场营销人员;生产技术工人;后勤员工。这几类员工中,除了高层管理人员和中层人事管理、行政管理等员工的绩效管理可参照一般的绩效管理方法来实施以外,服装企业特有的工作人员,如服装设计师、服装工艺技术员等的绩效管理方法,就必须考虑其具有的工作专业化特性。

1. 服装企业员工绩效评估指标确定的方法

(1)工作分析法

通过工作分析,服装企业可以确定各岗位的工作说明和工作规范,并据此初步确定出绩效考核指标。

由于服装企业中岗位设置的不同,岗位工作任务的不同,其考核指标和评价标准的设置必然也不同。例如,同为主管人员,采购主管和生产主管的绩效考核在考核项目上就有很大的不同。采购主管的主要职责是确保服装生产过程中所需的各种原辅料能够及时到位,同时能够有效地控制原辅料成本,因此,其绩效考核指标主要是原辅料供应及时率、采购成本等。生产主管的主要职责是确保生产能按计划进行,产品能按规定时间交货,同时确保产品质量能达到客户要求,因此,其考核指标主要包括生产计划完成率、交货及时率、客户满意率等。

(2)个案研究法

个案研究法是指针对某一岗位,通过对某一典型个体或群体进行深入研究,从而得到有效的绩效评估指标。个案研究可以以典型人物实际工作情景、行为表现与工作绩效为直接对象,也可以以描述此类典型人物的文字材料为研究对象。

由于服装生产环节比较长,企业中岗位数量比较多,因此,个案研究法是一个比较合适的确定绩效考核指标的方法。在众多的岗位中挑选出比较典型的个体或岗位作为研究该岗位的考核指标样本,既能确保该岗位绩效考核指标的准确性,又能使得考核指标更具有针对性。下例即为对服装制板师的考核指标。

◉ **案例** 服装制板师岗位职责概述

一、岗位定义及基本概念

岗位定义:服装制板师,服装制板工作在时装的制作过程中举足轻重,服装制板师的责任是将服装设计师的理念转化为可现实操作的服装样式。

二、基本素质及技能要求

1. 服装设计、美术、计算机等相关专业中等和以上学历,经专业培训合格,掌握基本的制板工艺。

2. 熟悉各类服装面料的特性。

3. 具备基本的服装制图技能。

4. 掌握人体造型、结构特点，要熟悉行进中人体各个部分之间的尺寸规律。

5. 能领会服装设计师的基本设计意图。

6. 熟悉常用的计算机服装设计、制图软件。

7. 良好的团队协作精神和沟通能力。

8. 有强烈的事业心，对制板工作投入，善于不断学习，能努力提升工作技能。

三、工作内容

根据服装工艺要求进行制板/打板。

1. 负责按照设计师的要求完成每件款式的样板制作。

2. 负责指导样衣工制作样衣。

3. 负责解决板型与工艺质量问题。

4. 负责做好生产款式的推档工作。

5. 负责参与生产过程的质量控制工作。

根据以上对于服装制板师的简要概述文字资料可以设计出服装制板师的绩效评估指标，见表 4－12。

表 4－12 服装制板师绩效评估指标

考核要素	细分指标
品德	责任感、积极性、进取心
工作规范	品质管理、出勤率、违纪情况、制度执行
能力	工艺技术能力、沟通能力、指导能力、监督控制能力、培养下属能力
工作业绩	按时按质完成设计师的工作任务 正确指导样衣工的生产制作 解决板型以及工艺质量问题 生产过程的质量控制
工作态度	协作性、服从性、组织性、责任性、敬业精神

(3)关键绩效指标(KPI)

服装企业可以通过关键绩效指标来设置员工绩效考核的指标。设置关键绩效指标的首要条件是必须具有明确的战略目标，找出企业的业务重点。根据重点业务来设置企业级的关键业绩指标，然后各部门主管再依据企业级的关键业绩指标建立部门级的关键业绩指标。最后，各部门主管再将部门级的关键业绩指标进行分解，从而设置出员工个人的关键业绩指标。

通过设置关键业绩指标，服装企业可以将企业总体战略目标分解为各部门、各个员工的绩效考核指标，落实成为每个员工的工作任务，确保战略的有效实施。表 4－13 为根据工作职责确定的某服装企业采购主管的关键绩效指标。

表 4-13　采购主管关键绩效指标

工作职责	关键绩效标准
完成各生产订单所需的采购工作	1. 一个月内没有在承诺的期限内得到服装生产原材料的次数不超过 1 次 2. 一年内因采购的服装原材料错误造成的退货次数不超过 2 次 3. 采购的成本控制在预先设定的范围内 4. 优秀绩效的表现:尽可能地推迟付款时间;控制进货速度,使库存最小;向多方供货商询价,得到性价比最佳的供货
改进采购的工作流程和标准	1. 所有的服装生产原材料采购相关流程和工作标准每年至少进行了两次修订 2. 相关的规定得到了正确的发布和沟通 3. 在流程中能够考虑到对不同情况的区别对待
供货商关系管理	1. 对大的供货商能定期进行拜访 2. 供应商总数减少,使供货更为集中 3. 优秀绩效的表现:能够帮助供货商解决一定的问题
向管理层提供采购报告	1. 提供的采购报告有意义 2. 报告有助于改进本公司以及供货商的服务水准

2. 服装装企业员工绩效评估方法

服装企业员工绩效评估的内容可以分为重要任务考评、日常工作考评和工作态度考评三方面。

重要任务是根据绩效管理计划的工作目标确定的关键工作,例如,设计人员的重要任务可以是其在绩效考核期内的设计任务完成情况,销售人员可以是考评期内的销售业绩。重要任务考评具有目标管理考核的性质。对于没有关键工作的员工,如机电维修工,则不适合进行重要任务考评。

日常工作考核一般根据员工岗位职责的内容来进行,如果岗位职责内容过杂,可以仅选取比较重要的项目进行考评。日常工作考评具有考评工作过程的性质,可以用于对服装生产技术工人以及服装企业后勤人员的考评。

工作态度考评的是对工作能够产生影响的个人态度,如工作主动性、团体合作精神、工作责任感等。对于不同的岗位,工作态度考核的侧重点也不同。例如,对销售人员,工作主动性就是考核其工作态度的重要指标;对生产工人,纪律性才是考核其工作态度的重要指标。

根据不同岗位工作性质和考核内容的不同,服装企业可以采取多种形式的考评方法,这样可以有效地减少考评误差,提高考评的准确度。

(1)绩效计划考评

绩效计划考评是相对重要任务考评所使用的考评方法,要求对制定的绩效计划的完成情况进行考评。绩效计划考评一般由被考评者的上级进行,它适用于对服装企业管理人员的考核。表4-14为绩效计划考评表。

表4-14 绩效计划考评表

被考核者姓名		部门			职务		
直接考核人		考核时间					
绩效计划目标项目		考核评分标准					绩效计划考评分
		优秀	良好	达标	稍差	很差	
1		10	8	6	4	2	
2		10	8	6	4	2	
3		10	8	6	4	2	
4		10	8	6	4	2	
5		10	8	6	4	2	
6		10	8	6	4	2	
7		10	8	6	4	2	
8		10	8	6	4	2	
9		10	8	6	4	2	
10		10	8	6	4	2	
合计得分							
备注:							

(2)员工自评

员工自评是服装企业运用得较多的一种考评方法。虽然员工自评的结果一般不计入考评成绩,但它的作用非常重要。自评是被考评人对自己的主观认识,虽然其自评结果可能会与客观的考评结果有所差别,但通过自评结果可以了解被考评人的真实想法,为考评沟通做准备。另外,考评人也可以从自评结果中发现一些被自己忽略的事情,有利于更客观地进行考评。表4-15为服装企业生产工艺编制员自评表。

表4-15 服装企业生产工艺编制员自评表

被考核者姓名		部门					
职务		考核时间					
绩效计划目标项目	考核评分标准					自评得分	
	优秀	良好	达标	稍差	很差		
日常工作							
1. 服装专业知识水平	10	8	6	4	2		
2. 服装工艺技能熟练程序	10	8	6	4	2		
3. 工艺文件编制水平	10	8	6	4	2		
4. 工艺指导讲解水平	10	8	6	4	2		
5. 工艺创新							
工作态度							
1. 工作热诚度	10	8	6	4	2		
2. 协助精神	10	8	6	4	2		
3. 责任态度	10	8	6	4	2		
4. 工艺技术保密	10	8	6	4	2		
5. 纪律性							
合计得分							
个人优点及工作中需要改进的地方:							

（3）上级评价

上级评价就是由直接上级主管对下属员工的工作绩效进行评价。由于主管人员对于直接下属工作绩效以及工作表现情况最为了解，因此上级评价是比较适用的方法。表4－16为服装企业生产操作工人绩效考评表。

表4-16 服装企业生产操作工人绩效考评表

姓名		岗位		性别		任职日期	
考核要素	评价等级标准					分数	主管评分
工作态度（20分）	工作勤奋，未请病假，精神饱满，做事勤快，并有创新进取精神					20	
	健康良好，半年内病假未超过两天，工作努力，做事积极					17	
	健康足以应付工作，有疑问会反映					16	
	精神萎靡或常请病假，对工作不关心，常敷衍应付					15	
	体弱多病，病假超过规定，对工作不关心，常借机离开工作岗位					14	
工作效率（一定的时间内完成预定的工作量和速度）（20分）	皆能在预定时间内正确完成所赋予的工作					20	
	尚能在预定时间内完成所赋予的工作					17	
	偶尔能在预定时间内完成所赋予的工作					16	
	有时未能在预定时间内完成所赋予的工作，须经常加以催促					15	
	虽加以催促，亦经常不能在预定时间内完成所赋予的工作					14	
工作知识（就技术熟练程度而言）（15分）	技术高超，工作均能在指定时间内完成，无错误					15	
	技术颇佳，工作均在指定时间内完成，很少错误					12	
	技术普通，工作速度尚可，很少错误					10	
	技术普遍，工作迟缓，很少错误					9	
	技术甚差，工作迟缓，错误很多					8	
责任感（负责尽职的精神）（15分）	责任感非常强，可以放心交付工作（很少请事假）					15	
	大体上可赋予责任而交付工作					12	
	谈不上有特别的责任感					10	
	有时会将责任推给别人（借故请事假）					9	
	缺乏责任感，不能放心交付工作					8	
品德纪律（指规矩、诚实、修养及爱护公司的观念）（15分）	洁身自爱，待人诚信，处处为公司的利益着想					15	
	洁身自爱，待人诚信，能为公司的利益作适当程度的贡献					12	
	洁身自爱，待人尚称诚信，并能遵守公司规章制度					10	
	洁身自爱，但对公司规章制度执行不严格					9	
	生活欠规律，有时撒谎，只图自己的利益					8	
团队精神（与人相处时显示的合作或体谅的程度（15分）	与别人共事时，非常体谅和细心，乐于助人且能合作					15	
	与人相处融洽，待人亲切有礼，极能合作					12	
	与主管同事合作情形良好					10	
	与人相处有时草率，依赖别人去工作，没有良好的团队精神					9	
	难以相处，与别人易生摩擦，不愿参加公司的活动					8	
总分合计：							
评价说明：							

3. 服装企业员工绩效反馈面谈的方法

反馈面谈的过程是一个沟通的过程。管理人员在向被考核员工反馈绩效考核的结果时，可以采用正式的沟通方式，也可以采用非正式的沟通方式。

(1)正式反馈

正式反馈包括面谈式反馈、集体讨论式反馈。服装企业在进行反馈时可采用面谈式反馈为主，集体讨论式反馈为辅的方式。

①面谈式反馈。正式的反馈方法主要指面谈式反馈。要使面谈有效果，评估者和被评估人员都必须做充分的准备。在准备过程中，首先要明确5W1H：为什么要面谈(Why)？面谈什么(What)？选择什么地方面谈(Where)？什么时间面谈(When)面谈对象(Who)？怎么样进行面谈(How)？所有这些问题都要根据被考评人员的考核结果而确定。创造一个最佳的面谈环境，才能取得最佳的面谈效果，并保证反馈成功。根据员工的特点、性格特征等因素，可以采取的面谈方式有：实事求是并有的放矢，肯定成绩并指出缺点，积极参与并共同讨论。

②讨论式反馈。由于群体在企业日常生活中能够有效发挥管理作用，能使得群体的心理和行动与组织目标一致，从而使群体产生一种强大且向上的合力。因此，将绩效评估结果放到一定群体中进行讨论，可以纠正一些主观错误，以及由于评估者因素而产生的误差。另外，也可以强化某些指标对员工的重要性，便于在日后的工作中加以改正。服装企业在实施群体讨论时要注意以下几点：

a. 要选择合适的群体进行讨论，如同车间的工友、同一层次的员工、不同部门同一层次的员工等。

b. 讨论的主题选择，鼓励、控制发言。

c. 创造一个轻松、融洽的气氛。

d. 努力达成结果，使被反馈员工无怨言。

e. 存档结果。

(2)非正式反馈

对于企业中一些特殊岗位的员工或特殊的员工，通过以上两种正式反馈方法往往难达到既定的目的，这就必须采用一些非正式的反馈技术。在一些非正式的场合采用非正式的方法，如在饭桌上、休闲场所等进行闲聊，采用一种非正式的方式进行反馈，在聊天的情况下完成反馈的目的。由于采用的是同志式的关心、领导式的关怀等，使员工更加容易接受。双方也能心平气和地进行沟通，可以自觉或不自觉地宣传观点，提出建议，说服别人，沟通思想等。这种方法虽然不正式，但可以为正式的反馈作好铺垫，创造条件。

◉ **案例** HN服装公司关键绩效指标服体系的建立

一、概述

HN公司位于珠江三角洲，公司主要产品是牛仔服装，基本上依据海外订单，客户主要集中在俄罗斯与欧洲。公司现有员工500人，年销售额为7000万元人民币。公司总经理C的目标是在三年之内，把公司建设成为一个可持续发展的知名服装企业。

C与管理顾问仔细分析了公司现状后，认为要想成为一家知名的、可持续发展的服装企业，现有的商业模式必须进行大的调整。从民营化至今，企业始终没有自己的品牌，仅依靠为国外客户加工服装赚取加工费而生存。随着时间的推移，其弊端越来越明显。珠三角地区的劳动力成本越来越高，且由于这些年内地的经济发展分流了大量熟练工人。如此下去，企业利润将会越来越薄。

经过讨论，公司高层决定分三个步骤实现企业的长远目标：首先，稳定国外客户，提高产能，为公司积累资金；然后，在此基础上开发国内市场，逐步建立品牌；最后，当自己的品牌有一定知名度后，逐渐放弃贴牌外销生产，将外销订单转包给其他服装公司。

今年，先走第一步——稳定与开拓国外容户，提高产能，开发国内市场。C和管理顾问商讨，如果要达到预定的目标，2004年需要在以下几个方面做好，才能为今后的发展打下良好的基础。

(1)利润增长。在2003年的基础上，利润增长30%，主要在两大市场实现上述利润，一个是俄罗斯市场，另一个是欧洲市场。

(2)基础设施建设。经过分析，决定不新建厂房，而是在现有厂房的基础上，通过提高劳动生产率，改造设备来提高产能。

(3)管理提升。改善管理工作，提升员工与客户满意度，可以带来高毛利的订单，使得公司获得长足发展；扎扎实实地通过ISO认证，以认证为契机，提高管理水平。接下来在管理顾问的帮助下推行绩效考核，通过对工作要求的考核，提高管理水平。

(4)队伍建设。及时找到并留住熟练工人，对于企业的竞争力至关重要。

(5)品牌建立。公司一直没有投入筹备品牌，现在分析起来，必须赶在服装博览会前推出一个服装品牌，以便在会上争个好彩头。这样，就有很多准备工作要做在前面，如服装款式的设计、内销市场的调研等工作。

这五个方面就是HN公司发展的主要因素。C决定将这些因素细化成KPI，然后落实到责任者身上，从而通过对公司各层员工的关键绩效指标进行管理控制，实现公司的总体目标。

二、关控绩效指标的分解

对于利润增长的评价比较明确，也就是实际利润与目标利润之间的差距，或者按照目标利润计划达成率来进行衡量，这个指标是企业短期与中期经营都需要的重要指标。只有C自己能够承担该指标的责任。

影响利润的因素很多，最直接的因素分别是销售额、毛利、期间费用和生产成本与制造费用。对于这几个因素，可以用销售增长率、毛利率、期间费用占销售额的比例、制造费用与生产成本同比降低率来进行衡量。这样，利润增长又细化为四个KPI。

业务经理全面管理公司的销售，销售增长率应该由业务经理来负责，订单的价格都是业务经理与客户商讨的结果，毛利率也可以由业务经理负责。而对于期间费用来说，因为涉及销售费用、财务费用、管理费用等几个内容，这个指标由C自己负责；厂长主管生产，制造费用与生产成本同比降低率可以由厂长负责。这样，C就将利润目标分解到了手下的各个经理头上。

各个经理又按照相同方法进一步分解，业务经理根据公司的业务情况与下属的情况，将这个指标分解给俄罗斯部经理与欧洲部经理。他们分别承担自己所辖市场的销售增长率。如此层层分解下去，总经理的利润增长指标就分解到各个经理、主管、主任、业务员的头上。

对于提高产能、队伍建设、管理提升、品牌建立筹备等几个关键领域，也采取了同样的方法，层层分解下去，直到分解到每一个责任人的身上。经过进一步细化，明确了每个责任者的KPI。

三、关键绩效指标落实的步骤

在指标分解落实的过程中，需要按照以下步骤进行：

1. 寻找评价主要因素的衡量指标

在寻找主要因素的过程中，可以找到很多指标来评价与衡量这个因素，但需要寻找一个或者几个最能够评价该因素做得好坏的指标。当该指标是一个财务指标的时候，可以通过杜邦财务分析模型等工具寻找衡量指标。如果指标为非财务指标的时候，可以将这些指标都寻找出来并罗列在一起，通过 W - H 的方式，将其划分为不同的逻辑层面，找出其中的逻缉关系。

2. 寻找下一层支持因素的衡量指标

所谓下一层的支持因素，就是要让上一层次指标做得好，需要做哪些事情才能达到预期的目标。例如：对于 HN 公司，因为其是劳动密集型行业，要提高劳动生产率，熟练工人对于公司至关重要，这就要重点做好留住熟练工人的工作。

那么衡量是否留住了熟练工人的指标——熟练工人流失率，就是一个非常重要的指标，控制住这个指标，就可以控制住熟练工人的流失，也就支持了劳动生产率的提高。又例如，提高交货及时率需要在采购及时与及时生产两个环节下工夫，那么，衡量这两个环节的指标就是采购及时率与生产计划完成率。只要控制住这两个因素，就可以控制住及时交货的情况了。

3. 寻找衡量指标的责任人

在企业的实际运作中，衡量指标一定要落实到相关的部门或者个人身上，这样目标才能向下传递和落实。每个人只能承担他自己所能够承担的指标，如果承担了自己所不能承担的指标，这个指标就会失去意义。责任人应该是能够通过自己的行动来影响指标变化的人。在 HN 的案例中，由于公司的客户数量不是很多，所有的价格都是由业务经理与客人协商确定的，所以，业务经理可以控制每个订单的毛利。但业务经理不能完全控制公司的利润，因为公司的利润还要在毛利中扣除管理费用与财务费用。只有总经理才能控制住公司的利润。毛利指标可以由业务经理来负责，总经理负责利润。

按照管理层级的原理，上一层的指标由上级员工负责，下级员工只能负责下一级的指标。例如，公司需要及时交货给客户，及时交货率这个指标只能由厂长负责。因为要想及时交货，就需要及时采购、裁剪、缝纫，及时洗水，及时进行后道整理，这是一个流程。在这个流程中，任何一个环节出了问题，都会影响到最后的及时交货。厂长管理采购部门以及各车间，只有厂长有能力控制整个流程。在这个过程中，采购主任、各个车间主任只能负责自己那一部分的及时生产情况，而不能负责总的及时交货率。

有时，有些指标很难分清楚责任，也就是说，很多人都可以通过自己的行动来影响该指标，这种情况下，就需要共同承担责任。例如，对于客户验收合格率来说，品质经理负责公司的质量检验和质量体系的有效性，对客户验收产品不合格他就要负一定的责任；而对于生产部门的负责人生产厂长来说，产品是由生产部门制造出来的，也要对该指标负责。所以，这个指标的责任人就是两个，而不是一个。

对于任何一个想要发展壮大的企业来说，只有在明确自己的发展目标基础上，将指标层层分解落实，才能将企业的目标与个人、团体的目标协调起来，最终实现组织的目标。

◉ 思考题

1. 结合案例，探讨 HN 服装公司是如何通过 KPI 来分解其战略目标的？

2. 在案例中，根据该公司总体目标所分解的服装生产各部门关键绩效指标有哪些？

3. 如果服装公司的战略目标是建立品牌服装,那么应该怎样分解关键绩效指标?

◉ **案例** 翠鸟实业绩效管理系统咨询建议

一、概述

翠鸟实业是一家主营高档名牌服装的代理公司,属零食/快速消费品行业,在全国拥有专柜、专卖店共33家。翠鸟实业目前处于快速发展阶段,计划未来三年内,销售年增长率为25%左右,即销售额从目前的8000万元增长至15 000万元。

目前员工总人数约350人,其中基层人员约300人,管理人员约50人,其中经理级管理人员10人左右,分布在5个城市。为实现成长目标,公司希望建立一套高水平的绩效管理系统。翠鸟实业要求通过新绩效管理系统的实施,科学准确地评价企业内各个分店、各个员工的真实贡献。据此确定薪酬分配和激励措施,从而在淘汰不合适的员工的同时吸引、激励优秀员工,实现公司与优秀员工的双赢。

二、绩效管理系统的实施

翠鸟实业绩效管理系统将分两阶段逐步实施。

1. 精简绩效管理体系

从多数公司的实践来看,快速消费品/零售行业的普通员工流动较快,人员素质参差不齐,和总部联系也比较松散。对一线人员,即普通员工的考评及薪酬设计宜简单易操作,考核、薪酬、激励的基础是行为而不是结果。管理人员则不同,他们相对素质较高,而且身处服务现场,要对业绩负责。因此,对管理人员的考核、薪酬、激励的基础应是结果而不是行为。

(1) 员工的绩效评估系统

整个系统基于既能评价员工过去的绩效又能指导未来行为的出发点设计,由三个核心部分组成。

①包含着行为标准的评分表(行为量表)。源于行为评分的绩效文件,使管理人员们能够给员工具体的反馈,以指导员工提高工作绩效。管理人员以几个积极和消极的工作行为为指标来评价员工(如"客人进店后,没有及时表示注意""能主动维持工作场所的整洁"等)。然后,管理人员把评价结果汇总到人力资源部进行分析,人力资源部对每个员工形成一个书面的文件,指出员工们的优点、缺点和发展需要。最后,人力资源部把个人文件反馈给管理人员,管理人员根据文件再与其员工进行讨论。

②包含着绩效目标的评分表(与管理人员的目标管理表格相联系)。该绩效目标评分表用于控制和校正每个分店或部门的绩效目标,确保员工的努力与公司的目标一致。在此部分的评分表上,管理人员按具体的绩效目标评价员工的进步,员工和管理人员在评分的开始阶段进行沟通,管理人员保证所设定的目标有助于公司战略目标的完成。

③管理人员对下层员工的薪资和升职做推荐的表格。尽可能地保证被升职的员工能符合新的岗位要求,使以绩效加薪的员工是真正符合条件的。在这一部分,管理人员对下属的薪资调整和职位变更进行推荐。这些推荐基于员工的优点、缺点和他们的成就。管理人员的上司评审这些推荐表,并把它们送到人力资源管理部跟进处理。

(2) 管理人员的绩效评估系统

对管理人员的考核是基于结果的,可以使用目标管理(MBO)。目标管理过程包括目标设定、规划和评价。

(1)目标设定。设定目标开始于组织的最高层,他们提出组织使命声明和战略目标,然后通过组织层次往下传递至管理人员。管理人员目标的完成应最有助于组织战略目标的实现。一般而言,目标是由管理人员和上司相互讨论、共同制定的;同时,他们也设置了绩效标准并决定如何测量目标的完成。

(2)规划。做规划时,管理人员和上司共同工作以认清达到目标的潜在障碍,并设计战略来克服这些障碍。双方阶段性地聚在一起讨论管理人员的进步,并记下和确认由于组织环境所迫而造成的目标方面的任何改动。

(3)评价。在最后阶段,依据原来同意的标准来评价目标的完成情况。多数情况是每年进行一次最终评价,作为对员工绩效有效性的测量之一。

目标管理通过指导和监控结果(目标)而提高工作绩效。也就是说,作为一种有效的反馈工具,目标管理使管理人员知道期望于他们的是什么,从而把时间和精力投入到能最大程度实现重要组织目标的行为中去。当目标具体而具有挑战性时,管理人员又能得到目标完成情况的反馈,以及当管理人员因完成目标而得到奖励时,他们会表现得更好。

目标管理相当实用且成本不高。必要的信息通常由管理人员填写,由其上司批准修订。目标管理的另一个优点是,它使管理人员在完成目标中有更多的切身利益,对工作环境认同感加强,也更愿意接受组织的控制,也使管理人员与上司之间的沟通交得更好。

2. 精确绩效管理体系

采用作业成本法构建这一阶段绩效管理系统的核心。采用作业成本法可以把公司间接成本和管理费用精确分摊到使用这些资源的单个产品、服务和客户。作业成本法也可以将成本不按部门和责任中心计算,而是按照具体活动和流程计算。这意味着公司可以计算出任何一个员工、一个部门的精确成本,依据这些成本数据,配合公司期望的投资回报率,设计出的薪酬系统当然就可以精确地衡量每个员工、每个部门的财务贡献。物质激励问题也随之迎刃而解。

在这个阶段,对每个职位做出精确的职位描述,并由上而下制定出公司、部门和个人的可测量的、有意义的关键指标(KPI)。所谓"可测量的、有意义的关键指标"是指能确保每个关键指标完成后,公司的总体财务目标也随之完成。部分KPI可使用竞争对手标杆管理系统,建立全国甚至世界级的标杆,如每件产品的回报率、每一元工资的销售额等指标,依此建立起一个持续进步、具有竞争性的绩效和激励系统。

翠鸟实业所构建的绩效管理体系,对服装零售业中具有不同工作内容的工作职位设置了有针对性的绩效评估内容和评估方法,从而保证了绩效考核的准确性。同时通过作业成本法精确地衡量了企业内部每个员工以及每个部门的贡献,为公司的薪酬系统奠定了基础。

◉ 思考题

1. 结合案例探讨服装行业各类员工绩效管理的特点。
2. 针对服装专卖店的员工设计一份绩效考评行为量表。
3. 试结合该案例中第二阶段的思路对该公司的绩效管理体系做具体的设计。

第五章　服装企业的薪酬与福利

薪酬是企业根据劳动合同的规定，基于员工为企业做出的贡献，以及员工的工龄、知识、技能和工作表现等，支付给员工的相应回报。薪酬本质上可以看成是员工与企业之间的一种公平交换或交易。作为一种交换或交易，薪酬必须服从市场的交换或交易规律，符合自愿、公平的原则，否则，这种交换关系不可能长久地维持下去。因此，许多企业以薪酬作为重要筹码，以吸引、留住、激励所需的人才，并获得了巨大的成功。但也有相当多的企业，对人力资本做了巨大的投资，却因薪酬制度不当，未得到相应的收益。

第一节　薪酬概述

一、薪酬的概念及功能

1. 薪酬的概念

薪酬（Reward）有狭义和广义之分：狭义的薪酬是指员工因被雇佣而获得的各种以物质形态存在的经济收入、有形服务和福利等；广义的薪酬是在狭义的概念中加入了赞扬和地位、学习机会、雇佣安全性与挑战性、工作的机会等内容。本书中的薪酬特指广义的薪酬，包含经济性薪酬和非经济性薪酬。

2. 薪酬的功能

对员工来说，薪酬具有保障、激励和信号功能。

（1）经济保障功能

薪酬是雇员以自己的付出为企业创造价值而从企业获得的经济上的回报。对于大多数员工来说，薪酬是他们的主要收入来源，它对于劳动者及其家庭的生活所起到的保障作用是其他任何收入保障手段所无法替代的。

（2）心理激励功能

从心理学角度来说，薪酬是个人和组织之间的一种心理契约，这种契约通过员工对于薪酬状况的感知而影响员工的工作行为、工作态度及工作绩效，从而产生激励作用。从薪酬的感知来说，员工对薪酬的需要从满足基本生活需要到对个人价值的肯定。经验表明，在其他条件相同的情况下，不能满足员工的合理薪酬期望的企业很容易出现员工满意度低和流动率高的现象。

（3）社会信号功能

薪酬作为一种信号，可以很好地反映一个人在社会流动中的市场价格和社会位置，又可以反映一个人在组织内部的价值和层次。可见，员工薪酬水平的高低除具有经济功能外，还具有信号传递作用，实际上反映了员工对于自身在社会或组织内部价值的关注。

对于企业而言，薪酬的功能主要表现在以下几个方面：

①成本控制功能。薪酬构成企业的人工成本，过高的薪酬水平，会提高产品的成本，进而提高产品的价格，影响产品的竞争力。尽管劳动力成本在不同行业和不同企业的经营成本中所占的比重不同，但对于任何企业来说，薪酬都是一块不容忽视的成本。而且，企业支付的薪酬水平，直接影响到企业在劳动力市场上的竞争力，只有那些保持相对较高薪酬水平的企业，才能够吸引和保留足够多的合格员工。因此，企业为了吸引、获得和保留人才必须付出一定的代价，同时，为了提高产品市场上的竞争力又必须注意对薪酬成本的控制。

②改善经营绩效。薪酬对于员工的工作行为、工作态度及工作业绩具有直接的影响，薪酬不仅决定了企业可以招募到员工的数量和质量，决定了企业中的人力资源存量；同时，它还决定了现有员工受到激励的状况，影响到他们的工作效率、缺勤率、对组织的归属感及组织承诺度，从而直接影响到企业的生产能力和生产效率。薪酬所传递的信号作用，可以让员工了解什么样的行为、态度及业绩是受到鼓励的，进而引导员工的工作行为、工作态度及最终的绩效朝着企业期望的方向发展。

③塑造和强化企业文化。薪酬影响员工的工作行为和工作态度，一项薪酬制度可能促进企业塑造良好的文化氛围，也可能与企业现有的价值观形成冲突。薪酬的导向作用，要求企业必须建立科学合理并具有激励性的薪酬制度，以对企业文化的塑造起到积极促进的作用。

二、薪酬构成

由薪酬的定义可知，薪酬包括经济性薪酬和非经济性薪酬，其中经济性薪酬又分为直接经济性薪酬和间接经济性薪酬。直接经济性薪酬包括基本工资、绩效工资、奖金、期权红利及各种津贴；间接经济性薪酬包括保险、住房公积金、工作餐饮、带薪休假及给员工的培训；非经济报酬包括工作环境、工作氛围、工作认可、职业安全和晋升机会等（图4－6）。

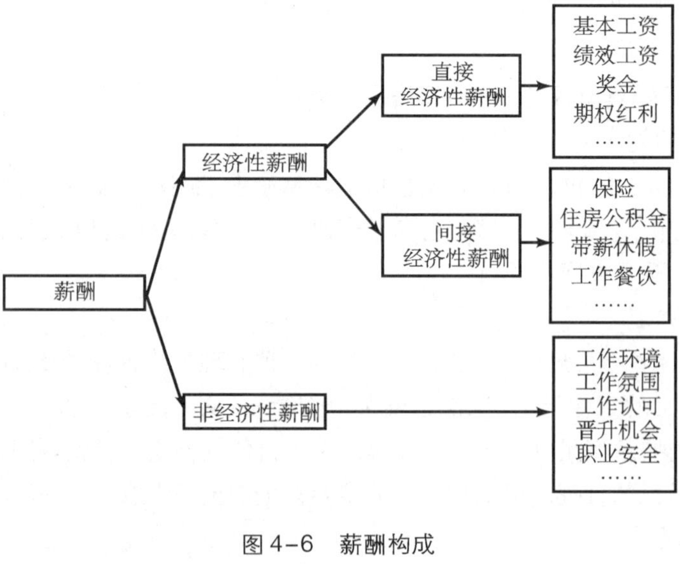

图4-6　薪酬构成

1. 基本工资

基本工资(Base Salary),也叫基本薪酬,是指一个组织按照一定的时间周期,根据员工所承担或完成的工作本身或者员工所具备的完成工作的技能或能力,向员工支付的稳定性报酬。基本工资和薪酬是两个不同的概念,薪酬的范畴比基本工资大,薪酬不仅包含基本工资,还包含奖金和企业提供的各种福利。相比于基本工资的固定,薪酬更加灵活,可以随着员工的实际绩效的变化而上下浮动,所以可以对员工产生很好的激励作用。

2. 奖金

奖金(Bonus),也称可变薪酬,就是为了奖励那些已经实现某些绩效标准的完成者,或为了激励追求者去完成某些预定的绩效目标,在基本工资的基础上支付的可变的、具有激励性的报酬。简单地说,奖金就是为了奖励完成者和激励追求者所支付的报酬,其支付依据主要是绩效标准。所以奖金可以分为绩效薪酬和激励薪酬两类。

(1)绩效薪酬

绩效薪酬是根据员工的年度绩效评价结果而确定的对基本工资的增加部分,因此它是对员工的优良工作绩效的一种奖励。绩效工资通常与企业的绩效管理制度紧密联系,承认令人满意的员工工作行为或业绩,作为基本工资以外的增加,绩效工资往往随雇员业绩的变化进行调整。

(2)激励薪酬

相对于绩效薪酬,那部分用来对预定的绩效目标进行激励的奖金,称为激励薪酬,包括对个人、团队和组织的激励计划。用于衡量业绩的标准有成本节约、产品数量、产品质量、税收、投资收益、利润增加等。激励工资有短期的,也有长期的。

激励薪酬与绩效薪酬是不同的。激励薪酬是一种提前将收益分享方案明确告知员工的方法,它是以支付工资的方式影响雇员将来的行为;而绩效薪酬则侧重于对过去突出业绩的认可。激励薪酬制度在实际业绩达到之前已经确定,通常雇员对于超额完成财务目标后所能得到的红利非常清楚,而往往不会提前知道绩效薪酬。另外,二者的最大区别在于:绩效薪酬通常会加到基本工资上去,是对基本工资永久的增加,而激励薪酬是一次性付出,对劳动成本不形成永久的影响。雇员业绩下降时,激励工资也会自动下降。

3. 福利

福利(Welfare),也叫间接薪酬,是指在相对稳定的货币工资以外,企业为改善员工及其家庭生活水平、增强员工对于企业的忠诚度、激发工作积极性等为目的而支付的辅助性货币、实物或服务等分配形式。它包括带薪休假、员工个人及家庭服务(儿童看护、家庭理财咨询、工作期间的餐饮服务等)、医疗保健及养老金等。一般情况下,间接薪酬的费用是由雇主全部支付的,但有时也要求员工承担其中的一部分。

4. 非经济性薪酬

非经济性薪酬主要包括工作环境、工作氛围、工作认可和晋升机会等。这些非经济性薪酬已经越来越对员工,尤其是高级管理人员起到激励的作用,因为金钱对于他们已经是保健因素,其激励作用已经逐渐淡化,因此这些非经济性的薪酬更能给员工带来心理上的满足感。

三、薪酬管理

1. 薪酬管理的概念及构成

薪酬管理(Reward Management)是在组织发展战略指导下,对员工薪酬支付原则、薪酬策略、薪酬水平、薪酬结构进行确定、分配和调整的动态管理过程。它包括薪酬体系设计和薪酬日常管理两个方面。薪酬体系设计主要是薪酬水平设计和薪酬结构设计;薪酬日常管理是由薪酬预算、薪酬成本控制、薪酬沟通组成的循环,这个循环可以称为薪酬成本管理循环(图 4-7)。

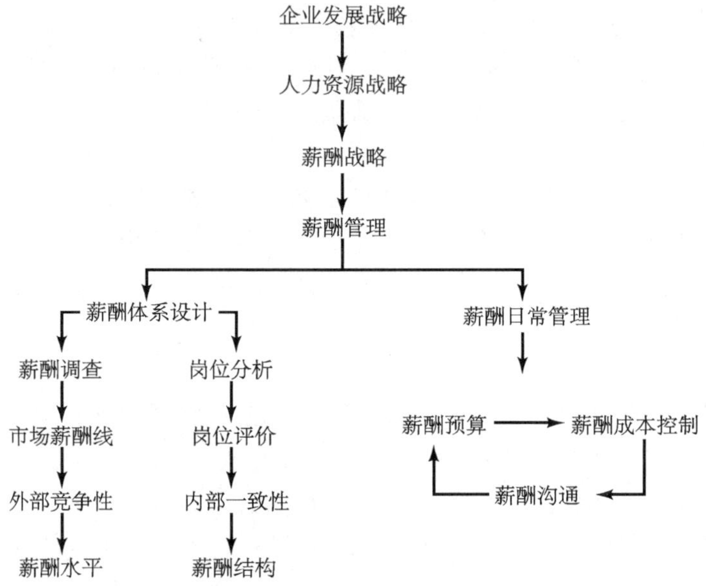

图 4-7　薪酬管理构成

2. 薪酬管理的原则

(1)外部竞争性原则

外部竞争性是组织之间的薪酬关系,也可称为外部公平性。在实践中,外部竞争力可以表述为设定一个高于、低于或与竞争对手相当的薪酬水平。由此可见,薪酬水平不仅仅指薪酬的绝对水平,更指薪酬的相对水平。有竞争力的薪酬水平可以吸引、留住和激励员工,特别是优秀的员工。因此,在薪酬管理中,一定要坚持自身的外部竞争性。

(2)内部公平性原则

薪酬管理的内部公平性主要指薪酬结构的内部一致性,它主要体现在以下五个方面:

第一,总薪酬中各薪酬种类及其各自内部比例是否合理;

第二,事前投资性薪酬与事后绩效奖励性薪酬的比例是否合理;

第三,固定部分与浮动部分的比例是否适当;

第四,是否注重薪酬的差别性;

第五,薪酬结构是否多元化。

(3)激励性原则

薪酬制度只有被员工广泛接受才会有所成效。但是有效的薪酬制度不仅仅是让员工们接受和认可，而且还要强化员工的劳动行为，实现自我突破，引导和推动他们的行为，不断达到更高的目标，发挥薪酬的激励作用。

(4)合法性原则

随着国家相关法律、法规的健全以及员工自身法律意识的增强，企业的薪酬管理体系必须符合国家的法律、法规规定。在制定薪酬政策时，一定要考虑国家对最低工资的标准、工作时间的长短、加班加薪等有关规定。任何违法的薪酬政策必然会受到法律的严惩，从而影响企业薪酬目标的实现。

3. 薪酬管理的目标

薪酬要发挥应有的作用，薪酬管理应达到三个目标：效率、公平、合法。效率和公平目标能促使薪酬激励作用的实现，而合法目标是薪酬管理的基本要求。

(1)效率目标

效率目标包括两个层面：第一个层面是站在产出角度来看，薪酬能给组织绩效带来最大价值；第二个层面是站在投入角度来看，实现薪酬成本控制。薪酬效率目标的本质是用适当的薪酬成本给组织带来最大的价值。

(2)公平目标

公平目标包括三个层次：分配公平、过程公平、机会公平。分配公平是指组织在进行人事决策、决定各种奖励措施时，应符合公平的要求。过程公平是指在决定任何奖惩决策时，组织所依据的决策标准或方法符合公正性原则，程序公平一致、标准明确、过程公开等。机会公平指组织赋予所有员工同样的发展机会，包括组织在决策前与员工互相沟通，组织决策考虑员工的意见，主管考虑员工的立场，建立员工申诉机制等。

(3)合法目标

合法目标是企业薪酬管理的最基本前提。企业实施的薪酬制度必须要符合国家、省市区的法律法规、政策条例要求，例如不能违反最低工资制度、法定保险福利、薪酬指导线制度等规定。

四、薪酬管理的理论基础

1. 公平理论与薪酬管理

公平理论是美国心理学家亚当斯在 1967 年提出的。该理论侧重于研究报酬大小与努力水平的关系，探讨工资报酬的合理性对员工工作积极性的影响。该理论指员工的工作动机不仅受其所得的绝对报酬的影响，而且还受相对报酬的影响，即一个人不仅关心自己收人的绝对值（自己的实际收入），而且也关心自己收入的相对值（自己收入与他人收入的比例）。如果员工发现自己投入与收益的比例与别人的投入收益比例相等时，便认为是应该的、正常的，因而心情舒畅，工作努力。反之，就会产生不公平感。员工产生不公平感后，往往会采取一些对工作不利但有助于自己恢复公平感的行动，比如减少个人投入、要求加薪、缺勤率上升甚至辞职等。研究表明，不公平感的产生绝大多数是由于经过比较认为自己的报酬低而产生的。当然，经过比较，报酬过高也可能产生不公平感，但往往持续不久，因为员工可以通过低估自己的报酬，或高估自己的投入而对比例进行重新评价，从而使自己心理上对上述报酬过高的不公平情况惭渐感到合理。

公平理论告诉我们,企业的薪酬体系必须满足公平要求。员工们在很大程度上是通过与他人所获工资的对比来评价自己所获的工资水平,并且他们的工作态度与工作行为都会受到这种比较活动的影响。

特别应该注意的是,决定员工评价结果的是他们自己的主观感受。即使管理层认为与其他企业相比自己员工所得到的薪酬水平已经很不错了,但是这种情况却并不一定意味着员工们也持有同样的看法。员工们可能掌握着不同的信息或者进行与管理层不一样的比较。

在进行工资水平和工资结构决策时,需要注意员工们可能会对工资进行三种类型的比较:一是工资比较的外部公平性,主要集中在对其他企业中从事同样工作的雇员所获得的工资水平的考察;二是工资比较的内部公平性,关注的是企业内部的不同工作之间的工资对比问题;三是工资比较的个人公平性,涉及同一企业中不同岗位的人所获工资间的比较。

工资结构的基本概念及其后果如表4-17所示。

表4-17　工资结构的基本概念及其后果

工资结构的决策领域	管理工具	雇员工资比较的焦点	公平性感受所产生的后果
工资水平	市场薪酬调查	外部公平性	雇员向外部流动(高质量员工的吸引和保留问题),劳动力成本,雇员的态度
工资结构	工作评价	内部公平性	雇员的内部流动(晋升、调配、工作轮换),雇员之间的合作,雇员的态度
工资等级	工作标准与资格标准	个人公平性	雇员的工作积极性,外部流动

2. 双因素理论与薪酬管理

双因素理论是美国心理学家赫茨伯格于20世纪50年代末提出的。他根据大量的调查发现,使员工感到不满意的因素与员工感到满意的因素是不同的,前者往往是由外界工作环境引起的,后者往往是由工作本身产生的。造成员工非常不满的原因,主要是由于企业政策、行政管理、监督、与主管的交往关系、工作关系、与下级的关系、安全等方面的因素处理不当。这些因素的改善,只能消除员工的不满,还不能使员工变得非常满意,也不能激发其积极性,促进生产率的增长。赫茨伯格把这一因素称为“保健因素”。另外,使员工感到非常满意的因素主要是工作富有成就感,工作成绩能得到社会承认,工作本身具有挑战性,负有重大的责任和在职业上能得到发展成长等。这类因素的改善能够激励员工的积极性和热情,从而会提高一个人的生产率。赫茨伯格把这一因素称为激励因素,他还认为传统的“满意-不满意”观点(即满意的对立面是不满意)是不正确的。满意的对立面应该是没有满意,不满意的对立面应该是没有不满意。没有满意与没有不满意是激励的零状态。

赫茨伯格的理论对薪酬管理具有重大的指导意义,具体表现在以下六个方面:

①薪酬对员工来说,不仅是补偿劳动的付出,更是对员工价值与贡献的肯定,所以对薪酬的激励性作用必须加以重视。

②在薪酬结构中,基本工资应该属于保健因素,它是薪酬体系的基础部分,应该对它进行科学的设计,以保障员工基本的生活与工作需要。基本工资应该是比较稳定的,原则上只升不降,不能随意变动,否则会导致员工的不满意,影响其工作积极性。

③奖金、绩效工资属于激励因素,要在考核的基础上加大其比例,以真正激发员工的工作满意感,提高工作业绩。

④注意防止激励因素向保健因素的转化,如奖金每月固定发放,久而久之,奖金就失去激励的目的,成了基本工资的一部分。

⑤在企业中,福利更多的是保健因素,用以消除员工的不满意感。但近些年来,弹性福利制的提出使福利多元化,并使福利也带有“激励”的色彩,这是值得肯定的。

⑥值得注意的是,在薪酬体系设计中,要根据不同岗位来设计体现保健作用的基本工资,体现激励作用的奖金的比例。比如,对销售岗位,薪酬结构中奖金的比例就明显大于基本工资。

3. 期望理论与薪酬管理

美国心理学家弗鲁姆在1964年出版《工作与激励》一书中提出了期望理论。这一理论可以用下列公式表示:激发力量(动机力量)=期望×效价。激发力量是指调动一个人的积极性,激发人内部潜力的强度。期望指根据一个人的经验判断一定行为能够导致某种结果和满足需要的概率。效价是指达到的目标对于满足个人需要的价值。该公式表明,假如一个人把目标的价值看得越大,估计能实现的概率越高,那么激励的作用就越强。

为了使激发力量达到最佳值,弗鲁姆提出了人的期望模式(图4-8)。根据该模式,为了有效地激发员工的工作动机,就必须注意到这四者,即个人努力、个人绩效、组织奖酬和个人需要之间的关系。

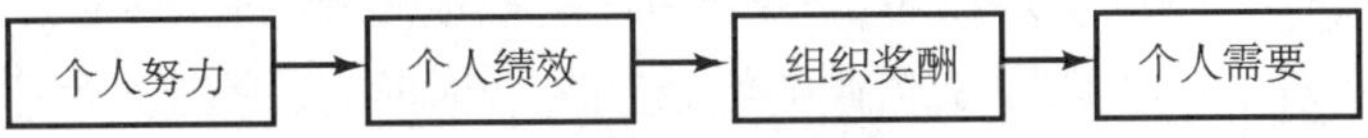

图4-8　弗鲁姆的期望模式

期望理论认为,员工提高相应的绩效所能获得的报酬水平可以进一步增强自己工作动机并提高自己的工作绩效。因此,运用期望理论必须处理好以下三对关系:

(1)努力-绩效关系

人们总是通过一定的努力来实现一定目标。如果个体在主观上认为通过努力达到目的,即一定绩效的概率很高,就会受到较大激励,激发出工作热情和积极性。努力—绩效关系取决于个体的期望概率,它是由主客观因素相互作用所决定的。期望值不能太低,但也不能高不可攀。

(2)绩效-奖酬关系

在达到一定绩效后,人们总是希望得到与之相应的报酬和奖励,包括精神奖励和物质奖励,如表彰、晋升、奖金、信任等。

(3)奖酬-个人需求关系

人们之所以希望报酬和奖励,是为了满足一定的需求,实现一定的目标。如果所得报酬和奖励能够满足这种需求,则发挥了很好的激励作用,否则不能充分发挥激励作用。

4. 代理理论与薪酬管理

代理理论也称委托代理理论(The Principal - Agent Theory),这一理论是威尔森在1969年创立的。该理论主要分析了企业的不同利益相关群体之间所存在的利益差异与目标分歧,以及怎样才能利用薪酬制度来使得这些不同利益群体之间的利益与目标连在一起。该理论认为,现代企业制度的一个重要特征是实现了所有权与经营权的分离。在“两权分离”的情况下,企业所有者(股东)与管理者之间就存在着“委托-代理”的合同关系,产生了代理成本问题,因为委托者(所有者)和他们的代理人(管理者)之间的利益不再是一致的。对于代理人或管理者来说是最好的东西,对于所有者来说未必是最好的。

这种“委托－代理”的合同关系,不仅是指聘书所代表的“显性”的合同关系,而且也指股东与经理之间在一些无法观察到的问题上的“隐性”的合同关系。这些难以观察的变量包括经理人员的努力程度,对企业资产的程度以及对股东利益(短期的和长期的)的某种关心和追求方式以及信息的利用等。这些“隐性变量”构成了代理成本的主要部分。研究表明,在管理人员的报酬问题上,存在三种类型的代理成本:

(1)股东与管理者的管理目标不同

股东寻求的是利润最大化,而管理者可能寻求员工满意(诸如增加工资),提高自己声誉或享受特权(购买专项消费品等)。

(2)股东与管理者对待风险的态度分歧

股东可以比管理者更为容易地分散自己的投资,去做一些潜在回报很高但有风险的项目,而管理者一般都是风险规避型的人。强调基本工资,弱化具有不确定性的奖金,是管理人员的偏好。

(3)决策的基准不同

管理者的决策更倾向于短期绩效的最大化。

委托代理理论认为,降低代理成本的一个有效途径就是把经理的个人利益与企业的长远利益联系起来,使经理的收入取决于企业的经营状况。因此,无论在设计管理人员的报酬制度还是设计非管理人员的报酬制度时,一个关键的问题是:这种代理成本如何达到最小化?代理理论指出,代理人的利益与委托人利益的一致的契约性计划可分为两种:行为导向型契约(如绩效工资制度)和结果导向型契约(如股票选择权、利润分享计划、佣金制等)。行为导向型契约所产生的成本可以看成是“显性成本”,相应地,结果导向型契约所产生的成本可以看成是“隐性成本”。

一般认为,结果导向型的契约是比较理想的选择。因为它使管理者更加关心企业的利润,对企业的长远发展而言比较有利,但是它增加了代理人的风险,由于代理人本身是风险规避型的人,他们有可能要求委托人向他们支付较高的工资(一种补偿性的工资差别)以弥补他们所承担的这种较高风险。所以,企业要根据不同情况做出不同的选择,这部分取决于以下六个方面的因素:

(1)风险规避

代理人的风险规避倾向使得结果导向型的契约被接受的可能性较小。

(2)结果的不确定性

利润是反映结果的指标之一。然而由于存在利润较低的风险,因此代理人不大愿意把自己的工资与利润联系在一起,所以他们更偏好行为导向型的契约。

(3)工作的程式化

由于工作变得越来越不那么程式化(即不是那么常规化),因此监督会变得越来越困难,这样,实行结果导向型契约的可能性就增大了。

(4)工作结果的可衡量性

当工作的结果更加具有可衡量性的时候,结果导向型的契约被实行的可能性就会增大。

(5)支付能力

由于必须提供风险补偿金，所以结果导向型的契约带来了较高的报酬成本。

(6)传统习惯

在传统或习惯上使用(或不使用)结果导向型的契约会使实施这种契约变得更容易(或更不容易)。

五、薪酬战略

1. 薪酬战略的概念及作用

薪酬战略(Compensation Strategy)是企业薪酬系统设计及管理工作的行动指南，是实现企业人力资源发展战略的保证。美国学者 Luis R Gomez - Mejia 和 Theresa M Wellbourne 将薪酬战略定义为"在特定条件下会对组织绩效和人力资源的有效使用产生影响的一系列重要的报酬支付选择"。薪酬战略的核心是通过一系列报酬策略来选择帮助组织赢得并保持竞争优势的方法。

薪酬战略作为一种潜在的手段，它通过支持企业的经营战略提高企业的外部适应能力，从而提升企业的竞争优势。一个好的薪酬战略能够把组织的战略目标和价值观转化为具体的行动方案，从而在三个方面推进组织战略的实施：一是通过设计高效的薪酬管理体系，能帮助企业有效地控制劳动力成本，保持成本竞争优势；二是通过设计有市场竞争力的薪酬方案，能够帮助企业吸纳和保留核心人才，从而使企业保持核心能力优势；三是通过设计确保内部公平性的分层分类的薪酬方案，能帮助企业有效激励员工，改变员工态度和行为，促进员工的行为与组织目标保持一致，从而推动企业战略有效实施，赢得竞争优势。

2. 薪酬战略与企业战略、人力资源战略之间的关系

成功的薪酬战略应当随着企业战略和人力资源战略的改变而改变。正确的薪酬战略及其指导下的有效薪酬制度，能够成功应对来自社会、法律法规、竞争对手及组织内部等各方面的压力，能够有力地支持企业的整体经营战略和各个业务单位的部门战略，能够通过有效的薪酬管理系统将员工、管理者和组织结成利益共同体，从而使企业增强或保持竞争优势。

在激烈的竞争中，薪酬战略直接影响到企业的经营战略本身，在实践中，越来越多的企业在探讨如何通过加强薪酬战略与经营战略之间的联系，使得企业的经营变得更为有效。薪酬战略与经营战略、人力资源战略的关系可以在图 4-9 中加以体现。

第一，企业薪酬战略的设计必须基于组织的战略来展开。组织战略可分为两个层面：一个是公司层战略，包括公司的战略目标、战略前景和价值观等；另一个是建立在整个公司战略基础之上的业务单元战略。

第二，在确立了企业公司层战略和业务单元战略的基础上，需要根据这两个层面的战略来安排企业人力资源战略，即思考人力资源在企业战略规划中的作用，以及企业通过什么样的人力资源系统来支撑企业的战略与目标。

第三，薪酬战略属于人力资源战略的一个组成部分，是建立在人力资源战略基础之上的、支撑整个人力资源战略的子系统。

第四，确定薪酬战略，并将薪酬战略转化为具体的薪酬制度和薪酬管理流程，以有效地引导和改变员工的工作态度和行为方式，形成自己的竞争优势。

因此，企业必须从战略的层面来看待薪酬及薪酬管理。薪酬制度和薪酬政策应该是服从

于企业的总体经营战略，以及与之相关的其他人力资源管理政策。作为企业赢得竞争优势的一个重要源泉，薪酬及薪酬管理必须能够支持企业的经营战略，与企业的文化相融，并且具有对外界压力做出快速反应的能力。

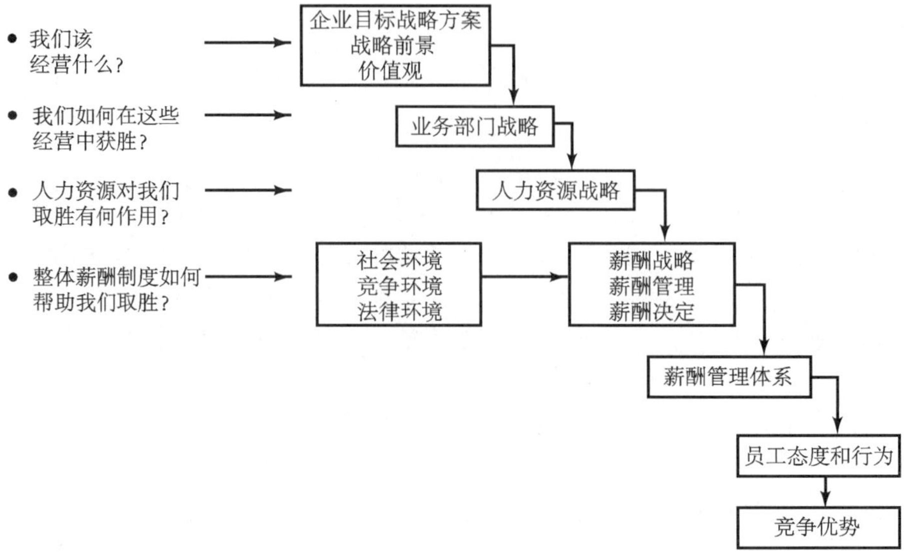

图 4-9　薪酬战略模型

3. 制定薪酬战略的步骤

米尔科维奇在其所著的《薪酬管理》一书中，提出了根据企业战略建立薪酬战略的主要框架。他认为，思考企业的薪酬战略要从薪酬目标和四种基本薪酬决策进行思考：

①薪酬目标。薪酬应该怎样支持企业战略？又该如何适应整体环境中的文化约束和法制约束？

②内部一致性。同一企业内部的工作性质及技能水平之间的差别如何在薪酬上得到体现？

③外部竞争力。我们的整体薪酬应定位在什么水平来与同行相抗衡？

④员工的奉献。加薪的根据是个人或团队的业绩，还是员工不断丰富的经验，知识的不断增长或技能的不断进步或者是生活费用的上涨，个人需求增加，或者经营单位的绩效？

⑤薪酬管理。薪酬决策应在多大程度上向所有的员工公开和透明化？谁负责设计和管理薪酬制度？

基于以上五个问题的所有决策，相互交织形成一个完整的格局，形成企业的薪酬战略。

具体来讲，在上面界定出来的具体环境里，建立薪酬战略共有以下四个步骤（图 4－10）。

第一步：评价薪酬含义。

了解企业所从事的行业及该企业如何在该行业竞争。文化和价值观是企业制定薪酬战略的指南。内外部环境影响着薪酬战略的选择，如企业所处的经济、社会、政治环境和全球的竞争压力，以及员工的需要、工会的压力等。因此，企业在全面评价组织所面临的内部和外部环境及其对薪酬影响的基础上，然后才能确定为了在特定的环境中取得竞争优势所需要采纳的薪酬战略。

另外，薪酬战略的制定要与人力资源管理其他程序之间相互适应和配合，以保证整个人力资源管理战略的一致性。

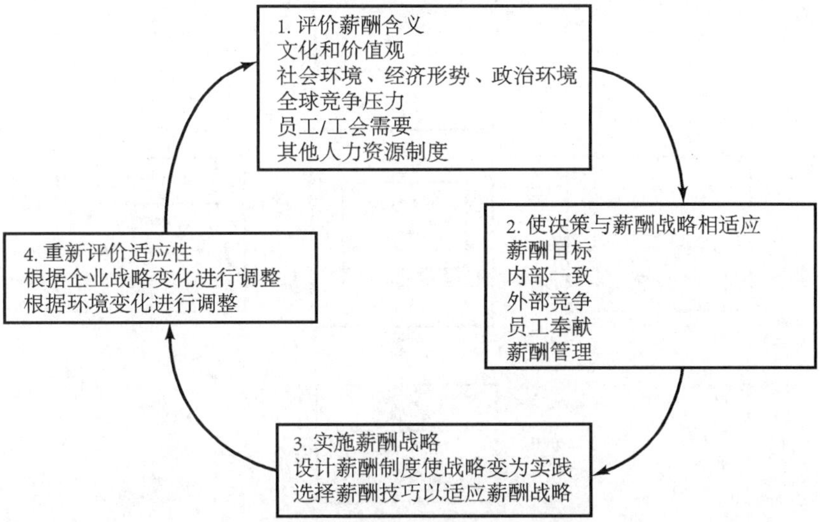

图 4-10　形成薪酬战略的关键步骤

第二步:决策与薪酬战略相适应。

制定与组织战略和环境背景相匹配的薪酬战略,必须考虑的因素包括确定薪酬目标、内部一致性、外部竞争力、员工的奉献和薪酬管理。

薪酬决策的内容包括薪酬体系决策、薪酬水平决策、薪酬结构决策、薪酬管理过程决策等诸多方面的问题。薪酬决策的核心是使企业的薪酬系统有助于企业战略目标的实现,具备外部竞争性及内部一致性,合理认可员工的贡献及提高薪酬管理过程的有效性。由于不同类型的薪酬决策支持不同的企业战略,因此企业必须根据组织的经营环境和既定战略来做出合理的薪酬决策。

第三步:实施薪酬战略。

实施薪酬战略包括:设计薪酬制度使战略变为实践和选择薪酬技巧以适应薪酬战略。企业将薪酬战略用一定的薪酬体系体现出来,选择一定的薪酬技术来实现企业战略目标的要求。

第四步:重新评价适应性。

对薪酬系统的匹配性进行再评价。薪酬系统的设计和实施不可能一劳永逸,管理者必须根据企业战略变化、环境变化不断地进行重新评价并加以适时更新。

六、薪酬设计

1. 薪酬设计的决定因素

在人力资源管理中,薪酬设计是建立现代薪酬管理制度的前提和重要组成部分,也是实现企业对员工激励和约束的主要手段之一。它对提高企业的竞争力有着不容忽视的作用。因此,每个企业都应根据各自的组织战略,设计一套适合于本组织并具有公平性及竞争力的薪酬方案。

在进行薪酬设计时需要考虑的影响因素有很多,但下列因素对薪酬的决定起着重要的作用,这些因素是组织、劳动力市场、工作和员工(图 4-11)。

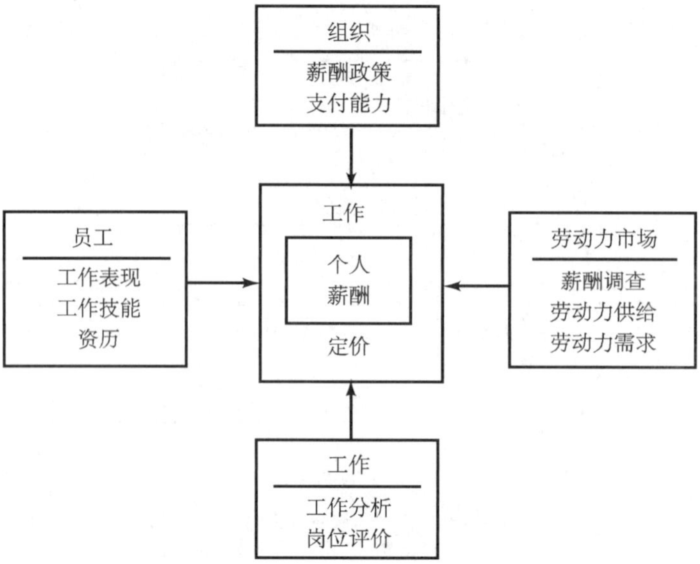

图 4-11　个人薪酬的主要决定因素

(1)组织

组织是员工薪酬的制定者和实施者,因而是薪酬决定的主要因素。对于组织来说,薪酬既是费用也是资产:从劳动力成本的角度来看薪酬是费用;从激励的角度来看,薪酬可以使员工尽自己最大的努力去完成工作,这时候,薪酬就成为一种资产;从组织的角度来看,薪酬决定的主要因素有组织的薪酬政策和组织的支付能力。

①组织的薪酬政策

组织的薪酬政策在很大程度上影响着薪酬的制定,如果一个组织想吸引并留住优秀人才,往往会支付较高的薪酬待遇;如果一个组织不必通过提高其劳务价格就能雇佣到合格的人员,而且还能保持竞争力,那么企业就会按市场平均水平支付工资。

②组织的支付能力

组织的支付能力也是一个重要因素。企业在劳动力市场中的地位、获利能力及市场目标和战略,都会对薪酬支付有很大的影响。组织在支付薪酬时,会因为较高的人工成本可能降低产品市场上的竞争力而对员工支付较低的工资。雇主是否有能力增加工资,主要在于他提高营业收入或降低成本的能力,因为只有这样才能有更多的资金支付雇员的劳动报酬。但是,雇员的劳动报酬构成企业成本的主要部分,大幅度增加工资将会导致利润的下降,在劳动密集型企业中,这种情况尤为明显。

(2)劳动力市场

在现代社会,人力资源与其他资源的配置一样,都是通过市场实现的。劳动力市场有广义和狭义之分;从狭义上说,劳动力市场就是劳动力商品交换的场所和空间;从广义上说,劳动力市场是指劳动力商品交换的场所、空间、机制和关系的总和。从生产要素投入的角度观察,劳动力市场的供求关系调节着劳动力资源配置;从报酬的视角观察,劳动力市场的供求关系决定着工资。

劳动力市场运作的基本原理表现为:劳动力供给和劳动力需求的共同作用决定工资率。当劳动力市场上的人力资源供给不足时,对人才的竞争必然加剧,此时竞争对手对其员工所制定的薪酬政策与水平影响很大。反之,当劳动力市场上的人力资源供给充足时,企业只需要按照劳动力市场平均水平就可以找到合适的员工。

值得注意的是,不同市场中的工作报酬会有很大的不同,同一职位在大城市中的市场价格与小城镇中的市场价格会有很大的差距。薪酬调查可以帮助组织获取特定劳动力市场上其他公司就具体工作或工作等级所支付的工资数据。这些信息有助于组织在相关劳动力市场上判断空缺职位的经济价值,进而决定求职者的薪酬给付。

(3)工作

影响薪酬决定的因素与工作特性及状况有关。一般认为,工作内容是影响薪酬水平的主要因素,工作内容包括工作责任、劳动条件、在组织中的地位等。组织需要根据工作的任务、责任及其他与工作相关的因素来确定付给员工的薪酬。通常情况下,职务高的人责任较重,薪酬也应该较高,因而组织必须要支付与其责任相称的薪酬水平;有些工作具有危险性或者在较差的工作环境中工作的人,需要被支付较高的薪酬补偿。工作分析和岗位评价是确定工作相关价值并进行确定工资给付水平的管理技术。

(4)员工

传统上认为,工作内容是影响薪酬水平的主要因素,从 20 世纪 80 年代开始,相对于工作内容来说,个人贡献得到了越来越多的重视。这样,一些与员工相关的因素,诸如工作经验、工作资格、绩效水平等,对公平工资的确定就显得非常必要。

①工作表现。对于员工自身来说,最可控的因素是自己的工作表现,这种工作表现通常可通过绩效评价来决定。一般认为,个人的工作表现是薪酬水平调整的依据,薪酬设计就是对员工的工作努力程度和工作业绩的报酬所做的一种制度安排。在其他条件不变的情况下,员工工资水平的不同,是因为其工作努力程度决定工作业绩的不同。

②工作技能。技能是指个体运用已有的知识经验,通过练习而形成的一定的动作方式或智力活动方式。工作技能是完成各项工作任务的必要条件,员工具备的技能越多、越独特,其获得的薪酬水平就可能越高。

③资历。资历是员工在组织中工作的时间长度。按理说,资历并不能体现员工的工作能力,更不能体现员工的工作业绩,但实际中的情况是资历常常在工资决定中起作用。一般来说,员工年龄越大工龄越长,理论上讲,他对组织的贡献就越大。为了体现这部分贡献,就需要增加其目前的工资收入。

2. 基本薪酬体系设计

在人力资源管理中,企业如何确定员工应得的薪酬,主要取决于员工的价值和贡献。这种价值和贡献可以归结为员工的业绩,但由于很多员工的业绩很难进行直接的衡量,因此,人们并不是直接从业绩来确定员工的报酬,而是用业绩产生的投入和过程要素来确定员工的报酬。如果以员工的知识、技能和能力为主来确定员工的价值,便成为以能力为基础的薪酬体系;如果以工作的完成度为主来确定员工的价值,便成为以职位为基础的薪酬体系;如果直接按照业绩付酬,则成为以绩效为基础的薪酬体系。但前两种薪酬体系是最为基本的薪酬体系,其他的薪酬体系往往依附于前两种基本的薪酬体系进行使用。

(1)以职位为基础的薪酬设计体系

所谓职位薪酬体系,就是首先对职位本身的价值做出客观的评价,然后再根据这种评价的结果来赋予承担这一职位工作的人与该职位价值相当的薪酬的一种基本薪酬决定制度。职位薪酬体系是一种传统的确定员工基本薪酬的制度，这种制度在确定基本薪酬时主要考虑职位本身的因素，它最大的特点是员工所得的薪酬完全是由其担任的职位决定的，因此在职位没有变动的情况下，员工只能得到与当前工作内容对等的薪酬水平。

职位薪酬体系的优点：

①实现了真正意义上的同工同酬，是一种真正的按劳分配体制。

②有利于按照职位系列进行薪酬管理，操作比较简单，管理成本较低。

③薪酬与职位之间的连带性加大了员工努力提高自身素质，争取更高职位的动力。

职位薪酬体系的缺点：

①由于薪酬和职位的连带性，对于员工来说，无晋升，则无加薪，这会导致员工的工作积极性严重受挫，甚至会出现消极怠工或者离职的现象。

②由于职位的相对稳定，则员工的薪酬也相对稳定，这不利于企业对复杂多变的市场环境做出迅速的反应，也不利于及时地激励员工。

因此，传统上那种严格、细致的职位薪酬体系已经越来越不能适应现今多变的市场环境，但是不可否认的是，对于我们绝大多数的企业来说，职位薪酬体系仍然具有很强的实用性，在薪酬决策中具有不可替代的作用。

职位薪酬体系的设计流程主要包括工作分析、岗位评价、薪酬调查以及薪酬确定这四大部分；其中薪酬确定又包括确定薪酬曲线、划分薪酬等级、调整薪酬曲线以及确定公司最终的薪酬结构（图 4-12）。

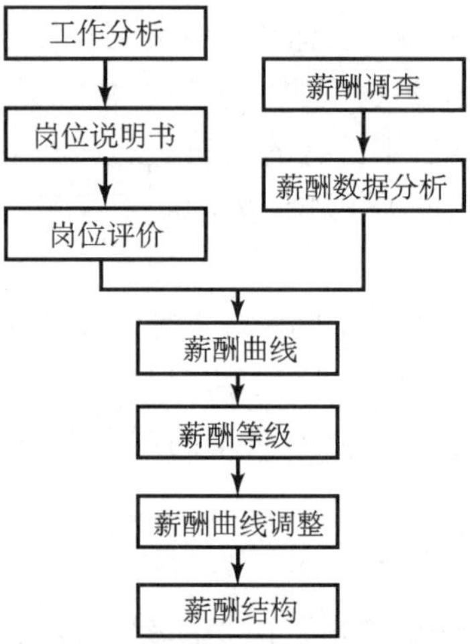

4-12　职位薪酬体系的设计流程

①工作分析。通过工作分析，搜集相关的工作信息，形成工作说明书，确定工作的性质、结构、主要工作职责、业绩标准、任职资格等基本因素，为岗位价值评价提供关于各职位的基础性信息。

②岗位评价。岗位评价（Post Evaluation），又被称为工作评价、职位评估，它是在工作描述的基础上，对岗位本身所具有的特性（比如岗位对企业的影响、职责范围、任职条件、环境条件等）进行评价，以确定岗位相对价值的过程。由此可见，岗位评价的对象是岗位本身，而不是

员工个人,因此体现出“对岗不对人”的原则;另外,岗位评价反映的是岗位的相对价值,而不是岗位的绝对价值。

根据工作规范和岗位说明书对岗位的规定,每一岗位在岗位体系中的相对重要程度已被确定。岗位评价的目的就是找出这种相对程度,以此作为薪酬管理的参考依据。

岗位评价的作用:

第一,确定岗位价值的手段。岗位价值是划分工资等级、福利标准、行政权限、股权分配等依据。岗位评价就是确定岗位价值的基本手段。

第二,薪酬分配的基础。岗位评价解决的是薪酬的内部公平性问题。它使员工相信,每个岗位的价值反映了其对公司的贡献。

第三,体现出企业的价值导向。员工在企业内部跨部门流动或晋升时,也需要参考各岗位的级别。透明化的岗位评价标准,便于员工理解企业的价值导向是什么,该如何努力以获取更高的职位。

岗位评价是对企业各类岗位的相对价值进行衡量的过程。在岗位评价的过程中. 根据预先规定的衡量标准,对岗位的主要影响因素逐一进行测定、评比、估价,由此得出各个岗位的量值。对岗位的影响因素测定比较的不同方法形成了岗位评价的不同方法,常见的评价方法有排序法、分类法、评分法和因素比较法。其中排序法和分类法属于主观评价方法,评分法和因素比较法属于客观评价方法。

主观评价法是评价人员凭着自己对岗位的综合判断,给出岗位的相对价值,主要包括排序法和分类法。主观评价法的优点是简单且易操作,成本较低;缺点是对分析者的要求较高,主观成分较大,结果容易受特殊因素影响。

客观评价法包括评分法和要素比较法,其中要素比较法实际上是评分法和排序法的综合,是被广泛应用的岗位评价方法。要素比较法是先选定岗位的主要影响因素,然后将工资合理分解,使各影响因素与之匹配,最后再根据工资数额的多少决定岗位的高低。要素比较法的具体步骤如下所述:

第一,选择标杆岗位。选择标杆岗位是一件细致而重要的工作。标杆岗位需要满足以下条件:首先,它们必须能够通过所采用的要素来清楚地描述和分析;其次,它们要代表不同等级,并充分表示出每个要素的不同重要程度;最后,当标杆岗位的等级被用作确定整个工资结构时,这些工资等级必须得到大多数人的认可。

第二,根据要素来排列标杆岗位。

第三,给要素分配货币值。在标杆岗位排列完成之后,对每个标杆岗位赋予其用货币单位表示的工资。每个标杆岗位的工资被分成几部分,分别按一定比例分配给每个要素。这些比例表示不同要素在以工资标准形式表现的总价格中所起的作用。例如,如果“工具制造”作为一个标杆岗位,而它的工资标准是 20 个货币单位,其分配情况可能为:技术获得 9 个货币单位,智力要求获得 5 个货币单位,体力要求获得 2 个货币单位,责任获得 3 个货币单位,工作环境获得 1 个货币单位。

第四,排列其他岗位。对企业中的其他岗位,根据工作规范和工作说明书的要求,分解成与标杆岗位相同的要素,把这些要素与标杆岗位要素对比,确定其货币单位,将各要素的货币单位加总后就得到该岗位的总工资水平。

第五,作为一种定量方法,要素比较法的优点比较突出,如简单易行、工作量小以及结果富有弹性等；当然它也有一定的缺点，如相对价值百分比判定主观成分大以及标杆岗位工资为过去或现行标准，难以适应将来的发展变化。

③薪酬调查

工作分析和岗位评价只是解决薪酬设计的内部一致性的基础，要使薪酬设计具有外部竞争性，就需要进行外部劳动力市场的薪酬调查。在岗位评价的基础上，结合外部劳动力市场调查，确定组织的岗位薪酬等级。薪酬调查（Salary Survey）是指从某一给定的地区或特定的行业中，收集有关所选定组织的工资支付政策、惯例和方法的具有可支付性的信息。

薪酬调查的目的是为了了解处于特定行业、地理区域或职能类别（例如工程、人力资源管理、销售或财务）的职位的外部薪酬水平。在有些情况下，市场薪酬调查所发挥的作用比组织内部进行的职位评价更大，尤其是稀缺人才的薪酬水平可能远远偏离它在组织内部相应的位置。

薪酬调查的过程：

第一，选取外部薪酬调查的职位。进行薪酬调查的第一步就是选取需要进行调查的关键岗位，然后从外部市场调查中获取这些关键岗位的薪酬信息。之所以要选取关键岗位进行调查，一方面是因为一些岗位是企业所独有的，要得到这些岗位的数据是不可能的，或者需要付出很大的成本代价；另一方面是因为职位具有相似性，只要对这类职位的一个代表职位进行调查，其他类似职位就可以参照这个标准做出薪酬决策。

关键职位的选取往往基于以下标准：一是关键职位必须能够代表组织中职位的所有范围（即职位结构中的最高、中等和最低等级的职位）；二是关键职位在调查对象的组织中应该是普遍存在的，而非本企业所独有的；三是关键职位应该容易进行界定；四是关键职位应该有相对稳定的职位内容，否则这一职位的价值就可能不稳定，因此调查该职位就没有太大的价值和意义；五是关键职位应该为薪酬结构提供良好的关于职位价值各方面因素的参考点数，也就是要求它们在各项职位评价的维度上（如职责大小、教育程度、经验和其他薪酬要素）的表现应该多样化；六是在关键职位上，不同企业应该存在着人才的竞争，否则便没有建立外部竞争性的必要；七是组织中有问题的职位往往不作为关键职位。

第二，确定薪酬调查的渠道、方式和对象。薪酬调查的渠道一般有三种：第一种是企业自己展开薪酬调查；第二种是聘请专业咨询公司为本企业进行专门的薪酬调查；第三种是直接购买专业调查机构（如咨询公司、网站等）的薪酬数据库或调查报告。

薪酬调查的方式有很多，其中最为典型的方式有问卷调查、访谈调查、电话调查和网络调查。随着网络的发展，网络调查越来越成为一种流行的调查方式，由于其保密性大幅提高了调查结果的可靠性，因此正受到越来越多的青睐。

薪酬调查的对象是指被进行薪酬调查的同类型企业。这个问题可以归结为相关劳动力市场的界定。米尔科维奇将相关劳动力市场的标准界定为三种：第一种是与本企业竞争从事相同职业或者相同技术的员工的企业；第二种是与本企业在同一地域范围内竞争员工的企业；第三种是与本企业在同一产品或服务的市场展开竞争的企业。

第三，设计薪酬调查表并展开薪酬调查。不管采用何种薪酬调查方式，都需要采用薪酬调查表来收集或者记录所获得的信息。薪酬调查表往往需要包括以下内容：

a. 调查对象的组织信息（包括组织规模、所处行业、企业性质等）；

b. 调查岗位的基本信息（包括岗位名称、岗位描述和基本工作特征等）；

c. 调查岗位的薪酬构成和薪酬水平；

d. 调查对象的个人信息（包括年龄、性别、学历和工龄等）。

第四，薪酬调查数据的筛选和修正。外部薪酬数据调查完成后，就要对薪酬数据进行检验分析，核对岗位匹配程度，判断调查对象的岗位职责是否与本公司的相匹配，如果岗位职责差别太大，即使岗位名称相同，也应当作无效样本剔除。

第五，薪酬调查结果及应用。通过以上数据的筛选和修正，我们可以得到所需的薪酬调查数据，根据这些数据可以制定市场薪酬线。市场薪酬线是各岗位的市场薪酬水平和内部岗位等级之间的关系线，其中横坐标代表的是内部岗位评价分数，纵坐标代表的是市场中该岗位的平均薪酬水平。

④薪酬确定

a. 薪酬政策线。根据市场薪酬线，结合公司的薪酬策略，可以制定薪酬政策线。公司薪酬政策线是用于指导公司薪酬设计的重要工具，薪酬政策线反映公司薪酬水平政策和薪酬结构政策两个方面的内容。

b. 划分薪酬等级及薪酬增长率。根据既定的薪酬政策线，我们需要进一步确定薪酬的等级，薪酬等级（Salary Grade），简称薪等，是按照工作职位评价结果，将评价分值相近的工作职位进行合并而形成的。

c. 设计薪酬幅度、薪级数目及薪级差。薪酬幅度（Pay Ranges），简称薪幅，又称“带宽”，即一个薪酬等级内薪酬变化的范围。其下限一般称为起薪点，上限称为顶薪点，薪酬政策线穿越的为中点。薪幅大小与薪等数多少直接相关，一般情况下，薪等数越多，薪幅就越小，反之就越大。

d. 薪幅的交叉。一般来说，职位的等级越高，往往岗位越少，升迁的机会也越小。为了减弱由于岗位数少而对员工薪酬的直接影响程度，在实际薪幅的设计中，上一级的起薪点与下一级的顶薪点往往不会刚好相等，也就是说，相邻等级的薪幅在大多数情况下是有一定重叠的，称之为薪幅的交叉。这就意味着较低等级的薪酬水平有可能高于较高等级的薪酬水平。薪幅之间的交叉程度与薪幅大小有关，薪幅越大越容易交叉；而交叉程度又与薪酬政策线的斜率有关，越平缓交叉程度越大。薪幅的交叉程度应该适中，交叉程度过大，会使得薪酬水平与职位等级相关程度降低，薪酬在不同等级之间拉不开档次会造成“提职不增薪”；反之会影响薪酬的灵活性和薪酬激励作用。

（2）以能力为基础的薪酬设计体系

能力薪酬体系所强调的能力（Ability）是一种绩效行为能力，即达成某种特定绩效或表现出某种有利于绩效达成的行为能力。能力素质可以划分为五个层次：知识（Knowledge）、技能（Skill）、自我概念（Self – Concept）、特质（Traits）、动机（Motives）。我们把人的能力素质形象地描述为漂浮在海面上的冰山（图 4 – 13），其中知识和技能属于海平面以上的浅层次的部分，而自我概念、特质、动机属于潜伏在海平面以下的深层次的部分，研究表明，真正能够把优秀人员与一般人员区分开的是深层次的部分。

能力薪酬体系的设计流程：

第一步：确定哪些能力是支持公司战略，为组织创造价值，从而应当获得报酬。该步骤要求组织界定自己准备支付报酬的能力到底是哪些，因为在不同的战略导向和文化价值观氛围中，以及在不同的行业中，作为企业报酬对象的能力组合很可能会存在差异。

第二步:确定所选能力可以由哪些品质、特性和行为组合表现出来,即具备何种品质、特性及行为的员工最有可能是绩效优秀者。在这一步上,企业需要通过观察和直接询问绩效优异者是如何完成工作或解决问题的,来确定达成优秀绩效的行为特征有哪些,或者说哪些行为表明员工具备某种能力。

第三步:检验所选能力是否真的使员工的绩效与众不同,只有那些真正有特色的能力和行为才能被包括在内。

第四步:评价员工的能力,并将其能力与薪酬结合起来,根据界定好的能力类型及其等级定义,对员工在某一领域中所具备的绩效行为能力进行评价,然后将评价结果与他们的基本薪酬结合起来。

基于能力薪酬体系可以有效地提高员工的工作积极性,还可以吸引并保留优秀的人才,但在能力淘汰呈现加速趋势的今天,这也会加大薪酬管理的难度。

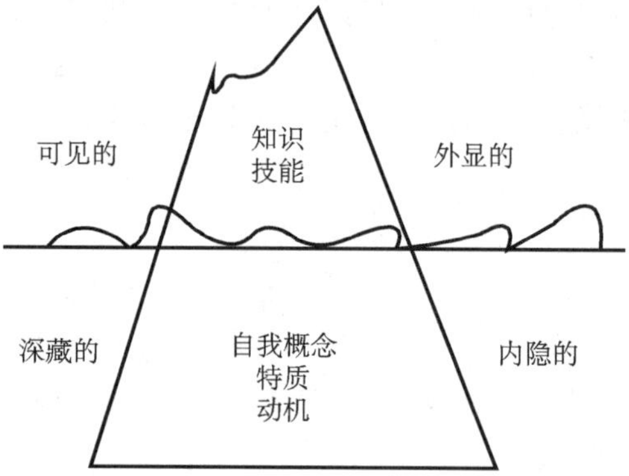

图 4-13　能力素质的冰山模型

3. 奖金体系设计

奖金是员工薪酬的一个重要组成部分,是基本工资的一种补充。但与基本工资不同,奖金的支付不是以工作说明书为基础,而是以阶段性(月、季、年度项目)绩效考核为基础,反映了员工近期的、一阶段的贡献与绩效,目的在于激励员工提高工作效率。

奖金根据其支付基础的不同,可以分为组织奖励、团队奖励和个人奖励。组织奖励是以组织的整体业绩作为奖金支付的基础,团队奖励是以团队的整体业绩作为支付的基础,个人奖励是以个人业绩作为奖金发放的依据。

(1)组织奖励

组织奖励是根据组织的整体业绩来确定奖金发放的依据和标准。组织整体奖励计划往往鼓励全体员工的参与,将组织的生产率、成本节约或利润率作为奖励的基础,我们主要讨论以下三种组织奖励形式。

①分红制

分红制是公司利润按事先规定的百分比分配给员工的一种薪酬计划。在该计划中,多数员工都可以获得一部分公司利润。这种薪酬计划旨在将员工和公司的经济利益联系起来,这种薪酬计划可能既会增加员工的义务感、参与感和合作感,又会减少员工流动,鼓励员工勤奋工作,而且对招聘也很有帮助。

正常情况下，大多数员工经过一段规定时间后就会被纳入公司的分红计划中。最流行的现金计划是，每隔一段时间，把一定比例的利润（通常为15%～20%）作为利润分享额。

②员工持股计划

员工持股计划，即公司把一部分股票交给一个信托委员会，其数额通常依据雇员年报酬总额的一定比例确定，但一般不超过5%。信托委员会把股票存入员工的个人账户，在其退休或不再工作时再发给他们。

员工持股计划用股票的形式实现了人力资本收益的资本化，说明员工的收入不仅仅取决于劳动的工资所得，员工对公司的贡献可以用股票代表的资本价值来衡量，从而解决了短期的工资、利润分享所不能解决的长期激励问题。同时，由于公司员工得到了部分股份，在一定程度上改变了公司股东权益的构成，增加了员工与公司之间的联系，从而提高了公司对员工的凝聚力和市场上的竞争力。

③斯坎伦计划

斯坎伦计划是一种把员工和公司业绩紧密联系在一起的利益分享计划，该计划鼓励多数或全体员工共同努力达到公司的生产率目标，并在员工和公司之间分享成本削减带来的收益，其目标是降低公司的劳动成本而不影响员工的工作积极性。

斯坎伦计划强调员工的权力，该计划有四项基本原则：

a. 说明（Identity）。为强调员工参与，公司的任务或目的必须加以明确说明。

b. 能力（Competence）。这一计划要求达到最高的工作标准和连续的出色表现。

c. 参与（Participation）。这一计划提供一种利用有识员工的想法，并将之转化为推动生产效率提高的机制。

d. 平等（Equity）。三种主要持股人——员工、顾客和投资者在分享由这一计划导致生产效率提高而带来的收益时，实现了平等。

（2）团队奖励

团队奖励是根据组织、团队或者部门的业绩来进行奖金分配决策的一种方式。团队奖励计划可以促进团队内各成员之间的合作精神，也可以利用团队压力，防止及减少个别员工的工作标准不一致的情况，集体统一计算奖励还可以节省时间和管理费用。

当生产的成果很难归功于个人的时候，团队奖励可能会产生积极的影响，增加小组凝聚力和相互依赖性。但团队奖励计划的激励作用往往会因为团队规模的扩大而降低，导致付出与获得之间的差距越来越大，团队精神逐渐丧失。

团队奖励计划主要有以下几种不同的操作形式：

第一种形式是确定团队中各成员的工作标准，并记录每个成员的产出水平，然后团队成员按以下三种方式之一计算报酬：一是所有成员都按产量最高的工人的标准计算报酬；二是所有成员都按产量最低的工人的标准计算报酬；三是所有成员都按团队平均水平计算报酬。

第二种形式是根据团队最终的产出水平确定产量标准，然后所有成员都根据团队所从事工作的既定计件工资率获得同样的报酬。团队激励可以以计件工资制或标准工时制为根据，但实际操作中后者更为流行。

第三种形式是简单地选定团队所能控制的绩效或生产率的测量标准。例如，雇主可以使用每件产成品所耗总工时这样的概括性指标。换言之，这里并不要求计件工资制或标准工时制所需的精确的工业工程指标。

主张使用团队激励的原因是，在团队工作中几个职位是相互关联的。一个工人的绩效不仅反映其努力的结果，也反映其同事努力的结果，这时团队激励就很有意义。

(3)个人奖励和综合奖励

个人奖励，是用来激励员工个人为实现其绩效目标而运用的一种奖金支付方式。个人奖励主要是根据员工个人的工作业绩作为其奖金发放的依据。个人奖金的发放首先需要确定奖励的周期，根据企业的绩效考核，可以采用年终奖、半年奖和季度奖等几种不同的奖励方式。

个人奖励计划的制定主要涉及两个方面：一是如何确定个人奖金的基数；二是如何根据考核结果确定奖金发放的比例。奖金基数的确定主要有两种不同的方式：一种是根据基础工资来确定奖金基数，这是一种传统的仅仅考虑个人因素的奖励方式；另一种是根据组织和团队的整体业绩来进行自上而下的奖金切分，这是一种综合了组织奖励、团队奖励和个人奖励的三位一体的奖励计划。

4. 福利体系设计

(1)福利的概念

福利是指企业向员工提供的除工资、奖金以外的各种保障计划、补贴、服务及实物报酬。一般来说，福利与员工的工作绩效不直接挂钩或根本无关，只要是企业员工都有权享有福利。与基本薪酬相比，福利具有以下两个方面的重要特征：一是不同于基本薪酬的货币支付和现期支付，福利通常采取实物支付和延期支付的方式；二是基本薪酬在企业的成本项目中属于可变成本。无论是实物支付还是延期支付的福利，都可以减少企业的税收支出。

(2)福利的功能

①吸引和保留人才

随着劳动力市场上对于人才的竞争日益激烈，企业为了吸引优秀的人才必须在报酬上具有一定的竞争优势。许多企业选择为员工提供优越的福利项目，在其他条件相同的情况下，企业提供的福利会对求职者产生很大的吸引力。同时，对于企业现有的员工也同样具有吸引作用，优越的福利项目是激励、保留员工的有效手段。

②税收优惠

福利相对于基本工资和奖金，还有一个十分重要的功能就是税收减免。无论对于企业还是对于员工，福利都可以起到税收减免的作用。对于员工而言，以福利的形式所获得的收入往往不需要缴纳个人所得税；对于企业而言，员工福利计划所受到的税收待遇往往要比货币薪酬所受到的税收待遇优惠。员工福利所产生的成本是可以享受免税待遇的，这样，企业将一定的收入以福利的形式而不是以现金的形式提供给员工，更具有成本方面的优势。

③传递企业文化，培养员工忠诚感

现代企业越来越重视员工对企业文化和价值观的认同。得到员工认可的企业文化，将对企业的运营效率产生十分重要的影响。而福利体现企业的管理特色，传递企业对员工的关怀，创造一个大家庭式的工作氛围和组织环境的重要手段。因而，福利对于员工忠诚感的培养具有重要作用。

(3)福利的主要形式

福利主要分为社会福利和企业集体福利两方面。社会福利有养老保险、医疗保险、失业保险、工伤保险、生育保险以及住房公积金，其中养老保险、医疗保险、失业保险保费以及住房公积金是由企业和个人共同缴纳，工伤保险和生育保险保费完全是由企业承担，个人不需要缴纳。企业集体福利是为了吸引人才或激励员工而自行为员工采取的福利措施，主要有带薪假期、员工培训、工作餐、节日礼物、健康体检等方面，如图4－14所示。

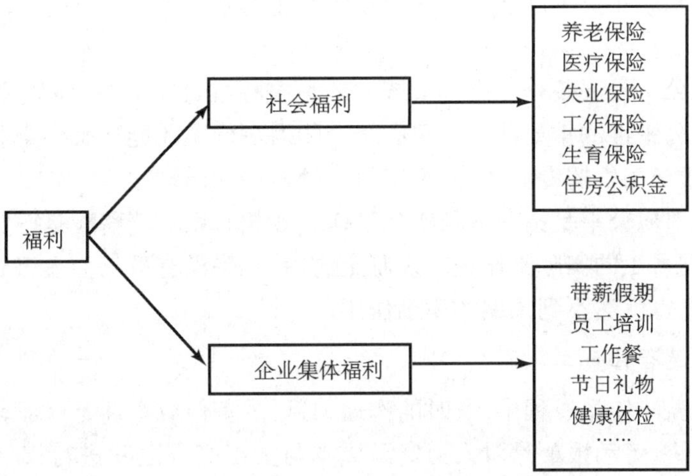

图4－14　福利的主要形式

(4)弹性福利计划

弹性福利计划(Flexible Benefits Programs)，又称自助餐式福利计划，是指企业员工可以从企业所提供的一份菜单中，在一定的金额限制内，自由选择符合自己需要的福利项目。

弹性福利计划是一种新型的福利制度，在欧美等发达地区已被广泛使用。与传统福利计划不同，弹性福利是指在公司的福利平台上，在福利成本一定的条件下，允许每位计划参与者在既定的福利成本前提下根据个人需求(收入水平、家庭情况及生活习惯等)自由选择所需的福利，以及最大化地满足员工个性化的需求，从而达到员工满意度及福利效用的最大化。同时应注意，该制度对于企业的管理水平有较高要求，操作复杂、设计不当会导致员工理解偏差和“逆向选择”抵消该制度的设计初衷。

第二节　服装企业薪酬系统的设计原则

服装行业是一个劳动密集型行业，各类人员在企业中扮演着不同的重要角色。因此，服装企业要尽量减少人员流动，保证企业持续、稳定的发展。实行科学的薪酬管理，充分发挥其留住和激励员工的重要作用，是解决这一问题的重要途径之一。如何进行薪酬管理以及采用何种薪酬管理模式，是服装企业薪酬管理的核心问题。

薪酬管理是企业经营管理工作的焦点，企业中的管理工作大部分都与薪酬有着直接或间接的关系。员工为企业工作的动力有很多，但是，薪酬无疑是最直接的一种方式。而薪酬管理是以前期的薪酬设计和策略为依据，于是，如何合理地对薪酬设计进行评估，这对实现薪酬的保障和激励效果起了至关重要的作用。

服装企业的薪酬设计一般是基于职位，即职位薪酬。具体薪酬制定的方法前文已有论述，不再赘述。对于薪酬设计，通常应遵循以下几个原则：

1. 服装企业的薪酬是否能够让员工感到公平

公平性包括外部市场公平、内部岗位间公平和人与岗位的对应公平。

①外部市场公平就是要求服装企业内部薪酬水平与服装行业中的平均薪酬水平相符，不能相差太大。

②内部岗位间公平是服装企业内部有统一的薪酬标准，并不以主观随意改变。这是服装企业薪酬管理体现公平性的重要前提。只有统一的薪酬标准才能让服装企业中各类员工感受公平待遇，才有利于员工发挥专业才能，稳定员工的情绪和流动性。

③人与岗位的对应公平是指薪酬与实际工作绩效相联系。若薪酬是按照人为的主观倾向来给予，而不是根据员工的实际工作绩效来制定的话，几乎没有员工会去想如何更好地工作获得相应的报酬，薪酬也就达不到预期的激励作用。

2. 薪酬的设计是否让员工认同

在制定和实施薪酬体系过程中，及时的沟通、必要的宣传或培训是保证薪酬成功的因素之一。从本质意义上讲，劳动报酬是对人力资源成本与员工需求之间进行权衡的结果。世界上不存在绝对公平的薪酬方式，只存在是否令员工满意的薪酬制度。人力资源部可以利用薪酬制度问答、员工座谈会、满意度调查、内部刊物，甚至BBS论坛等形式，充分介绍公司的薪酬制定依据。

3. 服装企业的薪酬是否能与时俱进地调整

一方面由于员工的能力致使职位变动而出现薪酬的变动，另一方面由于整体的薪酬水平提高，所以必须调整薪酬。在确定薪酬调整比例时，要对总体薪酬水平做出准确的预算。目前，大多数企业是财务部门在做此预算。对于服装企业来说，为准确起见，最好由人力资源部做此预算。因为按照服装企业的惯例，财务部门并不清楚具体工资数据和人员变动情况。人力资源部需要建好工资台账，并设计一套比较好的测算方法。

参考文献

1. 李友俊,王艳秋,牛东旗. 现代企业管理[M]. 哈尔滨:哈尔滨工业大学出版社,2014.
2. 刘大为,赵卫平. 服装生产与经营管理[M]. 广州:华南理工大学出版社,2013.
3. 黄维民. 管理学:原理与实务[M]. 西安:西安电子科技大学出版社,2014.
4. 陈游芳,赵洪珊,谭娟等. 服装企业人力资源管理[M]. 北京:中国纺织出版社,2008.
5. 董临萍,龙丽群. 人力资源管理[M]. 上海:华东理工大学出版社,2014.
6. 俞文创. 人力资源管心理学[M]. 上海:上海教育出版社,2004.
7. 戴良铁. 人力资源管理实务[M]. 广州:暨南大学出版社,2003.
8. 李虹. 人力资源管理[M]. 北京:北京大学出版社,2005.
9. 刘金章,孙可娜. 现代人力资源管理[M]. 北京:高等教育出版社,2003.
10. 卢福财,庄凯. 人力资源管理[M]. 北京:经济管理出版社,2003
11. 孙健敏. 组织与人力资源管理[M]. 北京:华夏出版社,2002.
12. 王国颖,陈天祥. 现代人力资源管副[M]. 广州:羊城晚报出版社,2002.
13. 王垒. 人力资源管理[M]. 北京:北京大学出版社,2001.
14. 王残延. 企业人力资源管理[M]. 北京:中国物价出版社,2002.
15. 熊敏鹏. 人力资源管理[M]. 北京:机械工业出版社,2002.
16. 朱海森. 人力资源管理[M]. 上海:上海教育出版社,2003.
17. 把握工作分析的 6 大要点[EB/OL]. (2006 - 12 - 14)[2007 - 01 - 17]. http://www. vcmc. net/xuekan/read. php? id = 8365.
18. Lioyd L. Leap, Michael D. Crino. Human Resource Management [M]. New York: Macmillan, 1989.
19. George T. Milkovich and John W. Boudreau. Human Resource Management [M]. New York: Richard D. Irwin, 1994.
20. Stephen P. Robbins. 管理学[M]. 7 版. 北京:中国人民大学出版社,2004.
21. 邓亦云. 人力资源万事通[M]. 深圳:海天出版社,2003.
22. 加里 · 德斯勒. 人力资源管理[M]. 6 版. 北京:中国人民大学出版社,1999.
23. 刘林. 现代成功企业人力资源管理文案范本[M]. 北京:中国时代经济出版社,2002.
24. 宁俊. 服装企业管理教学案例[M]. 北京:中国纺织出版社,2002.
25. 宁俊. 企业人力资源管理培训纲要与表格[M]. 北京:机械工业出版社,2003.
26. 培新. 现代人力资源管理[M]. 青岛:青岛出版社,2003.
27. 孙健敏. 组织与人力资源管理[M]. 北京:华夏出版社,2003.
28. 张德. 人力资源开发与管理[M]. 2 版. 北京:清华大学出版社,2002.
29. 叶龙,郭名,王蕊. 人力资源开发与管理[M]. 2 版. 北京:清华大学出版社、北京交通大学出版社,2014.
30. Lloyd L. Byars, Leslie W. Rue. Human Resource Management[M]. 7 版. 北京:人民邮电出版社,2006.
31. 乔治 · T. 米尔科维奇,杰里 · M. 纽曼. 薪酬管理[M]. 2 版. 黄克用等译. 北京:中国人民大学出版社,2002.

32. 约瑟夫·J. 马尔托奇奥. 战略薪酬[M]. 2 版. 周眉译. 北京:社会科学文献出版社,2002.
33. 安应民. 新编人力资源管理[M]. 兰州:兰州大学出版社,2004.
34. 黄维德,董临萍. 人力资源管理[M]. 北京:高等教育出版社,2005.
35. 林玳玳,袁伦渠,赵祥宇. 现代企业人力资源管理设计[M]. 北京:中国劳动社会保障出版,2003.
36. 彭剑锋. 人力资源管理概论[M]. 上海:复旦大学出版社,2004.
37. 赵涛. 人力资源开发与管理[M]. 天津:天津大学出版社,2005.
38. 阎世平. 人力资源管理[M]. 北京:机械工业出版社,2014.
39. 杨红英. 人力资源开发与管理[M]. 昆明:云南大学出版社,2014.
40. 刘金章,孙可娜. 现代人力资源管理[M]. 北京:北京高等教育出版社,2003.
41. 王国颖,陈天样. 现代人力资源管理[M]. 广州:羊城晚报出版社,2002.
42. 王继承. 绩效考核操作实务[M]. 广州:广东经济出版社,2003.
43. 王琪延. 企业人力资源管理[M]. 北京:中国物价出版社,2002.
44. 熊敏鹏. 人力资源管理[M]. 北京:机械工业出版社,2002.
45. 徐培新. 现代人力资源管理[M]. 青岛:青岛出版社,2003.
46. 朱永新. 人力资源管理心理学[M]. 上海:华东师范大学出版社,2003.
47. 蔡魏. 建立关健绩效招标 KPI 体系[EB/OL]. (2006 - 04 - 05)[2007 - 02 - 21]https://www.globrand.com/2006/28148.shtml.
48. 戴维·沃尔里奇. 人力资源教程[M]. 北京:新华出版社,2001.
49. 斯蒂芬·P. 罗宾斯. 组织行为学[M]. 北京:中国人民大学出版社,1996.
50. 斯蒂芬·P. 罗宾斯. 管理学[M]. 北京:中国人民大学出版社,1997.
51. R. 韦恩·蒙迪,罗伯特·M. 诺埃. 人力资源管理[M]. 北京:经济科学出版社,1998.
52. 乔治·T. 米尔科维奇,杰里·M. 纽曼. 薪酬管理[M]. 北京:中国人民大学出版社,2002.
53. 亚瑟·W. 小舍曼,乔治·W. 勃兰德,斯科特·A. 斯耐尔. 人力资源管理[M]. 大连:东北财经大学出版社,2001.
54. 加里·德斯勒. 人力资源管理[M]. 北京:中国人民大学出版社,2003.
55. Cleverland J N,Mvrphy K R,Williams E R. Multiple use of performance appraisal:prevalence,and correlates[J]. Journal of Applied Psychology,1989:74.
56. Fobd D J. Benchmarking HRD [J]. American Society for Training and Development,1993,47(6).
57. 张德. 人力资源开发与管理[M]. 北京:清华大学出版社,1996.
58. 余凯成,程文文,陈维政. 人力资源管理[M]. 大连:大连理工大学出版社,2001.
59. 王一江,孔繁敏. 现代企业中的人力资源管理[M]. 上海:上海人民出版社,1998.
60. 郑晓明. 现代企业人力资源管理导论[M]. 北京:机械工业出版社,2002.
61. 江铭强. 人力资源管理[M]. 广州:广东经济出版社,1999.
62. 黄维德,董临萍. 人力资源管理[M]. 北京:高等教育出版社,2000.
63. 胡君成,郑绍濂. 人力资源开发与管理[M]. 上海:复旦大学出版社,2004.
64. 赵曙明. 人力资源管理研究[M]. 北京:中国人民大学出版社,2001.
65. 朱必祥. 人力资本理论与方法[M]. 北京:中国经济出版社,2005.
66. 徐升. 人才测评[M]. 北京:企业管理出版社,2000.
67. 刘耀中. 人员测评[M]. 北京:中国纺织出版社,2003.
68. 大卫·约里克,迈克·R. 洛塞,格里·莱克. 未来人力资源管理:48 位世界思想领袖谈人力资源管理变革[M]. 北京:机械工业出版社,2003.
69. 易凌峰. 现代人事测评[M]. 天津:天津教育出版社,2008.
70. 劳莘. 翠鸟实业绩效管理系统咨询建议[EB/OL]. (2003 - 11 - 18)[2007 - 02 - 09]http://www.boraid.

com/darticle3/list. asp? id = 8124.
71. 颜明健. 管理学原理[M]. 厦门:厦门大学出版社,2014.
72. 张议元,罗雁翎. 管理学:原理、方法与案例[M]. 北京:中国铁道出版社,2014.
73. 潘旭华. 管理学原理[M]. 上海:立信会计出版社,2011.
74. 陈继林,徐道宣,王青云. 企业管理[M]. 北京:民族出版社,2003.
75. 王关义,刘益,刘彤,等. 现代企业管理[M]. 3 版. 北京:清华大学出版社,2012.
76. 罗素娟,梁雯. 管理学[M]. 武汉:华中科技大学出版社,2014.
77. 宋晶,郭凤侠. 管理学原理(*Principles of Management*)[M]. 4 版. 大连:东北财经大学出版社,2014.
78. 张小红,白瑗峥,黄津孚,等. 管理学[M]. 北京:清华大学出版社,2014.
79. 芮明杰. 管理学:现代的观点[M]. 上海:上海人民出版社,1999.
80. 徐碧琳. 管理学原理[M]. 北京:机械工业出版社,2012.
81. 李东进,秦勇. 管理学原理[M]. 北京:中国发展出版社,2006.
82. 汪洁. 管理学基础[M]. 北京:清华大学出版社,2009.
83. 刘亚臣. 管理学[M]. 哈尔滨:哈尔滨工业大学出版社,2012.
84. 陈传明,周小虎. 管理学原理[M]. 2 版. 北京:机械工业出版社,2012.
85. 李维刚,白瑗峥. 管理学原理[M]. 北京:清华大学出版社,2007.
86. 魏晓龙,亓文会. 管理学原理[M]. 长春:吉林大学出版社,2009.
87. 赵丽芬. 管理理论与实务[M]. 北京:清华大学出版社,2004.
88. 杨锐,殷晓彦. 管理学原理[M]. 北京:人民邮电出版社,2012.
89. 周立华,王天力. 管理学[M]. 北京:清华大学出版社,2012.
90. 汤石章,李寿德,简兆权,等. 管理学原理[M]. 上海:上海交通大学出版社,2012.
91. 杨跃之. 管理学原理[M]. 北京:人民邮电出版社,2012.
92. 黄维民. 管理学:原理与实务[M]. 西安:西安电子科技大学出版社,2014.
93. 陆克斌,王娅莉,金成林. 管理学原理与实践[M]. 北京:国防工业出版社,2014.
94. 刘力钢,谢名一. 西方经典管理理论(*The Classic Western Management Theories*)[M]. 沈阳:辽宁人民出版社,2013.
95. 关晓丽,郑莹,方胜虎. 创业基础[M]. 北京:人民出版社,2014.
96. 张玉华,王周伟. 创业基础[M]. 北京:清华大学出版社,2014.